Saggi

Simona Oberhammer

GUARIGIONE NATURALE CON I 4 BIOTIPI OBERHAMMER

MONDADORI

Illustrazioni di Sara Pedroni

Icona mano © Bom Symbol / Noun Project
Disegno tempio © Ryan Choi / Noun Project
Icona target © Icon made by Freepik from www.flaticon.com

librimondadori.it
anobii.com

Guarigione naturale con i 4 biotipi Oberhammer
di Simona Oberhammer

ISBN 978-88-04-67374-3

Pubblicato in accordo con Grandi & Associati, Milano
I edizione giugno 2017
Anno 2018 - Ristampa 6 7

Indice

Avvertenza

Il metodo proposto in questo libro è sicuro ed efficace. Esula tuttavia dalle possibilità di un testo una previsione delle reazioni e delle conseguenze alla errata applicazione del metodo. Pertanto, nonostante la massima cura posta nella redazione di questo libro, sia l'Autrice che l'Editore declinano ogni responsabilità riguardo all'applicazione delle informazioni fornite.

L'Autrice e l'Editore non intendono formulare giudizi diagnostici o prescrivere interventi in forma terapeutica, bensì promuovere l'informazione e la conoscenza delle tematiche sul benessere.

Le storie di questo libro

Le storie contenute nel libro sono di persone che mi hanno permesso di riportare i risultati che hanno ottenuto con il metodo Biotipi Oberhammer. Per rispetto alla privacy sono stati cambiati i nomi e alcuni piccoli particolari, senza però togliere nulla ai fatti terapeutici.

GUARIGIONE NATURALE
CON I 4 BIOTIPI OBERHAMMER

Questo libro è dedicato a tutte le persone che mi seguono come naturopata e a quelle che già applicano il metodo Biotipi Oberhammer.

Siete migliaia e migliaia. Leggete i miei libri, siete presenti sul mio canale YouTube, sul mio sito, sui social network. Grazie per tutti i vostri feedback, per la condivisione dei vostri risultati, sia online sia durante i miei corsi in aula, nei miei videocorsi e nel Biotipi Club online. Il vostro entusiasmo e la vostra fiducia in me e nei miei metodi mi hanno spinto a scrivere questo libro per offrire alle persone che desiderano star bene un percorso che garantisce una guarigione naturale ma anche facile, come tutti meritano.

VUOI GUARIRE NATURALMENTE MA SENZA FATICA? PARTI DA QUI

Con te, passo dopo passo

Cara amica, caro amico,

grazie per essere qui con me, con questo libro in mano.

I tuoi occhi stanno scorrendo la pagina iniziale e, prima che ti inoltri nella lettura, voglio dirti una cosa per me importante.

Voglio parlarti come se ti conoscessi.

Innanzitutto, come avrai notato, mi permetto di darti del tu. Ed ecco perché: troppo spesso le persone alla ricerca della guarigione sono trattate freddamente. Troppo spesso le materie scientifiche vengono incasellate in testi con poca anima. Quando ho iniziato a scrivere questo libro, seduta nel mio studio di fronte al computer, ho immaginato di costruire con te una relazione diversa, per accompagnarti nel tuo viaggio verso la salute.

Volevo offrirti tutta la mia didattica di professionista, per condurti verso la guarigione naturale e darti le migliori soluzioni. Ma volevo anche essere al tuo fianco, con il cuore in mano, mentre leggevi.

E adesso ti chiedo una promessa: di leggere il libro dall'inizio alla fine, senza saltare da un capitolo all'altro.

«Perché?» potresti domandarti.

Perché imparerai che il metodo di guarigione che ti propongo *non è solo naturale ma ha anche la caratteristica di essere facile*, applicabile in modo semplice nella tua vita quotidiana. Questa nuova possibilità – cioè la naturalità e la facilità contemporaneamente – non dipende solo dalla scelta di un rimedio piuttosto che un altro. Si tratta di qualcosa di completamente innovativo: una vera e propria *strategia* che ti insegna a guardare alla guarigione naturale con una *visione nuova*, ti mostra come evitare le *trappole*, ti spiega le *tattiche* per ottenere risultati senza fatica, e ti insegna le *soluzioni* per ricavare il massimo beneficio.

Quindi, se vuoi imparare questo metodo innovativo, devi stare al passo con me: non devi saltare le pagine, non devi anticipare i concetti e poi tornare indietro, non devi sperimentare i rimedi prima di avere letto il libro fino al capitolo giusto.

Non saltare le fasi.

In questo libro ho raccolto le soluzioni naturali più efficaci, i trucchi e gli errori da evitare, appresi ed elaborati in ventitré anni di ricerche e impegno, in una formula che io chiamo «chiavi in mano», con istruzioni chiare e ben definite. Non si tratta di mille consigli generici, che ti confondono le idee. Una delle tattiche fondamentali è infatti quella del *poco ma ottimo*: farai di meno, ma con grandi risultati.

Quello che mi sono impegnata a darti è una *mappa* per raggiungere i tuoi obiettivi. Ma se vuoi far davvero diventare tua la guarigione naturale in modo facile, devi permettermi di guidarti passo dopo passo, con la sequenza a te più utile. Ho già disegnato la strada, ho già condotto tantissime persone lungo questa via. L'ho anche controllata più e più volte perché sono perfezionista e ci tengo davvero a dare risultati. Specialmente in un momento delicato come quello della malattia.

Sono conosciuta come la naturopata più famosa d'Italia. Ma in questo libro vorrei essere la *tua naturopata personale*. Sono qui per te. Per aiutarti e far sì che il mio metodo diventi il nostro metodo.

Ecco perché ti ho proposto di fare un passo di fiducia verso di me. Perché voglio essere con te non solo ora.

Ma anche dopo.

Non sono un'autrice che scrive libri e poi scompare. Io sono presente sul web, mi trovi sui social network. Se vuoi, puoi ricevere la mia newsletter o iscriverti al mio canale YouTube, dove mi puoi incontrare ogni settimana. E scrivermi. Leggendo e mettendo in pratica i segreti di questo libro non ti sentirai mai solo, non penserai mai di avere a che fare con un *fantasma*; avrai sempre l'opportunità di relazionarti con una persona in carne e ossa, vera, che vuole esserti vicina.

Io sono con te.

Mi prometti allora di leggere il libro fino in fondo, sempre con me, passo dopo passo?

Bene, cominciamo!

Sfatiamo alcuni miti

- Non è vero che più la medicina è amara più fa bene.
- Non è vero che per essere in salute bisogna privarsi dei piaceri della vita.
- Non è vero che per ottenere risultati nella guarigione bisogna faticare molto.

Comincio questo libro così: sfatando le idee errate che troppe persone hanno nella testa. Non so se per te è così, ma io ho avuto queste convinzioni nella mente per tanto tempo. E ho dovuto faticare per arrivare a capire che c'è un'altra strada. E trovare le soluzioni per percorrerla.

Il percorso che ti propongo si basa sui principi che ho perfezionato in anni di studi, ricerche e grande impegno. Sono i capisaldi di un metodo oggi seguito da migliaia di persone:

- la guarigione può essere naturale e facile;
- salute e piacere possono andare a braccetto;
- è possibile ottenere risultati in modo naturale faticando meno, ma nel modo giusto, concentrando ogni sforzo, seppur minimo, con un programma su misura, in base al proprio biotipo;

- ti meriti un percorso semplice, perché nella tua vita ti stai già impegnando abbastanza;
- se finora hai affrontato solo strade difficili non è colpa tua, nessuno ti ha ancora indicato una via più facile;
- se hai cominciato e abbandonato tanti programmi, e non hai più fiducia nelle tue capacità, adesso puoi farcela, perché finalmente tutto è ritagliato su misura per te.

Ricorda che meriti di star bene. Di vivere in un corpo sano, che ti faccia sentire forte e sicuro, libero di fare programmi senza l'impedimento della malattia, di gioire con le persone che ami senza essere accompagnato dai dolori, sentirti a tuo agio senza l'imbarazzo che certi disturbi creano, usare tempo e soldi per far ciò che ti piace e non per star dietro ai tuoi problemi di salute.

Non credere a chi ti vuole convincere del contrario.

E adesso, preparati a un piccolo esercizio. Voglio essere sicura che non sciuperai il tuo tempo. Ci vorrà un attimo!

Che tipo di guarigione vuoi?

Oggi sono sempre di più coloro che cercano la guarigione attraverso soluzioni naturali. Le motivazioni principali sono due:

- vogliono evitare gli effetti collaterali dei farmaci e della chirurgia;
- non hanno ottenuto risultati con la medicina ufficiale e cercano altre strade.

Sono persone alla ricerca di una soluzione, che hanno bisogno di programmi naturali però efficaci. E anche onesti. Io amo profondamente l'onestà. È questione di rispetto, per gli altri e per me stessa.

Quindi, prima che tu vada avanti nella lettura, voglio verificare se questo libro fa davvero per te. Se, insomma, è giusto che tu spenda il tuo tempo con me.

Ti chiedo allora di prendere una matita (o di usare l'evidenziatore se leggi il libro come e-book) e di scorrere la lista qui sotto. Segna il pallino, se ti ritrovi nella frase.

Questo libro fa per te se:

- sei stanco di fare fatica per stare meglio, e vorresti qualcosa che ti dia risultati senza troppi sforzi;
- cerchi un programma naturale facilmente applicabile, in cui non devi sottoporti a diete drastiche, utilizzare rimedi complicati o sforzarti a mangiare cose che non ti piacciono;
- pur con tutte le soluzioni che hai provato, il problema migliora per un breve periodo ma poi si riaffaccia come prima;
- il disturbo, nonostante il tuo impegno, non si è risolto definitivamente, o addirittura è peggiorato;
- hai voglia di goderti la vita;
- vuoi una guarigione naturale però anche facile.

Hai letto la prima lista e cerchiato i pallini? Bene, ora passa alla prossima.

Questo libro non fa per te se:

- vuoi cambiare continuamente strada nella ricerca della salute, ovvero fai varie prove ma non sei disposto a scegliere un metodo e abbracciarlo completamente. Ho visto molte persone arrivare da me dopo percorsi del genere e non stavano per niente bene. Siccome so che fare le cose in questo modo peggiora la situazione, non sono disposta a essere complice dei tuoi fallimenti;
- sei alla ricerca di programmi drastici. Nella mia esperienza ho notato che non si ottiene nessun beneficio in più con le diete rigide, le terapie complicate o i programmi basati su prodotti o concetti lontani dalla nostra cultura e tradizione. Le mie soluzioni sono quindi naturali però anche semplici e veloci. I rimedi li trovi sotto casa e sono facilmente integrabili alla nostra frenetica vita quotidiana, ai pasti al ristorante, ai viaggi, alle giornate piene di impegni;

- vuoi dedicare molto tempo alla tua salute. Mi spiace, ma non ci credo. Non credo che per mantenersi sani siano necessarie ore di trattamenti ogni settimana. Credo alle piccole abitudini quotidiane. Alle soluzioni strategiche. Se ti piace usare il tuo tempo libero per occuparti della salute, con rimedi lunghi ed elaborati, non sono la persona giusta. Io insegno a occuparsi della propria salute nel minor tempo possibile, per poi divertirsi;
- vuoi solo leggere senza applicare. Ti darò poche cose da fare, che potranno entrare tranquillamente nella tua routine quotidiana, secondo la potente tattica del *poco ma ottimo*: però quelle cose le dovrai fare;
- godere della vita non è una tua priorità.

Guarda ora i pallini cerchiati nella prima lista e poi quelli della seconda: se hai cerchiato anche solo un pallino nella seconda lista, il libro non fa per te. Mi dispiace. Ti farei solo sprecare tempo. Il mio consiglio è di regalarlo a qualcuno che pensi si ritrovi nella prima lista.

Se invece non hai cerchiato i pallini della seconda lista, sono pronta per procedere con te. Sarò la tua naturopata personale, al tuo fianco.

Anzi, un momento, ho dimenticato di avvertirti di una cosa importante: se prosegui con la lettura di questo libro, *la tua visione della salute, della malattia e della guarigione non sarà più la stessa.*

Avverranno trasformazioni dentro di te.

Vedrai le cose in modo nuovo.

Sei ancora qui?

Bene, allora prima di tutto devo consegnarti una cosa importante, che ti aiuterà nel percorso della guarigione. Devi averla subito.

In questo momento consegno nelle tue mani…

LA MAPPA DELLA GUARIGIONE NATURALE E FACILE CON I BIOTIPI OBERHAMMER

Comincio facendoti una domanda: che valore dai alla tua salute? Pensaci bene.

Alto?

Penso proprio di sì.

«Non mi godo più niente» è una frase tipica che sento dire da chi sta male. Il piacere di essere vicino alle persone amate si riduce quando è disturbato dalle sensazioni sgradevoli del corpo malato, un bel viaggio diventa un tormento, è difficile fare programmi, lavorare, anche godere delle cose semplici della vita come guardare un buon film, occuparsi della propria casa. Ecco perché, quando ai miei corsi parlo della salute, la descrivo come un tesoro. Quando lo possediamo tutto va meglio, ma senza di esso ogni passo della vita è un po' più difficile, certe volte addirittura tormentato.

Una mappa segreta per te

Se la salute è un tesoro, negli anni mi sono accorta che occorre un percorso preciso per raggiungerla. In particolare, se vuoi la guarigione naturale e facile, devi avere una mappa. Una mappa del tesoro.

Hanno affascinato anche te da piccolo? Erano le mappe che i personaggi delle storie, una volta riusciti ad averle tra le mani, utilizzavano come guida preziosa per conquistare, segreto dopo segreto, il tesoro.

Anche il percorso della guarigione naturale e facile è così, e me ne sono accorta man mano che l'ho scoperto. Per arrivare al tesoro – la salute – ci vuole una mappa che ti sveli i segreti del percorso. Purtroppo, io all'inizio la mappa non l'avevo. Mi sarebbe piaciuto molto riceverla già pronta, e invece ho dovuto disegnarla, pezzetto dopo pezzetto. È stato davvero faticoso perché ho dovuto procedere per tentativi ed errori, e quando mi sembrava di aver trovato la strada sbattevo contro un ostacolo che mi faceva cadere a terra e mi costringeva a tornare indietro. Oppure, quando mi sentivo sicura di essere vicina alla meta, cadevo in una trappola e dovevo arrancare per uscirne. A volte il percorso era così tortuoso che ho pensato di abbandonarlo. Ma solo per un momento, visto che sono molto testarda. Quindi la mappa l'ho disegnata e cancellata più volte finché, alla fine, ce l'ho fatta! La mia preziosa mappa, con il percorso della guarigione naturale e facile, era pronta. Disegnata minuziosamente, con tutte le indicazioni per procedere velocemente e i segnali per non cadere nelle trappole.

Attraverso questa mappa puoi conoscere anche tu i segreti per arrivare al tesoro, la tua salute, un bene preziosissimo senza il quale è difficile godersi la vita.

Strategia veloce per arrivare subito

Lo scopo principale di questa mappa è offrirti una vera e propria *strategia* da applicare nel tuo percorso della guarigione naturale e facile.

Un concetto chiave del mio approccio è che senza una strategia non vai da nessuna parte: guarigione naturale e facile non significa solo utilizzare certi rimedi piuttosto che altri, ma seguire un vero e proprio percorso, completamente diverso. Innovativo.

La mappa ti serve proprio a questo.

Importante. La mappa è formata da 6 fasi distinte, che andranno percorse in sequenza. La guarigione naturale e facile non funziona se, per esempio, percorri la fase numero quattro prima delle precedenti. Oppure se salti la fase numero uno.

Non farlo, perderesti un'occasione importante.

LA MAPPA DELLA GUARIGIONE NATURALE E FACILE

1ª FASE: *scopri una nuova visione della guarigione*

Queste pagine del libro sono le più importanti di tutte per farti ottenere i risultati che desideri: ti mostrano un modo completamente nuovo di vedere le cose. Se invece continui a rapportarti con la tua malattia e con la tua salute nel vecchio modo, impedisci la guarigione naturale e facile e ti costringi a percorsi faticosi.

2ª FASE: *individua il tuo biotipo dominante*

Per ciascuno di noi c'è un biotipo che può dare i migliori risultati e garantire la guarigione naturale e facile: è il *tuo biotipo*, o più precisamente, come imparerai, il tuo biotipo dominante secondo il metodo Oberhammer. Con questo libro scoprirai qual è il tuo. I passi da seguire sono questi:

1. Fai il test.
2. Leggi il tuo biotipo (aria, acqua, terra o fuoco). Ti parlerà di te. Del tuo corpo, della tua mente, delle tue abitudini, di cosa ti irrita e di cosa ti allieta. Dei tuoi disturbi ricorrenti e di come reagisci.

3ª FASE: *impara le 7 tattiche per non cadere nelle 7 trappole*

Ci sono falsi miti sulla salute che stanno sabotando la tua guarigione. In questa fase impari a sostituirli con tattiche innovative e semplici:

1. Poco ma ottimo.
2. Guarisci solo se ti pulisci.
3. Semplice è efficace.
4. La formula magica della sinergia.
5. Tagliato su misura.
6. Va bene solo se ti piace.
7. Naturale è sano solo se lo fai bene.

4ª FASE: *apprendi le soluzioni del tempio del benessere*

Per ottenere la guarigione naturale e facile dovrai fare poche cose ma seguendo 4 punti, senza trascurarne nessuno, secondo le indicazioni del tuo biotipo.

1. Disintossicati con il tuo biotipo.
2. Mangia secondo il tuo biotipo.
3. Rimedi naturali per il tuo biotipo.
4. Stile di vita sano per il tuo biotipo.

5ª FASE: *utilizza il protocollo 21 × 3 del tuo biotipo*

Con uno schema semplice e personalizzato, in pochi passaggi porterai facilmente i benefici dei biotipi Oberhammer nella tua vita e potrai fare, ogni volta che lo desideri, un reset del tuo organismo.

6ª FASE: *prendi la scorciatoia dei circoli positivi*

Attraverso questa scorciatoia guarisci facendo quello che ti piace e che si adegua meglio alle tue abitudini. Troppo bello per essere vero? Scoprirai che con i circoli positivi diventerà la tua realtà.

In questo momento avrai dato una lettura veloce alla mappa e di sicuro certe frasi non avranno per te un particolare significato, proprio come quando teniamo una mappa segreta tra le mani ed è ancora da decifrare.

Ma ti dico subito una cosa: tu non dovrai preoccuparti di niente. Ti ricordi la promessa che ti ho appena chiesto? Di lasciarti guidare da me leggendo pagina dopo pagina, senza saltare nulla. Ecco, in questo modo potrò essere la tua naturopata personale, e quando arriverai alla fine saprai leggere la tua mappa – e percorrerla – senza alcuna fatica. Del resto forse hai già capito che io sono una fan del «fare poca fatica». E pensare che sono una persona che si impegna molto in quello che fa! Che senso ha, però, faticare dove non serve? Sei d'accordo con me, vero? Quindi nel percorso della guarigione naturale e facile, fidati, ho già faticato io per te. Tu devi solo lasciarti guidare, tenendo questa mappa tra le mani.

Questi sono i disturbi che puoi risolvere

E ora ecco un elenco dei disturbi che beneficiano del metodo Biotipi Oberhammer. Sono tanti perché, come scoprirai più avanti, lo scopo del metodo è rendere l'organismo forte e capace di superare la malattia: il corpo viene depurato, la capacità immunitaria aumenta, le funzioni fisiologiche sono riequilibrate, c'è un'influenza benefica su tutti gli organi e sulle malattie a essi correlate.

Se il tuo biotipo è forte, tu sei forte.

Questo metodo non solo ti aiuta a guarire, ma è anche la miglior forma di prevenzione in assoluto.

I DISTURBI CHE BENEFICIANO
DEL METODO BIOTIPI OBERHAMMER

Digestione
- Dispepsia (digestione difficile, digestione lenta, digestione irregolare)
- Gastrite
- Reflusso gastroesofageo

Nutrizione
- Fame eccessiva
- Appetito carente
- Carenze alimentari
- Denutrizione, deperimento
- Intolleranze alimentari
- Sete scarsa o eccessiva

Intestino
- Colite e colon irritabile
- Meteorismo
- Diarrea

- Stitichezza
- Emorroidi
- Bruciore anale

Fegato e cistifellea
- Piccola insufficienza epatica
- Alterazioni del flusso biliare

Reni e vie urinarie
- Cistite
- Uretrite
- Urina scarsa o eccessiva
- Urina alterata (troppo scura, schiumosa ecc.)
- Disturbi renali
- Edema

Cuore e circolazione
- Ritenzione idrica
- Gambe gonfie, pesanti
- Capillari fragili
- Varici
- Pressione alta
- Pressione bassa
- Tachicardia
- Palpitazioni
- Aterosclerosi

Sangue, alterazioni
- Anemia
- Iper o ipoglicemia
- Aumento degli acidi urici
- Colesterolo alto
- Trigliceridi elevati

Pelle, capelli, unghie
- Pelle ipersensibile
- Pelle arrossata
- Pelle impura
- Eczema
- Ragadi
- Dermatite
- Foruncoli
- Geloni
- Comedoni
- Acne
- Caduta dei capelli
- Forfora
- Unghie fragili, rigate, deformate, ruvide
- Prurito
- Macchie cutanee

Ossa, articolazioni, muscoli
- Artrite
- Crampi
- Rigidità muscolare e articolare
- Osteoporosi
- Dolori articolari
- Reumatismi
- Sciatica
- Scricchiolio articolare
- Tendenza al prolasso

Apparato respiratorio
- Tosse
- Sinusite
- Mal di gola
- Raffreddore

- Bronchite

Apparato ginecologico
- Perdite vaginali (da candida o di altro tipo)
- Vaginite
- Fibromi
- Cisti alle ovaie
- Disturbi della prostata (prostatite, ipertrofia prostatica)

Ciclo mestruale
- Sindrome premestruale
- Mestruazioni dolorose
- Dismenorrea (mancanza di mestruazioni)
- Disturbi della menopausa
- Vampate o caldane

Occhi e bocca
- Occhi arrossati, che bruciano o con eccessiva lacrimazione
- Occhi con muco
- Occhiaie
- Borse sotto gli occhi
- Secchezza oculare
- Bocca asciutta
- Bocca bruciante
- Disturbi alle gengive
- Labbra screpolate
- Sapori alterati in bocca
- Afte
- Alitosi
- Alterazioni della lingua (patinata, a solchi ecc.)

Peso e cellulite
- Sovrappeso
- Sottopeso
- Alterazioni del metabolismo (troppo lento o troppo veloce)
- Cellulite dura o molle

Sistema nervoso
- Irritabilità
- Bruxismo
- Mente iperattiva
- Nervosismo
- Stress
- Sbalzi di umore
- Insonnia

Livello energetico
- Stanchezza
- Risveglio difficile
- Difficoltà a concentrarsi
- Apatia

Altro
- Sistema immunitario debole
- Alterazioni della tiroide
- Circolazione linfatica rallentata
- Calore o freddo eccessivo
- Secchezza e irritazione (pelle, occhi, vagi-

na, bocca, naso, mucose ecc.)
- Dolore di vario tipo, spasmi muscolari
- Senso di pesantezza
- Calcolosi, calcificazioni
- Muco e catarro in eccesso (vie respiratorie, intestinale ecc.)
- Infiammazione (articolare, cutanea ecc.)
- Bruciore
- Irritazione
- Infezioni

Adesso sai cosa puoi ottenere

In questo capitolo ti ho presentato la mappa segreta della guarigione naturale e facile, che ti svelerò poco a poco, e ti ho mostrato l'elenco dei disturbi che beneficiano dei biotipi Oberhammer.

Durante la lettura, se necessario, torna a consultare la mappa. Deve essere sempre tra le tue mani, mentre io ti insegnerò a percorrerla.

Bene, andiamo avanti: *ho una storia da raccontarti.*

LA GUARIGIONE NATURALE NON BASTA: LA VOGLIO ANCHE FACILE

La signora che si siede di fronte a me dice con disappunto: «Per stare meglio faccio davvero molta fatica. Mi devo impegnare tanto». Ha grandi occhi neri, qualche chilo in più e lunghi capelli ramati che oscillano nervosi mentre aggiunge: «Se mangio qualcosa di troppo, per esempio se esco a cena con gli amici, perdo subito i risultati raggiunti. Non dovrei mai concedermi niente». Si ferma un attimo per riprendere fiato: «E poi, nonostante gli sforzi, il mio disturbo migliora per un po' per poi ripresentarsi come prima. Anzi, ultimamente è peggiorato». Adesso la sua bocca forma una piega amara mentre i capelli sono ritornati immobili. I grandi occhi neri mi fissano: «Perché i programmi di guarigione naturale costringono a cambiare tanto le abitudini, a diete drastiche, o complicate, o strane, così diverse dal nostro stile di vita?». Conclude con la voce venata di delusione: «Perché devo fare tanta fatica?».

La donna che mi sta parlando si chiama Chiara. L'ho appena conosciuta e quello è il suo spazio di consulenza privata, che dedico a ogni iscritto durante i miei corsi. Ascolto le loro storie e poi insegno loro come possono stare meglio.

Ma quel giorno c'era qualcosa di importante che dovevo imparare anch'io.

Quando guarire è difficile

Mentre i capelli ramati di Chiara oscillavano come lingue di fuoco, si accendevano pensieri contrastanti dentro di me, che a quel tempo ero già una professionista conosciuta. Ho studiato internazionalmente la naturopatia, una disciplina che si avvale esclusivamente di metodiche naturali per riequilibrare l'organismo, e poi ho creato i miei metodi, che con gli anni mi hanno resa la naturopata più famosa d'Italia. Però quel giorno così lontano nel tempo, con Chiara seduta di fronte a me, sentivo che qualcosa di importante mancava ai miei metodi. Le domande che martellavano nella mia testa riguardavano le difficoltà della guarigione.

I PROBLEMI DELLA GUARIGIONE

- Perché la guarigione deve essere impegnativa e richiedere tanto sforzo?
- Perché alcune persone devono faticare molto più di altre (e se mangiano qualcosa in più stanno subito male, ingrassano facilmente e mandano all'aria i risultati raggiunti)?
- Perché i programmi di guarigione costringono a privazioni terribili o a cambiare tanto le proprie abitudini?

Non tutte le esperienze di quegli anni, comunque, erano deludenti come quelle di Chiara, anzi: non succedeva praticamente mai che i miei metodi non dessero risultati, o causassero addirittura peggioramenti. Bisognava però impegnarsi molto, dedicare tempo e fatica alla guarigione, con programmi che costringevano a sacrifici.

Ottenere i risultati in questo modo si scontrava con il mio desiderio di aiutare le persone a stare bene, a prendersi cura di sé, ma contemporaneamente a godersi la vita.

Quando è terminato il corso sapevo di avere un compito: dovevo dare una risposta alle domande di Chiara, che erano anche le mie. Volevo offrire soluzioni, senza condannare nessuno a faticare.

C'era un problema, però.

Non ero ancora pronta.

Mi ero già impegnata molto per arrivare fin lì. E purtroppo erano state le lacrime a muovere i miei primi passi.

Se la paura della malattia si insinua in noi

C'è un motivo molto semplice che mi ha spinto a diventare naturopata, a scrivere bestseller internazionali e creare metodi di benessere: avevo il terrore della malattia. Fin da bambina ho vissuto morti che hanno inciso ferite indelebili dentro di me, come lame di coltelli. Avevo solo otto anni e i miei occhi erano pieni di lacrime quando la mia amata nonna se n'è andata all'improvviso. Con lei stavo ore a imparare le ricette austriache e ricordo ancora le sue mani nodose che impastavano. Poi, ne avevo ormai diciotto, è stato il momento di mia zia, cui ero affezionatissima anche se abitava lontano, in Svezia: la leucemia l'ha portata via in pochi mesi e la mia mente di adolescente si chiedeva smarrita il perché. Quindi è giunto il momento di mio padre, colpito da un tumore al cervello. Se n'è andato dopo una lunga agonia, spezzando il mio cuore di figlia venticinquenne che aveva bisogno di lui e non sapeva come portarlo indietro.

Ero giovane, ma la vita si era già presa molta della mia speranza nella salute.

La paura della malattia si faceva strada dentro di me, come un tarlo. Provenivo da famiglie di medici: il mio nonno austriaco era un medico, così come il mio nonno italiano. Ma dopo il dolore di quelle morti arrivate troppo presto, ero terrorizzata da qualsiasi cosa riguardasse la medicina. In realtà, in un angolino nascosto dentro di me, qualcosa mi spingeva verso la tradizione terapeutica famigliare, eppure mi bastava entrare in un ospedale per venire presa dal panico. La paura della malattia mi faceva sentire sempre più fragile: soffrivo di stitichezza e di fortissime sinusiti che mi costringevano a letto per lunghi periodi. Avevo già le mie medicine. Le conservavo dentro una scatola di cartone rosa con i pallini azzurri e ogni volta che la aprivo per prendere una pillola avvertivo una certezza: non volevo ingerire quelle sostanze.

Ma non sapevo come fare.

Da lì a poco, però, sarebbe successo qualcosa che non mi aspettavo: avrei avuto una risposta.

Quando un incontro ti cambia la vita

«Cosa vuoi trasformare in oro?»

La domanda arrivò da una voce dietro di me con un forte accento inglese. Ero a Firenze e, dopo aver girato per musei, mi ero rifugiata nell'orto botanico. Avevo bisogno di solitudine, mio padre era morto da poco e io mi sentivo ancora molto confusa. China su un cespuglio dai fiori gialli, stavo sfiorando le sue foglie.

Mi voltai quasi di scatto e vidi due occhi vivaci su un volto femminile dai capelli lunghi e raccolti, con qualche filo bianco.

«Stai toccando l'alchemilla» mi sorrise. «C'è una leggenda che dice che gli alchimisti usavano l'acqua della superficie delle sue foglie per trasformare il piombo in oro.» A parlare era Elizabeth, una biologa americana consulente della squadra che curava l'orto botanico, e mi raccontò che l'alchemilla si riproduce per partenogenesi, cioè senza fecondazione, e forse proprio da qui era nata la leggenda. «Sto per tenere una lezione sulle piante» disse con naturalezza, «puoi venire, è aperta a tutti.»

Si trattava di botanica. A tratti, per alleggerire la materia, raccontava delle leggende, come quella che aveva appena rivelato a me. Eravamo in pochi, ma lei parlava con tanto entusiasmo che sembrava fossimo centinaia di persone. Mentre le sue mani si muovevano rapide, qualcosa si faceva spazio con forza: la sua fiducia nella natura.

A fine incontro mi chiese se mi era piaciuta la lezione. Le dissi di sì, che l'avevo ascoltata molto volentieri. Aveva occhi accoglienti e il mio cuore ferito si fece sentire. Le raccontai della mia paura della malattia. Mi ascoltò con attenzione. Negli anni a venire capii che amava molto le relazioni umane, così come amava la vita di laboratorio.

«Simona, è possibile curarsi anche con la natura, non solo con le medicine»: fu una frase che mi spiegò meglio nel tempo, man mano che diventammo amiche. Mi raccontò che negli Stati Uniti esistevano istituti e università dove la natura veniva utilizzata come vera e propria terapia. Lei era biologa e non sapeva darmi indicazioni più precise, però aveva smosso qualcosa con le sue parole. Una sorta di tranquillità si insinuava dentro di me goccia a goccia, e leniva come un balsamo le mie ferite.

Da quel momento è iniziata la mia ricerca: mi sono formata all'estero, non solo all'università ma anche in vari istituti di cura naturale, specializzandomi in naturopatia, una disciplina che consente di mantenere sano l'organismo attraverso la natura. In questo lungo percorso di studio ho imparato tantissimo sui rimedi naturopatici. Il mio scopo, mentre volavo da una parte all'altra del mondo, era quello di selezionare le migliori terapie naturali, quelle più efficaci e sicure, quelle che io definisco «da 10 e lode». Sono fatta così, amo andare a fondo nelle cose, con grande perfezionismo. Quindi, solo dopo anni di impegno e sperimentazioni, è nato il mio sistema di benessere, la *Naturopatia Oberhammer*, che insegna ad affrontare la malattia in modo naturale e a intraprendere uno stile di vita sano.

È un metodo che mi appassiona profondamente perché – oltre a studiarlo, elaborarlo, monitorarlo e verificarlo – l'ho sempre applicato anche su di me. Quello che io non riesco proprio a fare, infatti, è insegnare qualcosa che prima non ho sperimentato personalmente. Così mi sono trovata negli anni a testare davvero di tutto. Facevo praticantato per mesi negli istituti naturopatici internazionali più noti, ordinavo ogni tipo di apparecchiatura per verificare se fosse valida, sperimentavo molti prodotti diversi.

È questo il motivo per cui, durante i miei corsi in aula o i webinar online, le persone che mi fanno domande si meravigliano che io sappia rispondere riguardo a ogni programma. Che li conosca per esperienza. Ma il punto è proprio questo: li ho provati davvero, applicando anche su me stessa quelli che ho reputato più validi.

Io insegno quello che faccio. Non riuscirei ad agire diversamente: la mia relazione con le persone si nutre prima di tutto della mia passione.

Mentre sentivo Chiara pronunciare quella domanda fatidica – «Perché per guarire devo fare tanta fatica?» – sapevo che una risposta andava cercata. Ma sapevo anche che, per trovarla, sarebbe stato necessario tornare a fare ricerca e studiare, perché la soluzione non era certo semplice. Questo significava ridurre notevolmente gli impegni lavorativi e perdere buona parte del mio stipendio.

Non ero ancora pronta.

Ma, come spesso succede, è la vita a spingerti dove non vuoi andare. Fu una telefonata a muovere tutto.

Perché tanta fatica per guarire?

«Simona, sei tu?» La voce era quasi incredula.

«Chi sei?» Non riuscivo a riconoscere chi parlava, anche se c'era qualcosa di vagamente familiare.

«Sono Amanda, finalmente ti ho trovata!»

Sorrisi appena riconobbi la figlia della mia cara amica Elizabeth. Ma durò poco. Con tono preoccupato Amanda mi raccontò che sua madre stava male. Avrebbe voluto chiamarmi molto prima, ma avevano traslocato e smarrito in qualche scatolone l'agenda telefonica con il mio numero. Finalmente, quel pomeriggio, l'aveva ritrovata.

Elizabeth soffriva di una forte gastrite e di uno stato di stanchezza cronico. Aveva già provato le vie tradizionali, dopo aver fatto tutti i controlli del caso, ma non erano state efficaci, anzi: i sintomi erano peggiorati. Poi, non avendo la possibilità di rivolgersi a me, aveva iniziato a seguire programmi naturali qua e là. Ma erano tutti complicati: le portavano via tempo, restituendole scarsi risultati. Intanto le energie di Elizabeth diminuivano.

Mi precipitai a far visita alla mia amica. La donna piena di vitalità che conoscevo, e che in un momento buio della mia vita mi aveva tanto aiutato, era scomparsa, irriconoscibile. Dentro di me si strinse una morsa: avevo già aiutato delle persone in quelle condizioni, ma Elizabeth era troppo debole per affrontare i miei programmi perché erano altrettanto faticosi. Se mi avesse consultato all'inizio sarebbe stato diverso, ma ormai era davvero provata e tutto si era complicato. Lei stessa continuava a ripetere di essere stanca di prove e ricerche nel tentativo di trovare la soluzione. Era demotivata. Le mancava la voglia di reagire, di combattere.

Mentre la guardavo arrivò come un lampo la domanda di Chiara, quella che avevo accantonato tempo prima: «Perché per guarire devo fare tanta fatica?».

Sentii che non c'era più tempo da perdere: dovevo aiutare Elizabeth. A tutti i costi.

Come una morsa che ti stringe dentro

Consigliai alla mia amica una serie di rimedi naturali, quelli che ritenevo potesse tollerare nella sua situazione. Ma dentro di me sapevo che non sarebbero stati sufficienti. Così passavo ore e ore di fronte al monitor, fino a sentire gli occhi bruciare, alla ricerca di una nuova soluzione. Ordinavo dall'estero scatoloni di libri, che aprivo avidamente strappando il cartone. Li sottolineavo con righe e frecce alla ricerca della risposta giusta. Avevo spesso la sensazione di esserci vicino, ma che contemporaneamente mi sfuggisse qualcosa. Giorni e giorni di fatica, notti insonni, brevi fughe improvvise dal mio studio per prendere un po' di aria con la mia cagnolina che zampettava vicino e la mia mente che saltellava lontano, dove sperava di trovare la formula magica.

Intanto Elizabeth aveva fatto ulteriori accertamenti, ma non era emerso nulla di rilevante. Con i miei rimedi era leggermente migliorata, ma solo a fasi alterne. E io sentivo la morsa che si stringeva.

Un aiuto che arriva da lontano

«Simona, stai lavorando troppo, vieni a trovarmi a Londra.» Era una collega che mi parlava, Helena. Avevamo studiato insieme negli Stati Uniti. Sapeva tutto delle mie ricerche e conoscendomi era anche certa che, quando mi impuntavo, non mollavo mai. L'invito arrivò all'improvviso e altrettanto all'improvviso feci la valigia e salii su un aereo diretto a Londra.

Seduta vicino al bow window della sua cucina, con la rituale tazza di tè in mano, le raccontai del mio sconforto, delle mie ricerche.

Le dissi di Elizabeth, cui ero molto legata. Volevo assolutamente aiutarla. Le dissi anche che stavo cercando qualcosa che rendesse i miei metodi meno impegnativi e faticosi e che la soluzione mi sembrava vicina, eppure continuava a sfuggirmi, come quando tenti di trattenere l'acqua tra le mani.

Helena mi ascoltò con i suoi occhi quieti. Eravamo sempre state due amiche che si bilanciavano: pacata e riflessiva lei, impetuosa e sempre alla ricerca di qualcosa io.

La sua voce era dolce quando mi disse semplicemente: «Simona, riposa per qualche giorno, poi ritorni sul problema». Seguii il consiglio. Continuare con tanta testardaggine non mi faceva bene. Andai a trovare gli amici e visitai la Tate Gallery, ci passo sempre quando capito a Londra. Arrivò il giorno del mio volo di ritorno. Il pensiero di Elizabeth era di nuovo martellante. Salutai Helena con un abbraccio e la lasciai ai suoi impegni in studio. Avevo qualche ora libera prima di partire per l'aeroporto di Heathrow, quindi decisi di fare un salto in una zona piena di librerie che si occupano di vecchie edizioni. In passato mi è capitato di trovare testi molto interessanti. Scesi lungo la scala a chiocciola di uno dei miei negozi preferiti, lasciando il primo piano scintillante di luci e i volumi nuovi per inoltrarmi nella penombra dell'interrato.

È stato un attimo: quel libro mi aspettava su una vecchia poltroncina, probabilmente lo aveva lasciato lì qualcuno che lo aveva sfogliato poco prima. Era di formato grande, con la copertina verde bordata di arancione e l'immagine di un uomo in bianco e nero: si trattava di Ippocrate, il padre della medicina. In realtà non mi aveva attirato Ippocrate in sé, ma il titolo del libro: *Aria, acqua, terra, fuoco*. Autori vari. Aprendolo capii il motivo di quelle dimensioni inusuali: si trattava di fotocopie rilegate.

Soffiai via la polvere dal dorso e mi accomodai sulla poltroncina a sfogliarlo. Uno schema, una piccola tabella, attirò subito il mio sguardo. Chiusi il libro e dopo pochi minuti ero alla cassa per pagarlo e portarlo a casa con me. Sentivo che tra quelle pagine si nascondeva la risposta che cercavo.

Non aprii più il libro finché non mi trovai in aereo. Lo avevo tenuto come un tesoro nella borsa, aveva attraversato i raggi X dei controlli aeroportuali, era salito con me sulla stretta scaletta che mi aveva fatto approdare alla mia poltrona. Seduta vicino al finestrino, quando l'aereo decollò, guardai il mondo diventare piccolo sotto di me.

Amo volare perché mi sembra di osservare non solo il paesaggio, ma anche ciò che mi riguarda con una prospettiva più ampia. Lassù tra le nuvole ho iniziato a leggere il libro. E a consultare quella tabella.

Il libro parlava di tipologie, cioè delle costituzioni che Ippocrate già migliaia di anni fa aveva individuato. Io in realtà avevo già indagato molto su questo argomento. Era una strada che avevo battuto più volte nelle mie ricerche, ma non mi aveva mai convinto completamente. Non che la ritenessi sbagliata, ma si inseriva in contesti troppo lontani dal mio sistema di salute naturale, comunque già testato ed efficace con tantissime persone. Dovevo trovare qualcosa che migliorasse il mio metodo, non qualcosa che lo stravolgesse, perché in quel caso avrei perso tutti i risultati che stavo donando a chi lo seguiva.

Con il libro aperto sul tavolino estraibile e la matita in mano, arrivavano come flash le tipologie che avevo già studiato ed escluso perché non mi sembravano in linea con il mio metodo di naturopatia.

Le principali tipologie che avevo già valutato erano:

- le *tipologie omeopatiche*, utili per chi segue una cura omeopatica ma non, per esempio, in caso di interventi con l'alimentazione o altri rimedi naturali;
- le *tipologie ayurvediche*, tra le più note, ma con rimedi di tipo orientale, basati su sostanze difficili da reperire, su concetti con terminologie complicatissime e uno stile di vita completamente diverso dal nostro, quindi faticoso da applicare;
- le *tipologie cinesi*, impostate su concetti estranei alla nostra cultura terapeutica occidentale, per esempio i meridiani, quindi estremamente laboriose.

Poi c'erano le *tipologie ippocratiche*. Probabilmente leggerai solo dei termini poco comprensibili, ma non occorre che ti soffermi. Prosegui e presto scoprirai perché hanno destato il mio interesse.

Eccole in sintesi:

- Sanguigno (umore: sangue) – *Aria*
- Linfatico (umore: linfa) – *Acqua*
- Melanconico (umore: bile nera) – *Terra*
- Bilioso (umore: bile gialla) – *Fuoco*

Mentre ripercorrevo mentalmente le tipologie che avevo già analizzato in passato, osservavo la tabella di quell'insolito libro, cominciando a guardare le cose da un'angolatura diversa. Prendevo appunti sul mio blocco. Scrivevo velocemente perché i pezzi del puzzle si stavano sistemando al loro posto.

La tabella impostava le tipologie ippocratiche partendo dall'opposto di quello che di solito viene insegnato, cioè dai quattro elementi, anziché dalla struttura fisica o dall'umore. Inoltre a piè di pagina c'era una breve nota, che accennava alla correlazione tra disintossicazione e tipologie ippocratiche. Erano poche righe, una postilla senza particolare significato, ma sufficienti a stabilire nella mia mente la connessione che stavo cercando.

Infatti il mio sistema di salute naturale, tra i suoi fondamenti, comprende:

- la *disintossicazione*, cioè l'eliminazione delle scorie (dette in naturopatia «tossine»), come passo fondamentale per ottenere risultati in modo definitivo;
- la guarigione con i *quattro elementi della natura*: aria, acqua, terra, fuoco.

Lasciai la matita come segnalibro per ritrovare la tabella e chiusi il volume. La faccia seria e saggia di Ippocrate campeggiava sulla copertina: non era rivolta nella mia direzione ma lontano, come se volesse indicare qualcosa. Poi sulla carta disegnai degli schemi per verificare che i principi del mio metodo si relazionassero bene alle tipologie ippocratiche elaborate secondo i quattro elementi. Con la matita che seguiva le linee che avevo disegnato, controllai che le relazioni tornassero. Quindi valutai con la tabella il caso di Elizabeth. Analizzandolo dal punto di vista tipologico correlato alla disintossicazione, molti aspetti che prima mi sembravano nebulosi si chiarirono. Il suo programma andava modificato, e subito.

Cominciava la fase di atterraggio. Chiusi soddisfatta il blocco degli appunti: ero certa di aver trovato la soluzione che cercavo.

Un viaggio lungo e faticoso

Quando ritirai il bagaglio sapevo che i quattro elementi avrebbero accompagnato il mio sistema di benessere come la valigia che scivolava dietro di me.

Il giorno dopo, nel mio studio, iniziai delle ricerche per il problema di Elizabeth seguendo la nuova direzione. Analizzando i rimedi che le avevo consigliato capii perché avevano la caratteristica di essere faticosi: sebbene li avessi personalizzati, non erano calibrati per le tossine tipiche della sua tipologia.

Questo rendeva tutto più difficile. E anche molto meno efficace.

Perché non ci ero arrivata prima?

Pensai a tutte le prove che Elizabeth aveva fatto da sola, con terapie naturali generiche, di quelle adatte a tutti. E compresi che è ciò che fanno le persone quando vogliono risolvere un problema: provano l'ultima trovata dell'amica, sperimentano qua e là in modo casuale, si sottopongono a diete drastiche, assumono rimedi dai nomi strani che vengono da chissà dove, senza sapere che così facendo il loro stato potrebbe addirittura peggiorare.

Osservando la situazione della mia amica sotto questo nuovo punto di vista potevo tentare un diverso percorso naturale. Telefonai subito ad Amanda per comunicarglielo. Sapevo di essere solo all'inizio ma non vedevo controindicazioni, quindi ogni tentativo era buono.

Seduta alla scrivania, osservavo gli schemi disegnati in aereo. Sapevo bene che quello era solo un punto di partenza. Che stava cominciando un lungo viaggio, come è successo sempre quando ho elaborato i miei programmi di salute naturale: quando finalmente arrivava l'idea giusta sulla quale lavorare, allora partivano le ricerche, le analisi, i viaggi di studio per reperire tutte le informazioni necessarie. Sapevo anche che sarebbe stato molto costoso: meno tempo per incontrare le persone in studio e per i miei corsi, quindi – purtroppo – meno guadagni.

Iniziai a inserire minuziosamente i dati al computer e ad assemblare le informazioni per creare comparazioni di verifica. Incollata al monitor per settimane, il mio impegno ebbe un'accelerata quando ricevetti una telefonata. Una voce flebile mi diceva: «Sto un po' meglio». Era Elizabeth e mi raccontava che *i nuovi rimedi le avevano dato subito sol-*

lievo, con poca fatica. Ero felice, ma sapevo che c'era ancora tanto da fare. Sia per lei che per il mio metodo.

Feci partire i programmi di sperimentazione, nel corso dei quali osservavo attentamente i risultati e inserivo piccole variazioni volta per volta. Anche Elizabeth faceva parte di questo programma. Qualche settimana dopo arrivò una sua nuova telefonata.

«Sono all'orto botanico, Simona, sto molto meglio.»

Ce l'aveva fatta! Aveva ripreso forze, digeriva meglio, finalmente si stava riprendendo completamente.

Anni prima Elizabeth mi aveva aiutato a uscire dalla paura della malattia e io, dopo lunghe ricerche, ero riuscita ad aiutarla a ritrovare la salute.

La grande rivelazione della pulizia interna

Per offrire quel risultato a Elizabeth mi ero concentrata su un aspetto alla base del mio metodo di naturopatia: la *disintossicazione.* E poi l'ho focalizzato sulla sua tipologia.

L'organismo, per essere sano, deve essere libero dalle scorie. Scoprirai più avanti che, se vuoi avere veri risultati, un passo fondamentale è quello di inserire la depurazione del tuo corpo in ogni programma di benessere.

L'elaborazione che avevo fatto leggendo il libro in aereo riguardava il collegamento tra i quattro elementi e il tipo di tossine. Sono proprio queste scorie a rallentare la guarigione e a costringere a programmi drastici e faticosi, che spesso causano peggioramenti.

Disegnando gli schemi ecco cosa avevo scritto.

TOSSINE E 4 ELEMENTI

- **Aria: tossine gassose**
  Causano irritazione: sono tipiche di disturbi quali gonfiori addominali, secchezza della pelle e delle mucose, digestione irregolare, sindrome del colon irritabile, eczema secco, ragadi cutanee, capelli troppo secchi e sfibrati, forfora secca, unghie fragili, raucedine, tosse secca, artrite accompagnata da rigidità e freddezza, muscoli rigidi, reumatismi, palpitazioni, tachicardia, dolori come quelli mestruali, occhi secchi, bocca asciutta, labbra screpolate, stanchezza, immunodepressione, rughe, carenze alimentari, deperimento, problematiche nervose quali ansia, insonnia, nervosismo, stress, difficoltà a concentrarsi.
- **Acqua: tossine acquose**
  Causano gonfiore: sono tipiche di disturbi quali ritenzione idrica, gambe gonfie, cistite, urina scarsa, disturbi ai reni, calcoli renali, eczema essudativo, capillari fragili, artrite accompagnata da gonfiore, edema, articolazioni gonfie, borse sotto agli occhi, occhiaie scure, lacrimazione eccessiva, disturbi della circolazione venosa, cellulite, varici, linfatismo, congestione delle ghiandole linfatiche, formazioni di cisti liquide, sovrappeso con ritenzione di liquidi, metabolismo lento, ipotiroidismo, meteoropatia.
- **Terra: tossine solide**
  Causano congestione: sono tipiche di disturbi quali senso di pesantezza generalizzato, digestione faticosa, formazioni di cisti solide, fibromi, lipomi, catarro bronchiale e delle vie respiratorie in generale, sinusite, tosse con molto muco, ipercolesterolemia, ipertrigliceridemia, muco intestinale, ipertrofia prostatica, occhi con muco, comedoni, acne, foruncolosi, sonnolenza, risveglio difficile, sovrappeso, apatia.
- **Fuoco: tossine infiammanti**
  Causano infiammazione: sono tipiche di disturbi qua-

li gastrite, acidità gastrica, reflusso gastroesofageo, eruttazione acida, disturbi alla cistifellea e al fegato, dermatiti, couperose, eritema, eruzioni cutanee, orticaria, pelle arrossata, prurito, afte, gengive sanguinanti, acidosi, sudorazione eccessiva, tosse stizzosa con muco giallo, attacco di artrite infiammatoria, ipertensione, vampate della menopausa, occhi infiammati, afte, alitosi, gengivite, senso di bruciore generalizzato, dolore bruciante, sonno agitato, comportamenti tendenti alla collera, aggressività e rabbia eccessiva.

È proprio su questa linea che sono state condotte le mie ricerche successive.

Con poco è possibile ottenere molto

Sono passati anni dal giorno in cui, mentre volavo tra le nuvole, disegnavo schemi sul tavolino reclinabile. Anni di assestamenti, di controlli, di modifiche, di elaborazioni. Anni in cui raccoglievo i dati, li confrontavo, li verificavo. Se Elizabeth è stato il mio primo successo, tanti sono stati i passi indietro. Ma gli errori servono. Hanno contribuito alla crescita delle mie competenze. Io non mi sono mai arresa: è tipico della mia natura andare avanti con testardaggine finché le cose funzionano. Questa estrema dedizione, che coincide con l'amore che provo per la mia professione e per le persone che seguo, è stata sicuramente un elemento chiave per il successo che ho ottenuto negli anni successivi, quello che mi ha reso la naturopata più famosa d'Italia. Ed è stato anche un elemento chiave dello studio intrapreso sulla guarigione naturale e facile. Sapevo che ci voleva tempo, sacrificio e un grande impegno economico. Ho investito infatti migliaia di euro per portare avanti i miei studi.

Man mano che la mia faticosa ricerca procedeva, i risultati sono diventati più evidenti. Le sperimentazioni confermavano che *bastava un piccolo sforzo per ottenere miglioramenti*, facendo poche cose, ma giuste per la propria tipologia.

Ero felice perché era quello che in cuor mio desideravo ardentemente, ma che avevo paura persino di sognare: poco sforzo e tanti risultati!

Le persone che si rivolgevano a me:

- non dovevano più costringersi a diete rigide, a tecniche complicate, a metodi articolati;
- non dovevano stravolgere le loro abitudini;
- non dovevano mangiare quello che a loro non piaceva;
- non dovevano centellinare il cibo;
- non dovevano assumere flaconi e flaconi di rimedi spendendo troppo;
- non dovevano cucinare pasti diversi in famiglia;
- non dovevano sottostare a continue proibizioni.

Potevano permettersi inoltre di andare a cena al ristorante, di assecondare una «voglia» senza subito essere penalizzate dal disturbo che ritornava a farsi sentire.

Ero felice perché come naturopata amo la salute e il benessere, ma come persona amo anche godermi la vita, senza troppe restrizioni, senza regole rigide e impositive. Dobbiamo vivere con piacere, sei d'accordo?

Dopo una mia conferenza, una famiglia venne a salutarmi: erano mamma, papà e i due figli, Monica di sei anni e Ludovico di dieci. La signora Martina, la mamma, mi raccontò che, dopo aver seguito un mio videocorso, dove avevo introdotto le mie ultime scoperte sulla base della propria tipologia personale, aveva migliorato la salute di tutta la famiglia, senza stravolgere le loro abitudini. Con un sorriso soddisfatto affermò di essere dimagrita, ma senza essersi dovuta sottoporre a diete drastiche o aver fatto fatica. «*Solo con piccoli accorgimenti adatti a me*» disse citando una delle mie tipiche frasi. Il papà, Arturo, aveva problemi digestivi e spesso gli occhi infiammati. Ora stava molto meglio. La piccola Monica soffriva di una dermatite che, a periodi, le si espandeva dalle braccia alle manine e ora era sempre meno frequente. Ludovico stava già bene ma, da quando la mamma gli aveva fatto seguire gli assestamenti per la sua tipologia, si sentiva meno stanco e studiava meglio.

Prova a pensare a quanti piccoli disturbi ci sono in ogni famiglia: quasi chiunque ha un problema da risolvere. A volte il disturbo è serio, se per esempio si parla di ipertensione, o ipercolesterolemia, o artrosi, o ulcera gastrica. Altre volte, per fortuna, non lo è, come nel caso di qualche chilo in più, della cellulite, di un raffreddore che tende a non passare, o della pelle spenta con i brufoli, dei dolori mestruali o dell'alito pesante.

Man mano che proseguivo nelle mie ricerche mi rendevo conto che ogni disturbo, di qualsiasi forma, beneficiava delle mie scoperte. Il motivo era semplice: se assecondiamo la nostra tipologia, soprattutto all'interno di un *programma orientato alla disintossicazione*, l'organismo si mantiene in salute e guarisce più facilmente.

Veloci con la strategia giusta

I risultati arrivavano numerosi e il disegno del mio metodo stava prendendo forma. Era come guardare qualcosa dall'alto e comprenderne le relazioni. Fu proprio a quel punto che riuscii a mettere a fuoco un particolare che all'inizio, troppo impegnata nelle mie ricerche, mi era sfuggito. Si trattava della *strategia*, costituita da:

- *tattiche* da conoscere;
- *trappole* cui far attenzione;
- *soluzioni* da applicare.

Questi tre importanti fattori ti aiuteranno a risparmiare *tempo*, *fatica* e *soldi*. E a ottenere la guarigione naturale e facile.

La prova definitiva che funziona

Era un sabato mattina di primavera. L'aria entrava tiepida nel mio studio. Venerdì il programmatore mi aveva consegnato il software per confrontare i dati che raccoglievo da tanto tempo. Non volevo ovviamente aspettare il lunedì per testarlo. Seduta alla mia scrivania, il sorriso spuntava sulle labbra man mano che facevo i controlli finali: era evidente che chi utilizzava il mio metodo secondo la propria tipologia, come lo avevo assestato man mano, otteneva benefici garantiti, in modo naturale, veloce e senza troppa fatica. C'è stato un momento in cui scorrendo i tabulati la mia fronte si è accigliata: i dati evidenziavano nitidamente che chi ignora la propria tipologia tende ad ammalarsi di più. Bastano pochi accorgimenti per evitarlo, ma se vengono tralasciati l'organismo è sottoposto ad affaticamento e stress, con il rischio di compromettere la salute o di peggiorare malattie già esistenti. In quel momento pensai a Gabriele e Isabella, una coppia che si era rivolta a me giorni prima. Pur impegnandosi, avevano scelto direzioni sbagliate, non adatte alla rispettiva tipologia: lui aveva la prostata sempre più infiammata e doveva interrompere di continuo il lavoro per recarsi a urinare; lei vedeva peggiorare di anno in anno l'acne, ed era costretta a ricorrere a stratagemmi di ogni tipo per mascherarla.

Riportai l'attenzione ai tabulati sul computer per verificare i dati: quello che leggevo era il riassunto di ciò che avevo elaborato in anni. Respirai profondamente e con un'espressione di soddisfazione che si stampava sul viso sentii che ero arrivata alla fine di un lungo e faticoso viaggio. Con un *clic* deciso il mio dito spense il computer. Tutto funzionava, il lavoro era finito. Il mio sistema di salute naturale si era arricchito di un nuovo e fondamentale metodo, che chiamai *Biotipi Oberhammer*.

Uscii dallo studio. Mentre mi lasciavo avvolgere dai profumi primaverili, mi avviai alla macchina passando dal parco. Ero soddisfatta. Le persone che stavano usando il metodo Biotipi Oberhammer ottenevano risultati in modo naturale ma anche facile e veloce.

Pensai a Chiara e al giorno in cui aveva posto la fatidica domanda: «Perché per guarire devo fare tanta fatica?».
Ora avevo la risposta.

Come si è diffuso il metodo Biotipi Oberhammer

È da tanto tempo che i biotipi fanno parte dei miei programmi naturopatici. La mia prima conferenza risale al 1997: se sei iscritto alla mia newsletter sai che i miei eventi registrano spesso il tutto esaurito, e anche in quell'occasione fu così. Ho proseguito poi negli anni con corsi, interviste e nuove conferenze. Quindi nel 2012 ho pubblicato un video su YouTube, diventato molto famoso, sulla disintossicazione intestinale, dove spiegavo il mio approccio ai disturbi del colon attraverso la propria tipologia. A oggi è stato visualizzato da quasi un milione di persone! In migliaia sono venute ai miei corsi, dove, attraverso un colloquio con me, hanno ottenuto un programma basato sul loro biotipo. Si tratta di persone che volevano una soluzione ai loro problemi e di professionisti interessati a conoscere meglio i metodi da me ideati. Poi nel 2015, quando ho pubblicato il libro *Curarsi con acqua e limone*, ho scritto per la prima volta del mio metodo Biotipi Oberhammer. E ho aperto il mio sito: www.biotipioberhammer.it. L'interesse crescente per i miei biotipi è esploso: essendo il libro diventato un bestseller, in migliaia mi hanno inviato messaggi per chiedermi un testo specifico sui biotipi.

Era giunto il momento di scrivere. Mentre lavoravo al mio nuovo libro mi è però stato fatto notare che il mio sistema veniva imitato da altri professionisti. Ma ci sono abituata: è successo altrettanto con il rimedio della «doccia interna» con acqua e limone. Se prima c'era pochissimo materiale, poi l'interesse, soprattutto in internet, è esploso. In realtà mi sento solo onorata se altri si ispirano al mio lavoro (anche se comunque preferirei essere citata); nel caso dei biotipi però, nonostante le imitazioni, ho atteso ancora per essere certa di poter dare il massimo ai miei lettori, in modo che il mio lavoro degli ultimi ventitré anni potesse essere pubblicato in tutta la sua completezza e con le tecniche efficaci che mi contraddistinguono.

Ciò che trovi in questo libro è quindi il mio programma originale dei biotipi, secondo il metodo Oberhammer. Perciò fai bene attenzione: quando ti parlerò dei biotipi intendo sempre i *Biotipi Oberhammer*.

Sono molto felice che tutti i miei lettori ora possano tenere tra le mani il libro che con pazienza chiedono e aspettano da tanto tempo.

Cosa hai imparato in questo capitolo

Arrivando fin qui hai imparato una cosa importante: la guarigione può essere davvero naturale e facile, *applicando il metodo giusto.*

Se i tuoi precedenti tentativi di ritrovare la salute in modo naturale sono falliti, adesso sai che non è di certo colpa tua, bensì del fatto che hai utilizzato metodi o rimedi non adatti alla tua tipologia. Forse lo erano per qualcun altro: chiunque fosse, la tipologia era diversa dalla tua.

Hai inoltre imparato che c'è anche per te la possibilità di ottenere i risultati che desideri, senza fare troppa fatica, senza sottoporti a rinunce eccessive. Hai la possibilità di ottenere la guarigione naturale e facile.

E allora andiamo subito a scoprire…

IL SEGRETO CHE NASCONDIAMO TUTTI

Per guarire ci sono strade lunghe e strade brevi, questo lo hai imparato nel capitolo precedente.

La strada che io voglio mostrarti in questo libro è quella più diretta.

Per spiegarti come puoi risolvere i tuoi disturbi senza troppa fatica e senza delusioni, devo ora parlarti di quattro donne e quattro uomini. Seguimi, tra loro ci sei anche tu.

È una calda giornata d'estate e il sole batte forte. Ci sono quattro donne che camminano nelle vie assolate della città: Arianna, Angela, Tiziana e Flavia.

Arianna vorrebbe fare una doccia perché sente la pelle inaridita dal calore e soffre per l'aria condizionata a cui è costretta in ufficio.

Angela avverte le gambe sempre più gonfie e congestionate: le caviglie sono più grosse del solito e vorrebbe stendersi con gli arti sollevati, per trovare sollievo.

Tiziana si incammina con passo stanco, il caldo la affatica e le abbassa la pressione, rallentando i suoi movimenti: vorrebbe stare al fresco e riposare.

Flavia si muove velocemente, ha il viso arrossato; si ferma spesso al bar alla ricerca di bevande fredde per ridurre il senso di calore bruciante al corpo.

E ora un'altra scena.

È una fredda giornata invernale, ventosa e grigia. Ci sono

quattro uomini che si preparano per andare al lavoro: Attilio, Antonio, Tommaso e Franco.

Attilio ha una sciarpa che gli copre la gola e la alza fin sopra al naso quando il vento tira forte: le raffiche di aria gli danno fastidio.

Antonio prende l'ombrello: la pioggia lo irrita, così come le giornate umide.

Tommaso si copre bene con giubbotto, guanti e cappello: soffre di raffreddori frequenti e il muco si accumula fastidiosamente nel suo corpo.

Franco invece è abituato a vestirsi leggero: soffre più il caldo che il freddo.

E adesso una domanda.

Perché quattro persone reagiscono in modo differente alla stessa giornata?

La risposta è semplice, disarmante e al tempo stesso complessa e scientifica: *non siamo tutti uguali*!

Siamo simili, ma siamo anche profondamente diversi. Se è vero che è difficile definire la diversità, è anche vero però che esistono delle caratteristiche simili che ci accomunano in gruppi di appartenenza. Si tratta dei *biotipi*, detti anche *tipologie*, *costituzioni*, *somatotipi*, *temperamenti*, *morfologie*. I termini sono tanti e indicano tutti la stessa cosa: ciascuno di noi appartiene a un gruppo, e conoscerlo può offrirci un grande aiuto nell'ottenere i risultati che desideriamo, senza uno sforzo eccessivo. Soprattutto se il programma di benessere è focalizzato sulla *disintossicazione mirata in base al proprio biotipo*.

Se assecondiamo la nostra tipologia e la depuriamo nel modo corretto, è più facile:

- mantenerci sani;
- guarire più in fretta;
- digerire bene;
- dimagrire;

- dormire meglio;
- aiutare l'intestino;
- eliminare la cellulite;
- avere una bella pelle.

Se conosci il tuo biotipo e sai come disintossicarlo correttamente puoi migliorare in modo davvero sorprendente la tua salute. Individuare il proprio biotipo è quindi un passo fondamentale verso la guarigione, senza delusioni e con risultati sicuri.

Questa realtà è di fronte a te.

Se ti guardi intorno, capisci

Puoi farlo mentre sei al supermercato a fare la spesa o intanto che passeggi nelle vie della tua città. Prova a osservare il viso, il corpo, il modo di camminare delle persone attorno a te.

Cosa c'è da notare?

Vedrai corpi esili e longilinei e corpi massicci con ossatura e muscoli ben sviluppati, volti allungati e delicati e volti decisi con la mascella squadrata. C'è chi cammina veloce anche se ha poca fretta e chi cammina lentamente anche se è in ritardo. E ancora chi parla mantenendo un tono di voce sempre concitato e chi si esprime a bassa voce anche se è arrabbiato. Vedrai donne con i fianchi abbondanti e altre con i fianchi stretti, uomini con il torace ben sviluppato e altri con il torace piccolo.

Tra le persone esistono molte differenze, non solo etniche ma anche per quanto riguarda la struttura corporea, mentale, metabolica e di *accumulo di tossine e scorie*. Tutti i giorni ci confrontiamo con queste differenze – al lavoro, in palestra, al supermercato, in famiglia – però spesso non realizziamo un concetto fondamentale: se le persone sono così diverse tra loro, anche ciò che fa loro bene o male lo è. Così come *è diverso ciò che permette loro di ottenere risultati significativi*. È vero che esistono delle regole generali di salute e benessere, ma se vuoi ottenere una guarigione naturale e facile è fondamentale conoscere le differenze. Un programma di salute, una dieta, un rimedio naturale, un consiglio di stile di vita, un percorso depurativo elaborato in base alle caratteristiche personali permette di raggiungere risultati davvero sorprendenti.

Stai perdendo tempo e soldi

Eppure questo concetto non è facile da comprendere.

Nella maggior parte dei casi, quando le persone stanno male, ricevono schemi alimentari generici o programmi terapeutici validi per tutti, che non tengono conto delle esigenze del proprio biotipo. Questo è un problema enorme, perché porta a fare tentativi inutili e molta fatica. Con i trattamenti generalizzati tutto diventa più difficile e lungo e, in certi casi, la situazione può addirittura peggiorare, finendo col farti perdere tempo prezioso e soldi. E non perché il tuo caso sia irrisolvibile, ma semplicemente perché *avevi bisogno di tutt'altro.*

Quindi, se vuoi una guarigione naturale e facile, il primo concetto importante che devi far tuo è che siamo diversi e che altrettanto *diversi devono essere i programmi di guarigione*, le diete, i rimedi, i percorsi depurativi.

La bella notizia è che non è necessario andare alla disperata ricerca di formule difficili. È sufficiente individuare il tuo biotipo Oberhammer, e poi utilizzarlo secondo il metodo che ti propongo.

Ma è possibile riconoscerlo?

Anche se ti ho appena detto che è possibile individuare il tuo biotipo con facilità, forse stai pensando che siamo troppo diversi l'uno dall'altro per riuscirci. In realtà le *differenze possono essere riunite in gruppi*, o meglio in biotipi. Non è un'affermazione che faccio solo io come professionista, ma proviene da una *vera e propria scienza*, anche se purtroppo spesso sconosciuta. È proprio questo il motivo per cui tante persone si ritrovano a dire: «Devo fare tanta fatica per risolvere il mio disturbo», perché non sanno che questa scienza esiste e quindi non la utilizzano. Ti spiego perché.

La fonte di salute di cui nessuno parla: la biotipologia medica

Sono dal mio amico dentista, per la periodica pulizia dei denti.

«Simona, so che stai scrivendo un nuovo libro. Qual è l'argomento?»

«Parlerà della biotipologia.»

«E cos'è?»

Il mio amico dentista non è impreparato: ha studiato per anni ed è un chirurgo dentale. Ma non conosce la biotipologia – anche se è una branca della medicina – semplicemente perché questa scienza è relegata in un angolino buio. Non perché sia poco efficace, anzi. È però finita tra gli scarti, a favore di cure generalizzate, più veloci da prescrivere.

Scopo della biotipologia è *studiare le differenze tra gli esseri umani e creare gruppi di appartenenza*, con classificazioni a seconda delle caratteristiche somatiche, fisiologiche, endocrine, metaboliche o psichiche. Si basa sul concetto che, sebbene ciascuno di noi sia una persona unica, originale e irripetibile, esistono delle *tendenze comuni* che portano ai disturbi digestivi, alle intolleranze, al sovrappeso, a certe modalità di rapportarsi al cibo, a uno stato emotivo simile e così via.

Una volta conosciuto il tuo gruppo, quello a cui assomigli di più, potrai intraprendere la via della guarigione naturale e facile, soprattutto se la abbinerai alla *disintossicazione secondo il tuo biotipo*. Avrai i risultati che ti meriti perché saprai esattamente cosa fare, evitando tutto ciò che per te è inutile o, ancora peggio, dannoso.

Quando ho creato il metodo Biotipi Oberhammer ho studiato a lungo questa scienza in tutti i suoi aspetti e, sebbene abbia scelto di seguire la classificazione ippocratica, come ti ho raccontato nella mia storia, la mia maniacale attenzione a tutti i dati mi ha portato ad analizzare ogni tipo di classificazione delle varie scuole. I miei colleghi me lo dicono spesso: «Simona, ma quante ricerche e controlli fai, sono troppi!». *Io eccedo nella ricerca scientifica e nella verifica* quando creo un metodo, lo so, ma non riesco a fare diversamente; è il percorso che devo compiere per poter dire alle persone: ecco, adesso so di potervi dare il meglio. Io tengo tantissimo a chi mi segue, voglio con tutta me stessa che tornino a stare bene, ecco perché mi comporto in questo modo. Magari potrei essere più veloce, ma questo è il mio modo di procedere.

Quando ho abbracciato la biotipologia, quindi, con tutta la mia passione e la mia voglia di dare veri risultati, non solo l'ho studiata a fondo, ma sono anche voluta andare alla ricerca dell'origine di questa scienza, così efficace ma così poco considerata. Ho scoperto che da sempre l'uomo, per cercare di comprendere la sua natura, ha sentito l'esigenza di classificare l'essere umano in gruppi: dei biotipi si parla fin dal principio della medicina, sia in Occidente sia in Oriente. Se vuoi saperne di più e vuoi approfondire la provenienza del mio metodo ho preparato per te un riquadro di approfondimento. Oppure prosegui con me, per scoprire da subito quanto il tuo biotipo può aiutarti con la guarigione che desideri.

LA STORIA DELLA BIOTIPOLOGIA

In Occidente. Il termine «biotipologia», a livello medico, fu coniato per la prima volta dal dottor Nicola Pende nel 1922. In realtà da lui venne definito qualcosa che c'era già tanto tempo prima: le origini della biotipologia occidentale, la più vicina a noi, si ritrovano nelle scuole medico-filosofiche nate in Magna Grecia. Fu però Ippocrate, celebre medico greco di Coo (460-370 a.C.), il primo a stabilire, attraverso la teoria umorale, che così come quattro erano gli elementi fondamentali della natura (aria, acqua, terra e fuoco), altrettanti erano gli umori fondamentali che governavano l'organismo (flemma, sangue, bile nera e bile gialla), influenzandone lo stato di salute o di malattia. A loro volta questi elementi rappresentavano le quattro qualità della materia: il caldo, il secco, l'umido e il freddo. Quattro erano i «temperamenti» che ne risultavano: flemmatico (o linfatico), sanguigno, melanconico (o nervoso) e collerico (o bilioso). Successivamente il famoso medico Galeno (129-199 d.C.) confermò questa distinzione quaternaria e codificò con ancora più precisione i temperamenti ippocratici.

Da questa combinazione nacquero le costituzioni capostipite di tutte quelle che arrivarono successivamente, ciascuna con proprie caratteristiche, sia fisiologiche sia patologiche. Molto tempo dopo, nel Novecento, il neurofisiologo marsigliese Maurice Périot riprese i quattro temperamenti ippocratici e vi associò le funzioni di base più importanti dell'organismo: nutrizione, riproduzione, recettività e reattività. A questi quattro istinti dominanti associò quattro apparati anatomici: digestivo, cardiorespiratorio, nervoso, osteomuscolare.

Ma facciamo un passo indietro nella storia, per vedere cosa successe dopo Ippocrate e Galeno. Seguì un lungo periodo di silenzio che durò fino al Rinascimento, quando, per opera della Scuola salernitana in Italia e di quella di Montpellier in Francia, si risvegliò l'interesse per la biotipologia. Successivamente molti autori si cimentarono in questo compito di classificazione: le proposte spesso erano basate sull'osservazione sperimentale e la statistica, utilizzando criteri morfologici, fisiologici, psicologici, metabolici, embriologici ed endocrinologici. Famosi furono Telesio, nel Cinquecento,

Bufalini e Beneke, nell'Ottocento, i francesi Leon Restand e Claude Sigaud e l'italiano Nicola Pende tra la fine dell'Ottocento e l'inizio del Novecento, e poi René Allendy nel Novecento. Anche Carl Gustav Jung, a livello psicologico, utilizzò quattro tipologie nella sua pratica terapeutica.

In realtà, oltre agli specialisti più famosi che ho citato, ce ne furono tanti altri che si occuparono di biotipologia. Tutti furono animati dallo stesso intento: individuare i gruppi di appartenenza, definire le varie predisposizioni patologiche e poi elaborare un sistema personalizzato per aumentare l'efficacia dei trattamenti terapeutici.

Poi, ancora una volta, i riflettori puntati sulla biotipologia si spensero. Nella medicina accademica lo studio delle tipologie è stato seguito, con interesse altalenante, fino agli anni Sessanta del secolo scorso, quando è stato abbandonato definitivamente per porre l'attenzione sul processo patologico in sé e sulle cure farmacologiche.

«La natura è il medico delle malattie.»

IPPOCRATE DI COO

Da sempre definito come il padre della medicina, in realtà Ippocrate può essere descritto ancora meglio come il padre della naturopatia, per la sua fede nella capacità della natura di sanare la malattia e la sua visione olistica della guarigione.

In Oriente. La biotipologia non interessa solo l'Occidente, ma è anche un aspetto fondamentale della tradizione terapeutica orientale: il concetto di costituzione collegato agli elementi si ritrova nella medicina tradizionale cinese, la MTC, nella medicina indiana, l'ayurveda, e nella medicina tibetana. Piuttosto diffuse anche da noi, queste tradizioni terapeutiche, pur essendo valide, si applicano con difficoltà in Occidente; innanzitutto perché le costituzioni (gruppi di tre o gruppi di cinque) sono ritagliate su misura per gli orientali e non per gli occidentali (che, a differenza dei primi, sono frutto di più combinazioni genetiche). Inoltre si basano su concetti, rimedi e abitudini lontani dalla nostra cultura e vita quotidiana: non è in linea con una guarigione facile doversi affidare solo a piante che provengono da lontano e dal nome incomprensibile, così come, nel delicato momento della malattia, confrontarsi con concetti terapeutici a noi estranei, definiti con termini persino difficili da pronunciare.

Le principali scuole tipologiche

Se Ippocrate, a cui io mi sono ispirata, è il padre della classificazione tipologica in Occidente, esistono diverse scuole, frutto di studi sviluppati nel corso dei secoli, che trattano la biotipologia.

Costituzioni Sheldon:
- Endomorfo
- Mesomorfo
- Ectomorfo

Costituzioni Pende, criterio endocrinologico:
- Longilineo tonico-stenico
- Longilineo atonico-astenico
- Brevilineo tonico-stenico
- Brevilineo atonico-astenico

Costituzioni Martiny, criterio embriologico:
- Ectoblasta o ectoderma (esterno)
- Mesoblasta o mesoderma (medio)
- Endoblasta o endoderma (interno)
- Cordoblasta o equilibrio dei 3 foglietti germinativi (corda dorsale)

Costituzioni Viola:
- Normotipo (megalosplancnico)

- Longitipo (normosplancnico)
- Brachitipo (microsplancnico)

Costituzioni omeopatiche:
- Carbonica
- Sulfurica
- Fosforica
- Fluorica

Costituzione Von Grauvogl, miasmatica:
- Carbonitrogeno
- Ossigenoide
- Idrogenoide

Costituzioni ippocratiche (classificate secondo i quattro elementi):
- Terra – Melanconico (umore: bile nera)
- Fuoco – Bilioso (umore: bile gialla)
- Aria – Sanguigno (umore: sangue)
- Acqua – Linfatico (umore: linfa)

Costituzioni cinesi:
- Costituzione legno
- Costituzione fuoco
- Costituzione metallo
- Costituzione terra
- Costituzione acqua

Costituzioni ayurvediche:
- Vata (formato dagli elementi Etere e Aria)
- Pitta (formato dagli elementi Fuoco e Acqua)
- Kapha (formato dagli elementi Terra e Acqua)

Costituzioni tibetane
- Vento (rLung)
- Bile (mKhrispa)
- Flemma (Bad-kan)

Costituzioni Sigaud
- Digestivo (gastrointestinale)

- Respiratorio (broncopolmonare)
- Muscolare (osteomuscolare)
- Cerebrale (cerebrospinale)

Costituzioni Rostan (scuola francese):
- Cerebrale
- Respiratorio
- Digestivo
- Genitale
- Muscolare

Costituzioni Allendy:
- Atonico aplastico
- Atonico plastico
- Tonico plastico
- Tonico aplastico

Costituzioni Kretschmer:
- Picnico
- Atletico
- Astenico
- Displasico

Costituzioni Vague (fenotipi):
- Androide
- Ginoide

La biotipologia secondo tre, quattro o cinque classificazioni

In linea di massima le tipologie che sono state elaborate nel corso della storia sono raggruppate in gruppi di tre, quattro o cinque classi:

- *Tre classi*: per esempio le tipologie Sheldon, le tipologie ayurvediche, le tipologie tibetane, le tipologie Martiny e le tipologie Viola.
- *Quattro classi*: per esempio le tipologie ippocratiche,

le tipologie Pende, le tipologie Sigaud e le tipologie Kretschmer.

- *Cinque classi*: per esempio le tipologie della MTC e le tipologie Rostan.

Perché ho scelto le quattro classificazioni

Come ti ho raccontato, quando in volo da Londra ho abbracciato le classificazioni ippocratiche, l'impulso nella scelta è stato dettato dai quattro elementi: aria, acqua, terra e fuoco. È stata una questione di pancia, prima di tutto: ero certa che le tipologie dell'antico medico greco si adattassero perfettamente al mio metodo naturopatico e alle mie tecniche di guarigione. Ma le mie decisioni sono istintive solo all'inizio, poi subentra la mia parte di ricercatrice che analizza, verifica e valuta ogni componente. Certe volte fino allo sfinimento, come affermano le persone che mi stanno vicino. Ma, come dicevo, io sono così, puntigliosa, e quando creo i miei metodi voglio spaccare il capello per avere la totale certezza che quello che propongo alle persone che mi seguono sia veramente efficace. È stato così che ho studiato in modo approfondito tutte le scuole tipologiche, quelle mediche e quelle della tradizione, e sono arrivata alla conclusione che le quattro categorie sono per noi le più utili. Del resto, sin dall'antichità nel pensiero occidentale i raggruppamenti tipologici sono sempre quattro, come se questo numero consentisse di rappresentare la totalità delle «possibilità» dell'essere umano e della natura: i quattro elementi, le quattro stagioni, i quattro punti cardinali, le quattro fasi lunari, le quattro età dell'uomo e così via.

Durante gli studi mi sono inoltre accorta che le persone fanno fatica a trovare il loro biotipo nelle tre categorie, perché sono poche. Le cinque categorie, invece, a mio avviso rendono l'identificazione del proprio biotipo difficile: sono troppe.

Essendo i miei biotipi basati su quattro categorie, mi sono ispirata particolarmente alle scuole con questa suddivisione, che tra l'altro sono quelle occidentali, più adeguate alle nostre esigenze.

Informazioni nascoste

Ho studiato la biotipologia per anni in questa direzione. Ho confrontato le quattro classificazioni degli antichi maestri e quelle dei moderni scienziati. Non è stato semplice trovare la bibliografia, e ho letto e riletto libri in più lingue: italiano, inglese, tedesco e francese. Molti testi erano antiche traduzioni, come quelli che riguardavano Ippocrate e Galeno, altri ancora moderne elaborazioni. Ma erano tutti difficili da reperire perché la biotipologia, come dicevo prima, in Occidente è una scienza dimenticata. Il mio metodo è nato proprio da questi studi e poi man mano che procedevo, come un figlio che cresce, ha preso una propria forma, una sua personalità, diversa da tutti gli altri, fino a portarmi ai biotipi Oberhammer.

Ecco le principali fonti d'ispirazione delle scuole tipologiche che ho studiato.

CORRELAZIONE TRA BIOTIPI OBERHAMMER E SCUOLE TIPOLOGICHE CON QUATTRO CATEGORIZZAZIONI

Biotipi Oberhammer	Biotipo aria Cortisolico	Biotipo acqua Vasopressinico	Biotipo terra Somatotropinico	Biotipo fuoco Adrenalinico
Ippocrate (e poi Galeno)	Nervoso (sanguigno) Umore: sangue Elemento: aria	Linfatico Umore: linfa Elemento: acqua	Sanguigno (melanconico) Umore: bile nera Elemento: terra	Bilioso Umore: bile gialla Elemento: fuoco

Biotipi Oberhammer	Biotipo aria Cortisolico	Biotipo acqua Vasopressinico	Biotipo terra Somatotropinico	Biotipo fuoco Adrenalinico
Marcel Martiny (criterio embriologico)	Ectoblasta	Endoblasta	Mesoblasta	Cordoblasta
Nicola Pende (criterio endocrinologico)	Longilineo-astenico	Brevilineo-astenico	Brevilineo-stenico	Longilineo-stenico
René Allendy	Atonico aplastico	Atonico plastico	Tonico plastico	Tonico aplastico
Claude Sigaud	Cerebrale (cerebrospinale)	Digestivo (gastrointestinale)	Respiratorio (broncopolmonare)	Muscolare (osteomuscolare)

Il marchio con cui nasci determinerà per sempre la tua salute

Elizabeth, quando guarì e ritornò al suo amato orto botanico, mi disse con gli occhi di nuovo vivaci: «Tutti dovrebbero sapere bene cos'è il biotipo!». In realtà la maggior parte di noi ha in mente un'idea, magari vaga, ma essendo questo concetto il grande escluso della professione terapeutica, ecco per te una definizione più precisa.

Il biotipo è la natura individuale, *l'impronta con la quale nasciamo*, e delinea le tendenze innate che caratterizzano il nostro organismo. Non riguarda solo l'aspetto fisico (magro, grasso, alto, basso eccetera), ma è anche alla base, per esempio, del comportamento alimentare, del rapporto con il cibo, della capacità di digestione e assimilazione, del tipo di reazione allo stress, del modo che ciascuno ha di rispondere a trattamenti di guarigione o a programmi dimagranti. E soprattutto anche della diversa produzione di tossine e di scorie che intasano il corpo e rallentano la guarigione.

Ogni biotipo quindi è soggetto a determinati disturbi e predisposto ad alcuni cibi o accorgimenti alimentari, a programmi di disintossicazione definiti, a precisi rimedi naturali, a specifiche terapie. Se non segui le esigenze del tuo biotipo guarisci con più fatica e difficoltà, o peggio non guarisci affatto.

Individuare il tuo biotipo è quindi un passo fondamentale per ottenere risultati veloci e una guarigione naturale e facile. Se per esempio cerchi da tanto tempo di sbarazzarti di quegli antiestetici rotolini sulla pancia, o di migliorare la digestione, o di dormire meglio, o di eliminare le imperfezioni dalla pelle, *sbagli a cercare una soluzione generica*. Quello di cui hai bisogno è ricevere la formula adatta al tuo biotipo, per le tue personali esigenze.

Come un vestito su misura per te

Immagina di voler cercare il tuo vestito ideale, quello che non solo ti piace ma che ti fa anche stare comodo, a tuo agio. Un abito che accompagna perfettamente i tuoi movimenti, si adatta con precisione alla forma delle tue spalle, alla lunghezza delle tue gambe, alla circonferenza della tua vita.

Adesso figurati due scene diverse.

Nella prima scena entri in un grande magazzino, cerchi un abito che ti piace e poi vai in camerino a provarlo. Se non è quello giusto esci e ne cerchi un altro, quindi provi anche questo. Se dovessi andare alla ricerca dell'abito davvero adatto al tuo corpo probabilmente dovresti entrare e uscire dal camerino più e più volte, e con molta probabilità alla fine non troveresti l'abito perfetto per te, nel senso che magari dovresti riprendere l'orlo dei pantaloni o modificare il girovita.

E ora la seconda scena. Vai da un sarto che prende le misure del tuo corpo, osserva i pregi e le imperfezioni, ti chiede con quali stoffe ti senti a tuo agio, valuta quali colori ti valorizzano e poi confeziona un abito su misura per te. Cucito secondo le tue esigenze. Quando lo indossi ti calza a pennello, fa emergere il tuo fisico, si adatta bene alle tue forme e quando ti muovi ti senti a tuo agio. Non ti stringe da una parte, non è troppo largo dall'altra. La stoffa non è rigida ma morbida come piace a te, del colore che ti illumina. Con questo vestito stai davvero bene.

Ecco, il metodo Biotipi è così. *Come un vestito su misura.* Si adatta perfettamente alle esigenze del tuo corpo, ai disturbi che tendi a sviluppare più di frequente, al tuo tipo di digestione e al modo specifico che ha il tuo organismo di accumulare le tossine o di liberarsene.

Quando si fa molta fatica

Andrea soffriva da anni di problemi alle vie respiratorie. Si doveva soffiare spesso il naso, in inverno bastava poco perché si ammalasse e gli si scatenasse una fastidiosa sinusite. Girava sempre con il fazzoletto ed emetteva grandi quantità di muco, certe volte giallognolo, altre biancastro. La voce tendeva a essere nasale e un persistente mal di testa accompagnava le sue giornate. Quando mi ha incontrato, toccandosi i seni frontali e mascellari ha detto: «Mi sento pieno e congestionato. Questa sensazione non mi fa godere delle cose più semplici, come baciare la mia ragazza o fare una passeggiata e respirare tranquillo». Il muco premeva dall'interno causandogli fastidio, e Andrea aveva provato di tutto, anche programmi drastici, ma il disturbo non si risolveva mai completamente: gli dava sollievo per un po' e poi tornava. Faceva davvero tanta fatica.

Fino a quando non imparò a curare il disturbo seguendo il suo biotipo Oberhammer. Fu in quel momento che, anziché indossare un vestito non adatto a lui, ricevette un abito fatto su misura. Cucito proprio intorno alle sue esigenze.

All'inizio non voleva credere che fosse possibile ottenere risultati con poco sforzo. Anche se aveva già sperimentato parecchio, era però disposto a fare un altro tentativo. Con un sorriso a denti stretti mi ha spiegato: «Il metodo Biotipi Oberhammer è talmente conosciuto per i suoi benefici che voglio provare pure questa strada, anche se penso che niente possa ormai veramente funzionare per il mio caso, perché ho tentato di tutto».

Io l'ho ascoltato e l'ho lasciato parlare. Avevo individuato il suo biotipo attraverso un test che più avanti farai anche tu, e mi ero subito accorta che Andrea, con la dieta e i rimedi che assumeva, stava facendo tanta fatica per niente. Anzi, peggioravano la sua situazione perché erano in contrasto con quello che serviva al suo biotipo.

Non ho dovuto attendere molto per vedere il risultato. È arrivata una email che diceva: «Incredibile: ho fatto pochi cambiamenti e tutto è migliorato subito. Pensare che fino a ora mi ero impegnato tantissimo senza ottenere mai un vero beneficio!».

Il nuovo vestito che aveva ricevuto lo aveva fatto stare bene senza sforzo, perché si adattava a lui. Non era Andrea a doversi adattare al vestito.

Non è colpa tua se non è andata bene

Arianna mangia grandi ciotole di insalata e si sente bene, Elisa ama le insalatone, però racconta che non ne può più della pancia gonfia, tanto che le chiedono di continuo se è incinta.

Anna assume integratori al caffè verde per il peso e questo la aiuta, Marina ha provato a utilizzare lo stesso prodotto ma l'aveva resa così agitata che la fame nervosa è aumentata.

Nicola ha scelto una dieta con pochissime proteine animali e si sente forte ed energico, Maurizio dopo aver portato avanti una dieta simile ha perso massa muscolare e ha assunto un aspetto debilitato.

Per alcuni mangiare insalatone può essere benefico, per altri deleterio. Per alcuni assumere integratori a base di caffè verde per dimagrire può aiutare, per altri peggiora la situazione. Per alcuni evitare le proteine animali crea un miglioramento della salute, per altri un deperimento.

Questa è la realtà con la quale molte persone si scontrano: si impegnano per ottenere risultati e spesso accade il contrario.

Ma c'è una cosa importante che devi sapere: non è colpa tua.

Se è capitato anche a te di seguire un programma e non avere benefici in cambio, o di faticare molto per ottenere poco, non ne sei responsabile: non è colpa tua semplicemente perché nessuno ti ha spiegato come fare. La maggior parte dei programmi fornisce un metodo dove è la persona che deve adattarsi al sistema, anziché il sistema alla persona.

È quello che è successo a Mirco. Mi ha scritto: «Sono disperato, ho un tale prurito alla pelle che non so più come fare. Ho provato ogni cosa, creme, pomate, cortisone, e tutto rimane come prima». Ho scoperto che Mirco faceva uso di molto peperoncino, «per la pressione, mi hanno detto». Questo cibo, però, per il suo biotipo era assolutamente controindicato. Non era colpa di Mirco se il prurito non passava: aveva ricevuto tanti consigli, e nessuno con l'attenzione alla sua tipologia. Dopo aver eliminato il peperoncino e aver seguito le strategie per il suo biotipo non soffrì più di quel problema.

Non è giusto quindi che tu debba combattere dei disturbi senza risultati. Non ne sei nemmeno responsabile.

Seguendomi nella lettura ti accorgerai che è facilmente evitabile e che con i biotipi Oberhammer questi per te saranno solo brutti ricordi.

Con il biotipo rendi sane le radici dell'albero

In genere soffriamo più spesso delle malattie tipiche della nostra tipologia. Ma non è sempre detto. In ogni caso, con il biotipo vicino a te puoi affrontare qualsiasi malattia: quelle *specifiche del tuo biotipo ma anche quelle appartenenti ad altri biotipi*.

«Perché?» ti domanderai.

Per spiegartelo ti chiedo di pensare a un albero: immaginalo elevarsi dal terreno, con le radici che sprofondano nella terra. Per crescere sano, ha bisogno che siano forti e ricevano tutto il nutrimento necessario: acqua e preziosi sali minerali, per nutrire il suo tronco, le sue foglie, i suoi frutti.

Ora ti faccio una domanda. Se l'albero ha foglie secche, o fa nascere frutti scarsi, o cresce male, applicheresti un rimedio sui suoi rami o rafforzeresti le sue radici? Penso che la tua riposta sia la seconda.

Ecco, quando segui un programma secondo il tuo biotipo smetti di occuparti dell'albero con delle soluzioni momentanee, per esempio spruzzare qualcosa sulle foglie, ma vai alla causa: rendi sane le radici. Le nutri nel modo appropriato. Quando queste guariscono, anche il resto dell'albero diventa sano. Qualsiasi sia il problema, c'è un miglioramento: le foglie diventano più belle, i frutti più abbondanti, il tronco più robusto.

Rendere forte il tuo biotipo significa rendere forte te stesso: il tuo corpo è allora in grado di superare sia le malattie tipiche del tuo biotipo sia eventuali malattie tipiche di altri biotipi. Non è necessario che tu segua il programma di un biotipo diverso. Continuerai a seguire il tuo, che ti rafforzerà e ti permetterà di guarire dai vari disturbi. Soprattutto se il programma che segui è basato sulla disintossicazione secondo il tuo biotipo, come nel mio metodo.

«È più importante sapere che *tipo di persona* ha una malattia, anziché sapere che *tipo di malattia* ha una persona.»

IPPOCRATE DI COO

Il grande medico greco lo spiegava molto bene. La sua lezione ci insegna a preoccuparci prima del biotipo (il tipo di persona) e poi del disturbo (il tipo di malattia). Quando il tuo biotipo è sano e forte, tu sei sano e forte, e i disturbi guariscono.

Quando il tuo biotipo è malato anche tu ti ammali

Durante le mie ricerche una delle rivelazioni più sconcertanti ha evidenziato che chi non asseconda il proprio biotipo tende a essere più esposto alle malattie, per esempio ai disturbi stagionali. Sebbene all'inizio ciò mi abbia stupito, in realtà è il buon senso che ci fa capire il motivo: se le abitudini sono in contrasto con la struttura personale, l'organismo deve sopportare un peso maggiore e quindi si indebolisce. Quando siamo deboli la malattia ci attacca più facilmente. Riprendendo l'esempio dell'albero, le sue radici diventano deboli e poco sane.

Ti è mai capitato di soffrire di un disturbo che si acuisce in un momento di stress? Per esempio si gonfia la pancia, si scatena la candidosi, aumenta la frequenza dei mal di testa? È tipico di molte persone, quando sono affaticate, dire: «Ecco, lo so, tra un po' mi viene l'herpes», o un'afta, o la cistite. Quando non assecondiamo il nostro biotipo succede la stessa cosa: siamo più fragili.

Maggiore è lo squilibrio del proprio biotipo, maggiore è la possibilità di ammalarsi. Gli effetti, poi, non si avvertono solo a livello del corpo, ma anche della psiche. Ansia, nervosismo e stress sono profondamente collegati a un biotipo fuori equilibrio.

La miglior difesa contro la malattia è quindi un biotipo robusto e forte; *stiamo bene quando il nostro biotipo è sano*, equilibrato. Se il cibo che mangiamo, i rimedi che scegliamo e lo stile di vita che conduciamo si adeguano al nostro biotipo, allora facciamo vera prevenzione. Impegnarsi a mangiare bene senza però considerare il proprio biotipo richiede un enorme sforzo in più. È vero che ci sono delle regole generali, ma se non le assesti per il tuo biotipo risultano blande e a tratti dannose.

C'è tuttavia un aspetto molto interessante: lo squilibrio del biotipo non è irreversibile. È possibile ritornare al benessere con semplici e piccoli accorgimenti da applicare nel quotidiano. *Prima intervieni, meglio è*. Non perdere tempo prezioso!

Ma andiamo per gradi. Adesso devo rispondere a qualche domanda che di certo si è affacciata nella tua mente.

Ecco le risposte alle tue domande

Sono forse un'indovina? No di certo. Una professionista maniaca nel far ottenere i risultati alle persone in modo naturale e facile sì, però non ti sto leggendo nella mente.

Suppongo che dentro di te ci sia qualche domanda che merita una risposta perché penso al pubblico delle mie conferenze in cui da anni parlo dei biotipi, e alle mani che si alzano per sapere da subito come utilizzare il metodo.

Allora andiamo con ordine. Ti rispondo domanda per domanda.

Come faccio a individuare il mio biotipo?

È ovviamente la prima richiesta che arriva. Per scoprire il tuo biotipo ti basterà fare un semplice test. Però aspetta, non saltare subito lì; continua a stare con me, devo darti ancora informazioni che ti serviranno per entrare bene nel metodo. Ti assicuro che, al momento giusto, scoprirai velocemente il tuo biotipo. È la mia principale promessa di questo libro: farti conoscere il tuo biotipo e darti gli strumenti per cambiare la tua salute in modo semplice e senza metodi estremi. Per offrirti tutti i risultati che desideri e una guarigione naturale e facile.

Passiamo a una nuova domanda.

Posso appartenere a più di un biotipo?

Per risponderti inizio con una premessa importante: è difficile appartenere completamente a un gruppo, cioè essere un biotipo puro. Dentro di noi ci sono frammenti dei diversi biotipi, ma questo non ha importanza. Affinché tu ottenga i risultati che desideri con il mio metodo dovrai *semplicemente individuare il tuo biotipo dominante. E tenere in men-*

te solo quello. Non sarà quindi necessario seguire i consigli per gli altri biotipi, anche se nella loro descrizione troverai parti di te. Quello che ti serve per la guarigione naturale e facile è solo il tuo biotipo dominante. Il test in automatico ti darà proprio questo risultato.

Il mio biotipo cambia o rimane sempre lo stesso?

È una domanda che mi viene posta spesso durante i corsi. Ecco la risposta: il biotipo dominante *rimane lo stesso.*

Non è uno stato passeggero: è la costituzione con cui siamo nati. Può essere in squilibrio o in equilibrio, ma non cambia. Come non cambiano il colore degli occhi, dei capelli, la struttura fisica. Certo, possiamo ingrassare o dimagrire, ma per esempio la struttura ossea e l'altezza rimangono uguali.

Quello che invece noterai di certo, nel corso dell'applicazione del metodo, è che il tuo biotipo *virerà dal negativo al positivo.* Quindi, anche se rimarrà lo stesso, entrerà in stato di equilibrio regalandoti benessere, salute, energia e anche bellezza. Sì, perché scoprirai che l'estetica ha molto a che fare con il tuo biotipo. Adesso però non è il momento di approfondire, lo faremo più avanti. Ora passiamo a una nuova domanda.

Un biotipo è meglio di un altro?

Ogni biotipo ha le sue caratteristiche positive e negative. Ciò che lo rende bello e unico *è il suo equilibrio.* Quindi non esiste un biotipo migliore di un altro.

Andare dallo specialista è la stessa cosa?

Mentre stavi leggendo forse hai pensato che in realtà il modo migliore per ottenere un programma personalizzato è prendere appuntamento da uno specialista, attendere il tuo turno in sala d'attesa e poi uscire con una ricetta specifica per le tue esigenze.

Ti dico subito che non è la stessa cosa. Non è certo sbagliato rivolgerti al tuo specialista di fiducia, ma quello che otterrai saranno delle indicazioni *elaborate per il tuo disturbo, o per la tua situazione personale, non per il tuo biotipo*. Quindi riceverai dei rimedi per combattere la malattia ma non per riequilibrare il tuo biotipo, aspetto che invece ti permette di ottenere una guarigione naturale e facile.

Dovrò attenermi a un programma rigido per seguire il mio biotipo?

Assolutamente no. Anzi, il contrario!

Prima di tutto perché da me non riceverai mai un programma rigido: credo che la drasticità sia fonte di malessere e non di salute. E poi perché i biotipi Oberhammer non sono uno strumento per identificarsi in modo rigido, piuttosto una mappa per raggiungere il tuo tesoro – la salute – in modo naturale e facile, attraverso una strategia personalizzata e soluzioni tagliate su misura per te.

Se nelle mie lunghe ricerche mi fossi accorta che i biotipi funzionavano solo attenendosi a programmi drastici, li avrei abbandonati. Il primo caposaldo del mio lavoro è ricercare rimedi efficaci e semplici, ma il secondo è che devono essere *gradevoli da applicare*, senza togliere gusto alla vita.

Devo mangiare in modo strano?

Quando le persone mi fanno questa domanda spesso si riferiscono alle innumerevoli diete estreme dove i risultati sono promessi a patto di eliminare intere categorie di cibi, oppure includendo solo certi gruppi di alimenti: o devi fare a meno dei carboidrati, o devi mangiare solo proteine animali, o non devi assolutamente mangiare proteine animali, o devi eliminare del tutto la frutta, o devi evitare gli alimenti cotti, o devi usare cibi orientali come ingredienti principali per cucinare. La lista di diete drastiche e scomode è infinita, come infinite sono le persone che le seguono con enormi difficoltà e poi, vittime della repressione subita, si lascino andare ingurgitando di tutto.

No, con il metodo Biotipi Oberhammer non dovrai seguire regimi strani, o complicati: *ti sentirai a tuo agio* in famiglia, con gli amici, al ristorante e potrai *soddisfare anche le tue piccole voglie*. La differenza la faranno gli accorgimenti personalizzati, ritagliati su misura per te.

Come faccio in famiglia, se siamo biotipi diversi?

Puoi gestire bene la tua famiglia anche se dal test risultate di biotipi opposti. Non dovrai certo preparare pasti diversi ma solo *utilizzare alcuni accorgimenti* che imparerai leggendo il libro.

Il metodo Biotipi Oberhammer è una dieta?

Assolutamente no.

Premetto che io *non credo nelle diete* e che non mi piace la parola «dieta». Te ne parlerò più avanti. Comunque con questo metodo non ti ritrovi tra le mani una banalissima dieta (ce ne sono infinite là fuori) ma un programma su misura per le tue esigenze.

La forza è nel tuo biotipo se anche tu fai come Michele

Michele fin da piccolo era un ragazzo magro, con il petto incavato, pochi muscoli e il cervello sempre a mille. Con tutti quei pensieri che gli turbinavano dentro e intorno, spesso veniva sopraffatto dall'ansia e dal nervosismo. Soffriva anche di una cattiva digestione e, nonostante fosse magro, aveva la «pancetta». Poi, a trentacinque anni, ha deciso di cambiare la sua situazione, e dopo aver individuato la sua tipologia con il test ha scelto di entrare nel Biotipi Club, un'area riservata del mio sito. Le cose in breve sono cambiate: la digestione è migliorata e il suo corpo ha iniziato a beneficiarne. Prima, con un'alimentazione non adeguata per le sue necessità, accumulava più massa grassa che magra: nonostante la palestra, infatti, i muscoli non aumentavano. Facendo movimento adatto alle sue esigenze e seguendo i consigli di stile di vita per il suo biotipo, i suoi amici cominciarono a chiedergli cosa stesse facendo: il suo corpo era diventato più muscoloso, il suo sguardo più tranquillo e rilassato, perché l'ansia si era ridotta e affiorava solo nei momenti di forte tensione. Nel quotidiano Michele si sentiva molto meglio: buona digestione, corpo più tonico con muscoli che finalmente si sviluppavano, mente attiva ma non cervellotica. In realtà Michele non ha cambiato il suo biotipo, che è rimasto sempre quello iniziale, ma avendolo riequilibrato «è come se fosse diventato un altro», come gli dicevano i suoi amici.

In pratica, così facendo Michele ha potenziato i punti di forza ed eliminato quelli deboli.

Grazie ai biotipi possiamo diventare migliori, sia fisicamente sia psichicamente. Se il tuo biotipo sta bene ed è forte, anche tu stai bene e sei forte.

Fare poca o molta fatica

E adesso prova a immaginare queste due scene.

Partiamo con la prima. Stai risolvendo il tuo disturbo attraverso un programma drastico: mangi cose che non ti piacciono, devi reprimere il desiderio di cibi che ti sono vietati. Preparare i pasti è anche piuttosto complesso, devi seguire schemi e ricette complicate, e quando arriva l'ora di mangiare subentra lo sconforto. Le serate con gli amici non sono più un piacere perché al ristorante ci sono tanti piatti che non puoi ordinare, e se sgarri sai già che il giorno dopo riceverai il conto con gli interessi: il tuo disturbo, che era leggermente migliorato, si ripresenterà, e i risultati raggiunti saranno vanificati. Tutto questo aumenta il nervosismo e toglie piacere alla tua vita, quindi sei costantemente avvilito.

E ora la seconda scena. Stai seguendo un programma per

il tuo disturbo e ti senti pienamente a tuo agio. Curi la tua alimentazione mangiando cibo sano ma senza subire costrizioni, ti nutri con gusto e il miglioramento comunque arriva. Anche al ristorante non devi eliminare intere categorie di cibo e gusti il piacere di stare con gli amici ordinando un piatto che ti è gradito. La mattina dopo integri con alcuni accorgimenti depurativi e non avverti peggioramenti. Di giorno in giorno il tuo disturbo migliora, e tu mantieni il piacere della vita.

Bene: la differenza tra la prima e la seconda scena è nel biotipo. Se segui un programma terapeutico senza pensare al tuo biotipo, lo sforzo è grande e i risultati sono scarsi. Se invece il programma è basato sul tuo biotipo, fai poca fatica e i risultati ti premiano.

Ecco come il metodo Biotipi Oberhammer ti aiuta nella vita quotidiana.

- *Non devi cambiare le tue abitudini*
  Hai letto bene. Non devi rinunciare a tanti cibi che ti piacciono, ma solo operare degli assestamenti. Spesso bastano pochi accorgimenti per ottenere risultati.
- *Per tutta la famiglia*
  Tutti beneficiano dei biotipi Oberhammer, a qualsiasi età, persino gli anziani.
- *Anche per i bambini*
  Leggendo questo libro riscontrerai non solo le tue caratteristiche ma anche quelle dei tuoi figli. Sono magrolini o in sovrappeso? Troppo irascibili o troppo timidi? Con la tendenza ad ammalarsi o ad avere problemi di pelle? Saprai che puoi fare qualcosa per loro, e anche comprenderli meglio.
- *Va bene persino per chi ha poco tempo*
  Da sempre sono molto sensibile a chi ha poco tempo, perché anche io mi trovo in questa condizione, sempre presa dai mille impegni della mia professione, dai viaggi e dal piacere di gustarmi la vita. Quindi i miei metodi sono improntati a dare risultati veloci. Anche per i biotipi Oberhammer è così: i tempi sono brevi, certe volte

nulli, perché compi solo una modifica a ciò che già stai facendo nel tuo quotidiano. Inoltre è un metodo che si può applicare fin da subito.

- *Anche al ristorante e in viaggio, il tuo biotipo sarà con te*
  Molti metodi si scontrano con una realtà limitante: al ristorante sono difficili da applicare. In viaggio, sono addirittura quasi impossibili da portare avanti. Con i biotipi Oberhammer invece è diverso: anche quando ceni fuori o sei in viaggio, potrai utilizzare il metodo con facilità.

Cosa hai imparato in questo capitolo

In questo capitolo hai appreso che *ci sono delle diversità* che la biotipologia, una scienza quasi sconosciuta ma fondamentale, classifica in categorie che si chiamano «biotipi».

Hai poi imparato che queste tipologie *sono state da me elaborate attraverso il metodo Biotipi Oberhammer ispirandomi a quelle ippocratiche*. Ho incluso disintossicazione, alimentazione, rimedi naturali e stile di vita adatti a ogni biotipo per guarire in modo rapido e senza sforzo.

Il benessere sarà molto più facile da raggiungere. Conservarlo non richiederà sforzi e tempi lunghi una volta che avrai scoperto qual è il tuo biotipo e avrai imparato cosa fare per mantenerlo sano.

Lo so che fremi per conoscere il tuo biotipo.

Ti do una bella notizia. È proprio adesso che verrà…

SVELATO IL TUO BIOTIPO

«A quale biotipo appartengo?»

Probabilmente te lo sei chiesto dal principio, magari già mentre tenevi tra le mani questo libro prima di acquistarlo. In questo preciso momento otterrai la risposta.

Ho pensato a un sistema rapido per darti modo di conoscere il tuo biotipo dominante in modo molto preciso, dettagliato, senza farti fare alcuna fatica!

Ho realizzato un test che, attraverso domande mirate, mi permetterà di capire ogni sfaccettatura della tua tipologia, e di restituirti un risultato che non lascerà alcun dubbio.

Saprai con certezza qual è il tuo *biotipo dominante*, secondo il metodo Oberhammer.

Come viene individuato il biotipo dominante

Attraverso anni di pratica, esperienza e sperimentazione del mio metodo sono arrivata a una procedura che permette di individuare con grande precisione il proprio biotipo dominante, quello che assicura una guarigione naturale e facile. Ho quindi ideato con degli specialisti un sofisticato programma computerizzato che elabora, in base a migliaia di variabili, le varie casistiche. Nell'individuazione del biotipo dominante alcune variabili sono più importanti di altre: prime fra tutte, *il tipo di tossine e il tipo di reazione del corpo alla disintossicazione*. Ma tu non ti dovrai preoccupare di questo: il test computerizzato farà tutto per te. In poco tempo avrai con te il tuo biotipo dominante, quello che ti garantirà una guarigione senza fatica per tutta la vita.

Di seguito ti elenco i motivi per cui non puoi continuare a leggere questo libro senza aver prima fatto il test.

1. *Il segreto svelato*

Perché ho scritto che non puoi continuare la lettura?

Perché il più importante segreto della mappa della guarigione naturale e facile sta proprio nel conoscere il tuo biotipo. In seguito potrai proseguire la lettura di questo libro con una consapevolezza diversa, tutto avrà un senso più amplificato. Saremo fianco a fianco, ma tu avrai il tuo biotipo con te.

2. *Ricevi subito suggerimenti personalizzati proprio per te*

Una volta eseguito il test riceverai immediatamente dei *consigli che potrai applicare fin da subito.* Non intendo domani, tra una settimana, tra un mese. Intendo: adesso! Non li trovi subito in questo libro, che deve seguire un percorso guidato, ma in una serie di *video completamente gratuiti* che ho preparato per te. Ti indicheranno tre cose da fare da subito per attivare il meccanismo della guarigione naturale e facile.

3. *Per me è stato illuminante*

Ecco alcuni commenti recenti a proposito del test e del video gratuiti.

Roberto scrive: «Ero piuttosto scettico riguardo al test. Ne ho fatti decine nelle riviste e sui giornali, e tutti davano risposte generiche. Inoltre mi fornivano suggerimenti inapplicabili per il mio stile di vita. Il test dei biotipi Oberhammer è stato illuminante. Il risultato sembrava parlare proprio di me, inoltre i suggerimenti nel video erano facili, non estremisti, di buon senso».

Paola scrive: «Non ne potevo più con questa continua pancia gonfia. Era imbarazzante andare al lavoro, e in palestra mi sembrava che tutti guardassero la sporgenza sotto l'ombelico. Conoscendo il mio biotipo ho subito scoperto il clamoroso errore che stavo compiendo, corretto il quale sono subito migliorata. Grazie Simona!».

Antonia scrive: «Dopo aver fatto il test ho seguito i consigli indicati per me e in poco tempo ho ottenuto subito i risultati per i miei problemi di cistite».

Ho citato solo alcune delle migliaia di storie di persone che hanno ricavato benefici da subito conoscendo il proprio biotipo. Ogni giorno arrivano email e commenti a riguardo.

Non è fantascienza: è un metodo nato da ventitré anni di ricerche e studi, nel quale ho concentrato i risultati che ho conseguito perché tu possa trovare la strada più rapida e sicura per stare bene.

Non resisto, dimmi come posso fare il test!

Per fare il test – lo ripeto, è *completamente gratuito* – ti basta un qualsiasi dispositivo connesso a internet, per esempio un computer, uno smartphone, un tablet.

E ora la procedura:

- Vai sul sito www.biotipioberhammertest.it
- Clicca sul tasto FAI IL TEST. Ti si presenterà sullo schermo una procedura *rapida* e *guidata* per rispondere alle domande utili a determinare il tuo *biotipo dominante*, secondo il metodo Oberhammer.
- Attenzione! Se hai uno smartphone, non aspettare di tornare a casa per fare il test al computer. Puoi farlo da subito anche dal tuo telefonino. Compilarlo sarà facile come mandare un messaggio a un amico.

Quanto devo aspettare per il risultato?

Nulla! Entro pochi secondi avrai il risultato e il primo di una serie di video gratuiti con consigli pratici basati sul tuo biotipo. E non perché sono una veggente, ma perché farà tutto il sofisticato programma computerizzato per te. Così puoi ottenere facilmente il tuo biotipo dominante, secondo il metodo Oberhammer, con le indicazioni adatte al tuo caso.

Ti arriverà una risposta entro pochi istanti, in base alla tua situazione personale.

Non vuoi fare il comodo test online?

Nel caso tu voglia evitare il test online hai la possibilità, tramite questo libro, di conoscere la tua tipologia, anche se con approssimazione e non con la precisione matematica del test.

Nel prossimo capitolo trovi una descrizione dettagliata di tutte le caratteristiche fisiche e psichiche di ogni biotipo. Scoprirai i disturbi e le malattie che più lo colpiscono, l'ormone che lavora in modo predominante e le tossine che in uno stato di disequilibrio tendono a emergere.

Al termine della descrizione ci sarà anche una tabella tecnica con le caratteristiche rilevanti di ogni singolo biotipo. È uno schema che dovrai consultare con attenzione, altrimenti ti sarà difficile individuare il tuo biotipo dominante, quello che ti serve per una guarigione naturale e facile.

Quindi la differenza fondamentale tra il test online e la ricerca del tuo biotipo dominante tramite questo libro è nella semplicità e nella certezza: il risultato con il test online è veloce, privo di errori e con una serie di video in regalo. Il risultato con il libro è più lungo e soggetto, in parte, a una valutazione personale, quindi più incerto.

Per questo motivo ti consiglio caldamente di fare il test online: quello stesso test non era riproducibile in un libro. Per questo te lo offro in maniera completamente gratuita.

Se hai problemi con la tecnologia puoi sempre farti aiutare da un familiare o da un amico. Basterà poco tempo e avrai il tuo biotipo con te!

Sono la prima autrice a spronare il lettore a chiudere il proprio libro

A questo punto, visto che a me piace l'interattività, ho fatto mettere su questa pagina una piega stampata, come per tenere il segno. Se invece hai a portata di mano un segnalibro, inseriscilo qui e chiudi il libro. Dico sul serio!

Prendi il tuo smartphone, il tablet o il computer e vai su www.biotipioberhammertest.it.

Solo quando avrai finito il test potrai tornare qui.

Allora sai cosa succederà? Che le mie parole si riempiranno di colori e sfumature che prima non coglievi. Tutto sarà più chiaro, comincerai a vedere anche tu la guarigione naturale e facile.

Sei ancora qui? Chiudi subito il libro. Ci vediamo nel capitolo successivo, dopo che hai fatto il test. Ti aspetto con il tuo biotipo Oberhammer a fianco.

I FANTASTICI QUATTRO

Eccoci di nuovo insieme. Ricapitoliamo il percorso che hai fatto finora.

1. Hai ricevuto la mappa della guarigione naturale e facile e la stiamo percorrendo.
2. Hai iniziato a modificare la tua visione della guarigione scoprendo che puoi fare poca fatica se scegli un metodo su misura, basato soprattutto sulla disintossicazione con il tuo biotipo.
3. Hai scoperto il tuo biotipo dominante, che ora è al tuo fianco.

Adesso lo scenario si affolla: non siamo più solo noi due sulla mappa. È giunto il momento di fare nuovi incontri, di presentarti tutti e quattro i biotipi. Vi saluterete, vi stringerete la mano, e sai cosa ti succederà? *Come primo passo ti farò fare la conoscenza del tuo biotipo dominante.*

Parlerò di te. Del tuo corpo, della tua mente, delle tue abitudini, di ciò che ti irrita e di ciò che ti allieta. Parlerò dei tuoi disturbi ricorrenti e di come reagisci. Come ho scritto prima, però, non sono una veggente: sono i biotipi che mi permettono di conoscere tutte queste cose. Attraverso di loro non solo potrò parlare di te, ma anche suggerirti le soluzioni ideali che ti faranno ottenere la guarigione naturale e facile affinché tu possa gestire la tua salute in modo autonomo, efficace e senza sforzo.

Come secondo passo, facoltativo, potrai fare la conoscenza dei biotipi diversi dal tuo.

Ti premetto fin da subito che non è indispensabile, ai fini della guarigione naturale e facile. Puoi scegliere di leggere il tuo biotipo e saltare tutti gli altri, proseguendo nella lettura del libro, oppure, se vuoi capire meglio le persone a te vicine, potrebbe interessarti. Allora ti ritroverai a dire: ecco perché mio marito preferisce proprio quell'alimento, ecco perché mia figlia quando è stanca ha bisogno di dormire molto, ecco perché il mio collega è così permaloso, ecco perché mia sorella tende ad avere la digestione difficile. Conoscendo i biotipi diversi dal tuo si amplia la visuale sulle persone care, sugli amici, sui colleghi.

Bene, andiamo ora a conoscere i fantastici quattro, e cioè:

- il *biotipo aria;*
- il *biotipo acqua;*
- il *biotipo terra;*
- il *biotipo fuoco.*

Come prima cosa ti spiegherò su quali basi li ho ideati.

L'elaborazione dei biotipi Oberhammer

Nati dopo anni e anni di studio, pur discendendo dalla tradizione ippocratica, i miei biotipi hanno assunto durante le mie ricerche caratteristiche proprie: non sono quindi contraddistinti solo dai *quattro elementi* ma anche da *quattro ormoni dominanti* e da *quattro tipologie di tossine dominanti.*

BIOTIPI OBERHAMMER
I quattro elementi (dalla tradizione ippocratica) • Aria • Acqua • Terra • Fuoco **I quattro ormoni dominanti** • Cortisolo • Vasopressina • Somatotropina • Adrenalina **Le quattro tipologie di tossine dominanti** • Tossine gassose • Tossine acquose • Tossine solide • Tossine infiammanti

E ora entra con me nel vivo del metodo Biotipi Oberhammer.

I quattro elementi dei biotipi: aria, acqua, terra, fuoco

Aria per ossigenare, acqua per idratare e purificare, terra per nutrire, fuoco per riscaldare e cuocere: diamo per scontati i quattro elementi della natura, eppure senza di essi non ci sarebbe vita. La naturopatia, una disciplina che cura esclusivamente con metodi naturali, li utilizza per mantenere l'organismo forte e sano e per aiutarlo a superare la malattia.

Come quattro attori

Mi piace l'idea di presentarti i quattro elementi come attori che recitano nel palcoscenico del nostro corpo. Ma non solo: aria, acqua, terra e fuoco sono elementi naturali da cui trae origine ogni sostanza di cui è formata la materia. Noi stessi, così come il mondo e l'universo, siamo formati dai quattro elementi; oltre al nostro corpo costituiscono infatti il cibo che mangiamo, gli alberi, il mare, le stelle che luccicano nella notte, gli animali, lo stelo d'erba che oscilla al vento. Ciascuno degli elementi è presente, in maggiore o minore misura, in tutto ciò che ci circonda: dalle cellule del nostro organismo alle pietre, alle particelle subatomiche.

In cielo come in terra, nella natura come nelle piccole abitudini di ogni giorno, i quattro elementi sono gli attori della nostra vita.

Eucrasia e discrasia: quando la salute c'è e quando manca

Secondo la visione ippocratica i quattro elementi possono essere in equilibrio o in squilibrio.

- *Se sono in armonia* l'organismo funziona bene, c'è salute e benessere: questo equilibrio fu definito da Ippocrate «eucrasia».
- *Se sono in disarmonia* insorge invece il malessere e la malattia: questo squilibrio fu definito da Ippocrate «discrasia».

Sono facili da intuire

Se la pelle è arrossata, quale dei quattro attori credi sia entrato sul palcoscenico? Probabilmente la tua risposta è «fuoco». Prova adesso a pensare alla pancia gonfia. Ti viene forse in mente che potrebbe essere legata all'«aria»? E se le gambe trattengono i liquidi magari lo colleghi all'«acqua». E infine, magari questo è un po' più difficile, se ti senti pesante il legame è con la «terra», dove la forza di gravità aumenta il peso.

Questo è solo un primo gioco iniziale, per farti capire che tra i quattro elementi e le malattie c'è una correlazione evidente. Allo stesso modo c'è un collegamento tra i quattro elementi e i relativi biotipi: se pensi a un elemento ottieni già le prime indicazioni. Questa connessione però non riguarda solo l'essere umano; le caratteristiche dei quattro biotipi ippocratici si possono infatti individuare anche nel mondo vegetale, minerale e animale: per esempio il «fuoco» a livello vegetale si manifesta nel peperoncino, a livello minerale nello zolfo, a livello animale nel leone. C'è quindi una corrispondenza evidente tra ciò che accade dentro di noi, nel nostro organismo «psicofisico», e fuori da noi, nella natura, nelle piante, negli animali, nei minerali, tutte fonti che la naturopatia utilizza come strumenti di guarigione.

Aggiungo subito, però, che questi sono soltanto esempi e tu non dovrai assolutamente sforzarti nella ricerca della correlazione. Ho voluto tuttavia mostrarti alcuni fili che muovono i biotipi, anche se la classificazione biotipologica in realtà non è affatto così semplicistica come te l'ho presentata ora: è complessa ed elaborata, e deriva dalle teorie degli antichi maestri come Ippocrate e Galeno, ma anche dagli studi approfonditi degli scienziati moderni che si sono occupati del tema. Questa complessità per te rappresenta solo una garanzia. *Tu non dovrai occuparti di niente, perché ci ho pensato io a elaborare il metodo* facendo riferimento ai professionisti, ai medici e ai ricercatori a cui mi sono ispirata, per garantirti un sistema basato su uno studio approfondito. Quello che tu riceverai è un programma «chiavi in mano», pronto da applicare, senza che tu debba concentrarti sulle classificazioni, sui collegamenti, sugli schemi complessi da cui si origina tutto. E lo ripeto, nelle indicazioni troverai soluzioni semplici, che guidano passo dopo passo. Sarò la tua naturopata personale, come ti ho promesso all'inizio di questo libro, a partire dalle prime pagine.

Gli esempi che ho riportato fin qui avevano un solo scopo: condurre alla prima stretta di mano tra te e i biotipi.

Adesso possiamo andare a conoscere i quattro ormoni dominanti. Hanno dei nomi un pochino complicati, ma non preoccuparti: non devi memorizzare alcun concetto scientifico.

I quattro ormoni dominanti: cortisolo, vasopressina, somatotropina, adrenalina

«Ecco cosa manca ai miei biotipi!»

Mi trovavo a Seattle e stavo ascoltando una lezione sull'alimentazione. Io ho studiato Nutrizione alla Bastyr University, ma essendo maniaca della ricerca e dello studio (non smetto davvero mai di informarmi!) parto di continuo per viaggi di aggiornamento, in modo da essere sempre al passo con le ultime novità e le scoperte scientifiche. Fu proprio durante una lezione di approfondimento sulla dieta ormonale che capii il legame tra i miei biotipi e determinati ormoni. Il professore che teneva la lezione stava disegnando sulla lavagna uno schema per mostrare la correlazione tra il flusso ormonale e certi alimenti. Mentre il pennarello nero tracciava linee e frecce, nella mia mente cominciò a delinearsi una tabella: fu un processo veloce. Credo che si concretizzò in quel momento qualcosa che era già lì da tempo e che aveva solo bisogno di essere portato in superficie. Un po' come quando accendiamo la luce in una stanza e siamo in grado di vedere ciò che prima potevamo soltanto scorgere nella penombra.

A partire da lì iniziai a studiare le correlazioni tra biotipi ippocratici e ormoni. All'inizio questi legami erano poco chiari, come avvolti nella nebbia, poi, a poco a poco, il panorama si schiariva e io riuscivo a osservare meglio. Ho rilevato quindi un aspetto interessante: per ogni biotipo si evidenziava un *ormone dominante*. Fai attenzione: questo non significa che anche altri ormoni non entrino in gioco, ma quello dominante lascia un segno più evidente.

Adesso te li presento. Magari non sei bendisposto, perché quando hai letto il titolo hai pensato: «Che nomi strani», con un'espressione dubbiosa stampata sul viso. E poi ti sei chiesto: «Dovrò forse conoscerli per imparare la guarigione facile?». Perché, allora, facile non è.

Non ti preoccupare, non li dovrai nemmeno memorizzare, però vorrei farti sapere come si chiamano perché sono stati per me un aspetto importante nella definizione dei biotipi. Li ho avuti al mio fianco per anni, mentre raccoglievo i dati e li riportavo nei computer, confrontavo i programmi, monitoravo i risultati. Sono stati miei compagni fedeli, quindi ci tengo a dirti i loro nomi. Si chiamano *cortisolo, vasopressina, somatotropina* e *adrenalina* e sono gli ormoni dominanti di ogni biotipo. Questo non significa che facendo le analisi del sangue vengano rilevati in eccesso, dato che l'equilibrio ormonale dell'organismo si fonda spesso su variazioni minime: gli ormoni dominanti si basano proprio su queste sottili ma percettibili influenze. Insieme ai quattro elementi, essi caratterizzano il biotipo e gli conferiscono il nome. Quando conoscerai i diversi biotipi, sentirai ancora parlare di loro.

Le quattro tipologie di tossine dominanti: gassose, acquose, solide, infiammanti

La disintossicazione è da sempre un concetto fondamentale dei miei metodi di naturopatia, e sin dagli inizi i miei programmi si sono basati sulla depurazione. Negli Stati Uniti ho studiato a lungo le tecniche di purificazione del colon quali l'idrocolonterapia e molti anni fa sono stata certificata come una delle prime professioniste di tale pratica in Europa. Oggi in internet sono particolarmente nota per la Disintossicazione Intestinale Oberhammer, uno dei miei metodi più famosi.

Principio potente della naturopatia, la disintossicazione si basa su un concetto chiave: se non ripulisci l'organismo dalle scorie, guarire è molto più faticoso, perché un corpo intossicato si ammala facilmente e si riprende difficilmente.

Proprio su questi principi sono iniziate le mie ricerche per individuare i collegamenti tra ogni biotipo e le sue tossine dominanti: sebbene tutti possiamo essere soggetti a ogni genere di tossina, alcune ci colpiscono più di altre, e determinano sintomi, malesseri e disturbi diversi.

Ora ti elencherò le tossine dominanti, ma non ti preoccupare, nemmeno queste le dovrai ricordare. Non dovrai nemmeno sforzarti di scegliere un rimedio in base al tipo di tossine, perché nelle soluzioni che ti propongo ho già pensato a tutto.

Le tossine si dividono in: *gassose*, *acquose*, *solide* e *infiammanti*. Le conoscerai meglio proseguendo nella lettura del libro, e soprattutto scoprirai come fronteggiarle ed eliminarle.

Otto protagonisti per te

E adesso siamo arrivati alla descrizione vera e propria dei biotipi. Quando mi sono trovata a descriverli ho pensato che non ti sarebbe piaciuta una conoscenza fredda, del tipo: «Il biotipo Aria femminile si comporta così, il biotipo Terra maschile ama mangiare questo» e così via. Ho preferito scegliere una presentazione amichevole, e allora ho creato per te otto protagonisti a cui ho voluto dare dei nomi molto semplici, ma immediati, affinché tu potessi individuarli subito.

Si chiamano rispettivamente:

- la signora Aria e il signor Aria;
- la signora Acqua e il signor Acqua;
- la signora Terra e il signor Terra;
- la signora Fuoco e il signor Fuoco.

Otto personaggi attraverso i quali ti farò conoscere i biotipi. Fai attenzione, però: la semplificazione terminologica che ho creato non significa che quello che leggerai sui vari biotipi sia meno accurato o meno scientifico.

Come utilizzare il biotipo nel modo migliore

Affinché tu possa comprendere e utilizzare bene il tuo biotipo ci sono aspetti che devi sempre tenere presente. Li ho già anticipati nelle pagine precedenti ma ora li evidenzio meglio per te, così potrai trarre tutti i benefici dal mio metodo.

IL BIOTIPO DOMINANTE NON È IL BIOTIPO PURO

Generalmente non siamo contraddistinti da un unico biotipo; se così fosse, si tratterebbe di un biotipo puro, piuttosto raro. Dentro di noi convivono invece, in diversa misura, parti dei vari biotipi. È del tutto normale, ma quello che interessa la guarigione naturale e facile è il biotipo dominante, specie per quanto riguarda il tipo di tossine che lo colpiscono maggiormente. Ed è proprio questo biotipo che viene individuato attraverso il test.

Date queste premesse, quando leggerai il tuo biotipo non aspettarti di coincidere al cento per cento con la descrizione. Sarebbe assurdo poterci catalogare tutti in solo quattro categorie. Aspettati invece di trovare diversi punti di similitudine con il tuo biotipo, e altri no. Inoltre considera che alcuni aspetti descritti si manifestano soltanto quando il biotipo è in squilibrio, ma per fortuna spesso non si è in tale condizione.

Allo stesso modo, se leggerai anche le descrizioni degli altri biotipi, preparati a rintracciare dei pezzetti di te. In ogni caso nell'applicazione del metodo dovrai attenerti al tuo biotipo dominante, quello che il test ha individuato esserti più utile. In questo modo otterrai tutti i risultati che desideri.

Le malattie descritte indicano solo una probabilità

La descrizione di ogni biotipo riporta le malattie di cui potrebbe soffrire maggiormente. Però fai bene attenzione: questo non significa che ne soffrirai, ma che seguire le indicazioni per il tuo biotipo ti può aiutare nella prevenzione di disturbi a cui potresti essere più soggetto, o nel rafforzare certi organi. Inoltre, ed è un aspetto molto interessante, più si mantiene il biotipo in equilibrio e maggiore è la possibilità di attuare una vera prevenzione nei confronti dei disturbi caratteristici della propria tipologia.

Se soffri di disturbi tipici di altri biotipi, è sempre il tuo ad aiutarti

Potresti notare che certi disturbi di cui soffri non sono caratteristici del tuo biotipo, ma non fare mai l'errore di cambiare il tuo biotipo scegliendone uno diverso da quello indicato dal test.

Nelle pagine precedenti ti ho spiegato che seguire un programma in base al tuo biotipo è come curare le radici di un albero: quando diventano forti e sane, anche il resto dell'albero è forte e sano. Qualsiasi sia il problema, c'è un miglioramento.

Ricorda quindi che *se il tuo biotipo è forte, anche tu sei forte* nell'affrontare i disturbi, persino quelli caratteristici delle tipologie diverse dalla tua. La naturopatia è una disciplina che ha prima di tutto lo scopo di rafforzare l'organismo, in modo che, una volta irrobustito, possa combattere le varie problematiche. Il modo migliore per raggiungere questo risultato è occuparti del tuo biotipo dominante e seguire un programma che lo faccia stare bene.

Come leggere le caratteristiche del tuo biotipo

Ho scelto di presentarti i quattro biotipi in una sequenza uguale per tutti. Ti illustrerò i pregi e le peculiarità, ovvero i lati migliori del tuo biotipo, sia nella salute sia nella quotidianità, mostrandoti anche le forze psicologiche che lo caratterizzano.

Poi ti elencherò i difetti e come possono limitarti. Questa parte è importante perché imparerai che se il tuo biotipo è in equilibrio la parte «difettosa» sarà insignificante perché emergerà solo quella positiva.

Infine ti parlerò dei disturbi: ricorda che possono essere di tipo fisico o psichico, come nel caso di stress eccessivo o di nervosismo e ansia.

Ovviamente, come già ho spiegato, i disturbi descritti

sono quelli per i quali il biotipo è maggiormente predisposto e non quelli di cui sicuramente soffre.

SE NON HAI ANCORA FATTO IL TEST

Nel caso tu non avessi ancora eseguito il test del biotipo, torna subito al capitolo *Svelato il tuo biotipo* o vai direttamente su www.biotipioberhammertest.it prima di iniziare a leggere la descrizione dei biotipi. In questo modo non avrai nessuna incertezza riguardo alla tipologia a cui appartieni e potrai gustarti la lettura con la serenità di un risultato sicuro.

Il biotipo aria (o biotipo cortisolico)

COSTITUENTI DEL BIOTIPO ARIA

- Elemento: Aria
- Ormone dominante: Cortisolo

FONTI BIOTIPOLOGICHE

- Ippocrate: Nervoso (sanguigno)
- Marcel Martiny (criterio embriologico): Ectoblasta
- Nicola Pende (criterio endocrinologico): Longilineo-astenico
- René Allendy: Atonico aplastico
- Claude Sigaud: Cerebrale (cerebrospinale)

L'ELEMENTO ARIA

È la manifestazione del movimento, della velocità, della leggerezza e dell'inafferrabilità. È l'elemento gassoso – il più astratto –, l'ossigeno che circola. Se l'acqua ti bagna, il fuoco ti brucia e la terra ti sorregge, l'aria invece non la puoi toccare perché è senza forma. Non la puoi nemmeno vedere, ma solo respirare o sentire sulla pelle.

L'elemento aria rappresenta la mente e l'intelletto: una forza presente ma non visibile né tangibile. È simbolo di libertà: volare significa non avere legami, essere leggeri e senza vincoli.

Prima di cominciare la lettura di questo biotipo ti ricordo che potrai comprenderlo nel modo giusto solo dopo aver affrontato la parte iniziale di questo capitolo, soprattutto il paragrafo *Come utilizzare il biotipo nel modo migliore.*

Lo hai fatto?

Bene, ho il piacere di presentarti la signora e il signor Aria.

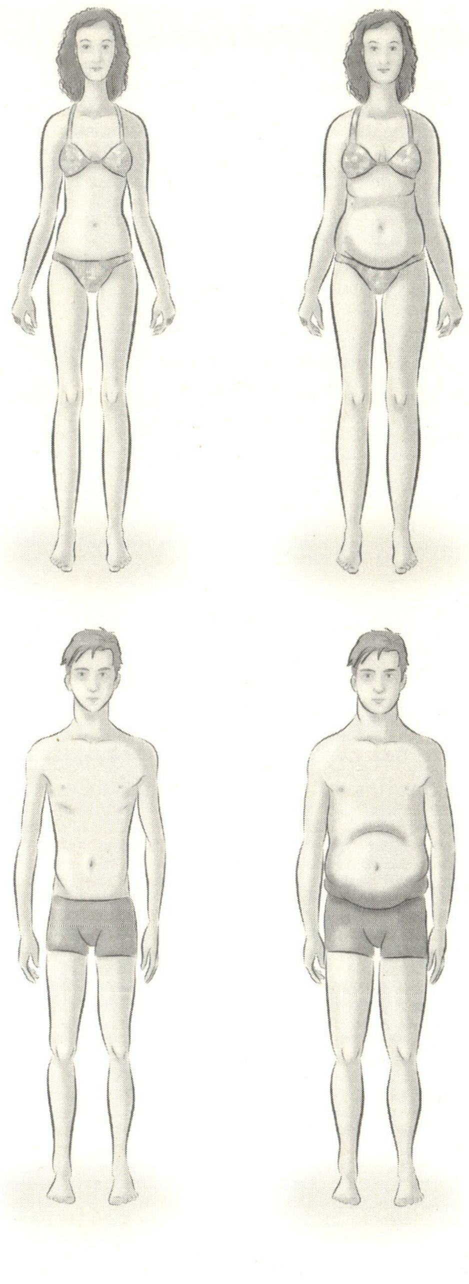

BIOTIPO ARIA (o biotipo cortisolico)

Tossine che irritano

Gas che gonfiano la pancia, sindrome del colon irritabile, mucose poco lubrificate, nervi a fior di pelle, cute che tende a irritarsi, ipersensibilità agli agenti esterni, a livello sia fisico sia psichico. Il signore e la signora Aria sono soggetti alle tossine gassose, e il tratto distintivo di questo biotipo è l'irritazione dei tessuti, a livello fisico ma ancor più del sistema nervoso, accompagnata spesso a disidratazione, senso di secchezza e gas nella pancia.

Domina l'ormone dell'iperattività

L'ormone dominante del biotipo aria si chiama *cortisolo* ed è prodotto dalle ghiandole surrenali, piccole eppure importantissime protagoniste dell'organismo collocate sopra i reni. Il cortisolo aumenta soprattutto con lo stress, tipico di questo biotipo preso dalle mille cose da fare, dai tanti obiettivi da raggiungere, da una mente brillante ma iperattiva.

Andiamo a conoscere meglio il signore e la signora Aria.

I jeans vanno a pennello

Longilineo, tendente al magro, almeno da giovane: si può descrivere così il corpo di questo biotipo. La signora Aria indossa facilmente i jeans perché ha la vita e i fianchi stretti, anche se certe volte vorrebbe essere un po' più formosa, almeno per quanto riguarda il seno. Il signor Aria è slanciato, però si immagina con un torace più ampio e spalle meglio tornite. Se va in palestra tenta di sviluppare i muscoli, ma i risultati sono sempre scarsi. Il suo vicino invece appena solleva i pesi si ingrossa (è il signor Terra).

Il biotipo aria ha un'ossatura minuta, esile, e si muove con leggerezza. Il suo corpo raramente è fermo e le mani, per esempio, sono spesso irrequiete. Quando cammina, il passo è spedito.

Con il burrocacao in borsa

«Sento la pelle tirare.» È una frase tipica della signora Aria, che acquista creme grasse e nutrienti per dare sollievo alla cute secca e sottile e gira con il burrocacao o il gloss in borsa, perché le labbra si screpolano di continuo. Hai presente il vento, quando soffia e secca narici, guance, capelli e occhi? Ecco, il biotipo aria, soprattutto se in squilibrio, è soggetto a questo tipo di sensazione. È portato alla disidratazione, all'aridità, e se non fa attenzione, per esempio dimentica di indossare i guanti quando è freddo, le sue mani diventano ruvide. I capelli tendono a essere secchi e talvolta ispidi. Con il passare dell'età, o con lo stress, si evidenzia anche la secchezza degli occhi, della vagina e delle mucose in genere.

Non ingrassa, ma ha la pancia

Magro fin da bambino, il biotipo aria tende a essere snello anche da adulto, e a provocare invidia negli altri perché mangia qualsiasi cosa e non ingrassa. Nemmeno lui però è immune all'aumento di peso, prima di tutto per colpa dell'eccesso di stress. Il cortisolo, il suo ormone dominante, prende il sopravvento e fa ingrassare una tipologia che non è predisposta al sovrappeso. Oppure può capitare per via di abitudini che sono in contrasto con le sue esigenze tipologiche: il biotipo aria puro, infatti, generalmente ha difficoltà nel prendere chili e facilità nel perderli. È tra quelle persone che dicono di voler ingrassare e tutti le guardano male perché, al contrario, vorrebbero dimagrire, e il suo essere longilineo dipende dalla continua attività nervosa che gli fa bruciare l'energia prima ancora di riuscire ad accumularla.

Pur essendo magro e con pochi muscoli, però, è soggetto alla pancetta, causata spesso proprio dall'eccesso di cortisolo. Il signor Aria sente la cintura stringere a causa delle maniglie dell'amore, e se alla signora Aria dite che è magra potreste ottenere questa risposta: «Non è vero, sono una falsa magra», perché lei sa che deve rinunciare a certi abiti, per esempio quelli che fasciano la vita, altrimenti la pancia viene messa in evidenza, specie dall'ombelico in giù.

In palestra vedrai i signori Aria chiedere gli esercizi per gli addominali e guardarsi allo specchio per verificare se la pancia è diventata piatta, ma non sempre sanno che più che di grasso si tratta soprattutto di gas addominali, tipici di questo biotipo. Persino se è molto magro, il biotipo aria può avere l'addome sporgente proprio a causa delle tossine che sviluppa sotto forma gassosa.

Per quanto riguarda la cellulite, la signora Aria è invidiata dalle amiche perché non ha questo problema. Se invece si lamenta della pelle a buccia d'arancia, di sicuro non è grave.

SE IL BIOTIPO ARIA VUOLE DIMAGRIRE DEVE AUMENTARE LA MASSA MAGRA

Più che sulla perdita di peso, il biotipo aria deve concentrarsi sulle tecniche giuste per aumentare la massa muscolare (massa magra), perché tende a svilupparla con difficoltà. Infatti il cortisolo è catabolico, cioè riduce la massa magra, e quindi soprattutto i muscoli (una condizione definita «catabolismo della massa magra»).

Quando la massa magra è scarsa, il metabolismo si riduce: pur mangiando poco non si dimagrisce perché il vero «consumatore» delle calorie è proprio il muscolo. E quindi bisogna stare sempre a dieta.

Infine, nel biotipo aria la pancia che sporge va combattuta principalmente con l'eliminazione delle tossine gassose: solo in questo modo si potrà avere un addome piatto.

Scoprirai 3 soluzioni fondamentali per il biotipo aria che vuole dimagrire:

- i trucchi per mangiare frutta e verdura e avere una pancia piatta;

- lo sport che fa dimagrire senza aumentare la voglia di mangiare;
- il rilassamento che riduce il cortisolo.

Che freddo!

Se c'è qualcuno che ha bisogno di un maglione in più, o chiede di chiudere le finestre e di alzare il riscaldamento, è il biotipo aria. La signora Aria, quando va a letto, appoggia i piedi gelati contro quelli del marito. Se il signor Aria ti dà la mano, spesso è fredda.

È di nuovo il cortisolo a fare la sua parte, perché è un vasocostrittore periferico e quindi riduce la circolazione rendendo freddi i piedi e le mani. Per contro, in estate la signora Aria sopporta bene il caldo, diversamente dall'amica, la signora Fuoco, che boccheggia. Il signor Aria invece non deve cambiarsi la T-shirt troppo di frequente, perché non suda molto.

Idee in movimento

Hai presente quando i pensieri non si fermano mai? Ecco, questa è la caratteristica principale del biotipo aria, che vive la sua vita prima di tutto in testa. Intellettuale e pensatore, è davvero una persona brillante, che sa portare avanti discussioni affascinanti, spesso è un buon lettore e lo si incontra nelle professioni intellettuali. Vicino al biotipo aria non ti annoi, perché la sua mente fervida e attiva ti porta in mondi interessanti. Per lui niente è banale: ama chiedersi il perché delle cose ed elucubrare sulla vita. Non si domanda soltanto perché viviamo o moriamo, ma anche più banalmente perché c'è traffico. E subito dopo aggiunge: «Io penso che...». Affascinante, brillante e idealista, ama leggere, informarsi, conoscere nuove realtà e ampliare i suoi interessi. È pieno di idee e progetti che arricchiscono le sue giornate con soddisfazione.

C'è però un aspetto a cui il biotipo aria deve fare attenzione: non vivere troppo nella testa. Se una buona dose di sé è proprio nel mondo delle idee, deve impegnarsi a non eccedere, per evitare di allontanarsi eccessivamente dalla pratica.

«Hai la testa tra le nuvole» gli fanno notare certe volte. Oppure: «Ma non avevi detto che dovevi dare il via al tuo progetto? Non hai ancora iniziato?». Quando il biotipo aria va fuori equilibrio, la sua mente fervida e brillante anziché produrre progetti interessanti può diventare inconcludente. Se vive sempre nel mondo delle idee, non diventa tanto importante fare le cose, quanto il pensarle: le teorie e i concetti assumono la consistenza delle cose reali, ma senza essere concretizzate.

Voglia di novità

Nel lavoro il biotipo aria cerca professioni stimolanti, non di routine, dove più che metodicità sono richieste creatività, idee, iniziativa, fantasia. Ha sempre nuovi progetti in testa, spesso con idee originali. È una persona di solito imprevedibile, eclettica, curiosa, con un comportamento molto meno regolare rispetto ai biotipi fuoco, terra o acqua. Come se vivesse in un vortice di aria, ama il movimento, il cambiamento. Si stanca quando si trova in contesti sempre uguali, e con le proprie idee innovative gli piace «dare aria» alle situazioni immobili, stantie, con un vento di novità. Chi è vicino al biotipo aria, quindi, non sa mai cosa aspettarsi.

Se cade negli eccessi, però, questo biotipo varia troppo velocemente gusti, interessi, obiettivi, desideri, opinioni. E non arriva al dunque. Se gli si chiede perché non ha dato il via al progetto di cui ha tanto parlato, potrebbe rispondere: «Non ho cominciato perché ho cambiato idea, farò altro». Quando l'aria che gira è troppa non si riesce più a tener fermo niente. Vola via tutto, anche i propri propositi.

Energia esplosiva da ricaricare

Il biotipo aria deve sempre fare qualcosa: ha un temperamento iperattivo e la sua giornata ideale è movimentata, piena di impegni, talvolta anche frenetica. Attratto spontaneamente dalle nuove esperienze, è la persona superimpegnata che ama essere. Fa fatica a stare fermo, ha un'energia contagiosa e nel weekend soffre se non ha programmi e quindi organizza escursioni, incontri con gli amici, visite alle mostre. Non lo troverete di certo in un centro termale a rilassarsi, a meno che non sia l'occasione per leggere pile di libri. Anche il suo corpo è in continuo movimento, proprio come l'elemento aria: le mani si muovono di continuo, gli occhi sono vivaci e mobili, le palpebre battono frequentemente, la camminata è veloce.

Il biotipo aria è una persona che pretende molto da se stessa. Quando ha successo ne vorrebbe sempre di più, col rischio di trovarsi a essere vittima della cosiddetta «sindrome del primo della classe». Poi però arrivano i conti da pagare. La signora Aria, stremata, dice: «Non ne posso più, avrei bisogno di un massaggio che mi tolga tutta questa tensione di dosso», e poi aggiunge: «Ma chi riesce a fermarsi?». Il problema di questo biotipo è che avrebbe bisogno di pause, come tutti, eppure non riesce a prenderle, perché il suo motto sembra essere: «Chi si ferma è perduto». Ed è proprio il desiderio di andare oltre, di spingere il suo corpo sempre più in là, a peggiorare la situazione.

Il biotipo aria quindi è effervescente, con una mente brillante e un'energia esplosiva, ma con un limite: se va fuori equilibrio si esaurisce facilmente.

La voglia di fare è tanta, sorretta dal desiderio di portare a termine infinite liste di cose da fare, e di dare il meglio di sé. Eppure, a un certo punto il corpo non segue questo ritmo incessante. Se la mente è il punto forte di questo biotipo, la forza fisica è quello debole: entra con facilità in sovraffaticamento e in esaurimento, con grande frustrazione, perché non riesce a raggiungere gli obiettivi prefissati.

Il suo corpo sensibile avrebbe bisogno di riposo e di pause, anche se, in realtà, *potrebbe* essere forte. Ma se sistematicamente trascura le necessità della sua tipologia, nel tempo la situazione peggiora: gli alti livelli di cortisolo riducono l'attività delle ghiandole surrenali e predispongono l'organismo a una sorta di indebolimento. Quando si sente stanco ricorre al caffè, invece di ammettere con se stesso che ha bisogno di riposare. È inutile che il signor Aria si chieda perché i suoi colleghi, il signor Fuoco e il signor Terra, riescono a tenere sul lavoro ritmi più serrati: a ciascun biotipo corrispondono i suoi pregi e i suoi difetti.

La realtà del biotipo aria è che, quando è in forze, dà il meglio di sé ed è efficiente. Quando invece ha le batterie scariche – non hanno una durata lunghissima e necessitano di tecniche apposite per essere rigenerate – tira fuori il lato peggiore, soprattutto a livello nervoso: si comporta in modo frenetico e inconcludente, diventa ansioso e irritabile. «Non ce la faccio, è troppo», «Non riesco a combinare niente, se vado avanti così», «Sono troppo stanco» sono pensieri che arrivano nei momenti in cui l'energia fisica è volata via. In un circolo vizioso, aumentano lo stress e la pressione. E i famigerati livelli di cortisolo.

Ha paura di perder tempo

«C'è molto da fare», «Non c'è tempo da perdere»: ecco due frasi che pronuncia spesso il biotipo aria. La mancanza di tempo è per lui un modo di essere, dato che la vita deve essere vissuta a cento all'ora. La velocità, però, si può tradurre in frettolosità, impazienza, irrequietezza, fino ad arrivare all'estremo dell'agitazione e al vero e proprio nervosismo.

Dalle stelle alle stalle

Euforico, pieno di ideali e buoni propositi, se il biotipo aria è in forma è una compagnia brillante che si fa notare per il suo fascino. Quando è affaticato, invece, si arrabbia facilmente e reagisce come una bottiglia d'acqua gassata aperta di colpo dopo essere stata agitata: investe con la rabbia e l'ira chi c'è intorno. Poi, finita la breve esplosione, con altrettanta rapidità ritorna calmo. Dimentica in un attimo anche il motivo per cui si è adirato. Il bimbo Aria, quando è arrabbiato, lo vedi tirare urla e calci.

In coppia, libero come l'aria

Un tratto distintivo del biotipo aria è quello di non volere relazioni asfissianti: essendo libero, non desidera legami troppo stretti. Ha bisogno, per l'appunto, di aria, perché non ama sentirsi imprigionato e preferisce mantenersi libero da quei rapporti che limitano la sua indipendenza. Una persona appiccicosa è un pericolo per il biotipo aria, che ha assoluto bisogno dei suoi spazi vitali, dunque chi vuole conquistarlo non può mostrare troppo attaccamento. La cosa peggiore è dirgli: «Non posso vivere senza di te», visto che non concepisce questo tipo di rapporto. Ama molto invece il dialogo e il confronto di idee, e nella relazione, affinché si appassioni, ci deve essere comunicazione: un partner che non stimola la sua parte intellettuale non è adatto a questo biotipo. Privo di idee preconcette e tabù, ha una mente elastica, duttile, orientata al futuro, aperta a nuovi punti di vista che desidera scambiare con chi ama. Innovatore e spesso idealista, è consapevole che la realtà ha molte facce, che una verità non è mai con la V maiuscola o assoluta, e cerca di scovarne le sfaccettature. E spesso sorprende con la sua imprevedibilità: chi è vicino al biotipo aria ha sempre qualcosa di nuovo da scoprire del suo partner, perché è in continuo mutamento e quindi mette in luce in ogni momento altri lati di sé.

Le emozioni è meglio gestirle

Se nel mondo della mente e dell'intelletto il biotipo aria si sente a casa, nel mondo delle emozioni e dei sentimenti (regno incontrastato del biotipo acqua) non vola così bene, perché vorrebbe risolvere tutto attraverso la logica. Ma poiché le emozioni non sono spiegabili e prorompono in maniera irrazionale, il biotipo aria cerca di arginare il pericolo tenendole sotto controllo o ignorandole. Conosce infatti molti trucchi per nasconderle agli altri: la signora Aria diventa iperattiva o cela le emozioni con un velato imbarazzo, mentre il signor Aria ci scherza su o minimizza.

A volte il biotipo aria può essere accusato di freddezza o di insensibilità, ma chi lo conosce sa che si tratta solo di una barriera di protezione alla difficoltà di relazionarsi con le emozioni.

Mangia velocemente anche se non ha fretta

Siccome il biotipo aria vive nella velocità, trasporta questo modo di essere anche nella relazione con il cibo. Per esempio mangia in fretta, non per motivi contingenti – come una pausa pranzo breve – quanto per «costituzione»: anche quando avrebbe il tempo per un pasto più calmo, non se lo concede. Ovviamente mastica poco, contribuendo alla produzione delle tossine gassose a cui è soggetto.

Se il biotipo aria è impegnato a fare qualcosa, può tranquillamente dimenticarsi del pranzo o della cena. Ma se il signor Terra riesce a saltare i pasti senza risentirne particolarmente, il signor Aria ne paga le conseguenze diventando più nervoso, irascibile e teso. La signora Aria si accorge di aver sbagliato a non pranzare perché la sua pancia diviene gonfia e dura.

Può succedere anche che il biotipo aria mangiucchi di continuo, che abbia sempre in bocca qualcosina da masticare. Nei momenti di stress pilucca per smorzare la tensione: senza accorgersene si ritrova a mangiare poco ma di continuo. In generale questo biotipo si trova comunque meglio con le porzioni piccole: fa fatica a digerire troppo cibo tutto in una volta.

L'appetito del biotipo aria è variabile, può sentire molta fame e poi accorgersi che «gli occhi volevano più dello stomaco». Oppure mancare di appetito, cosa che fa disperare la mamma del bimbo Aria, che va rincorso a ora di cena.

Nel cibo, come nella vita, il biotipo aria rifugge la monotonia: ama piatti curiosi e intriganti. I suoi gusti variano spesso: per un certo periodo ama un cibo e poi non lo desidera più; per questo la mamma del bimbo Aria è confusa quando prepara il piatto preferito di suo figlio e poi si sente dire: «Non mi piace più».

La sua relazione con il cibo può essere anche indecisa: per esempio spesso non sa cosa ordinare al ristorante, è confuso su quale cibo desidera veramente e finisce per lasciarsi influenzare dagli altri. A volte non ha voglia del dolce ma poi, quando tutti lo ordinano, dice: «Uno anche per me». In fatto di gusti alimentari è però piuttosto adattabile: se c'è il cibo che ama lo sceglie, se non c'è si accontenta senza problemi.

Al biotipo aria succede di aver voglia di cibi non sani, anche se non così frequentemente come al biotipo terra o acqua. Dipende dal cortisolo, che provoca l'incremento di zuccheri nel sangue e quindi una sovrapproduzione di insulina, la quale induce l'organismo a desiderare cibi dolci ma anche ipercalorici.

Quando il biotipo aria si ammala

Il biotipo aria, rispetto agli altri, ha la salute un po' più fragile. Questo non significa che debba necessariamente stare male, però, se non fa attenzione al suo benessere, si ammala con una certa facilità. Tuttavia, il vantaggio è che come i disturbi compaiono, altrettanto velocemente scompaiono. Per altri biotipi, invece, il processo di guarigione dura più a lungo.

Se il biotipo aria va fuori equilibrio questi sono i problemi di salute che sviluppa più facilmente.

Sistema nervoso

Le malattie sono prima di tutto somatizzazioni psichiche perché il sistema nervoso è l'apparato più fragile di questo biotipo, le cui caratteristiche sono l'agitazione, il nervosismo, l'ansia: fattori che indeboliscono le ghiandole surrenali, preposte alla produzione di cortisolo. Con il tempo una situazione del genere lede i nervi, rende la mente instabile e può portare all'esaurimento del tessuto nervoso, con conseguenze come extrasistole, tachicardia, palpitazioni, spasmi viscerali, cefalea tensiva, torcicollo e insonnia (più il biotipo aria è fuori equilibrio, peggio dorme). Altre sintomatologie sono la colite nervosa, le mani fredde e sudate anche in condizioni di normalità, le palpebre che battono troppo spesso, a volte con piccole contrazioni o tremori. Oppure il biotipo aria si ritrova con i muscoli irrigiditi, contratti a causa della tensione.

Il nervosismo può esasperarsi nella signora Aria durante la sindrome premestruale. Questo biotipo è predisposto all'esaurimento delle proprie energie nervose, e talvolta all'ipertiroidismo. Il cortisolo, se dominante, può causare anche sensazioni di panico e, nel peggiore dei casi, paranoia, perché interferisce nella produzione di serotonina e dopamina.

Sistema immunitario

Quando c'è vento o molto freddo il biotipo aria si ammala più facilmente di altri biotipi. Le mamme allacciano stretti i giubbotti dei loro figli Aria e li avvolgono in sciarpe e cappelli. «Stai coperto» si raccomandano, perché sanno che basta poco per scatenare un'influenza ai loro bimbi: quando è in eccesso, l'ormone cortisolo indebolisce il sistema immunitario e influenza negativamente la ghiandola del timo, il cui compito è quello di portare a maturazione vari tipi di linfociti che riescono a riconoscere e a distruggere le cellule infette.

Dolore

Il corpo è più sensibile al dolore se i livelli di cortisolo sono elevati. L'origine è nell'indebolimento delle ghiandole surrenali che, a catena, causano un aumento dei livelli di prolattina: l'organismo diventa ipersensibile a particolari tipi di dolore, come il mal di schiena, i dolori muscolari o quelli mestruali. Ma c'è di più. Quando i livelli di cortisolo sono troppo alti, anche il sistema nervoso diviene più sensibile e «fa sentire più male»: una piccola fitta può irritare i nervi del cervello, scatenando per esempio un mal di testa. «Ho un'emicrania che mi fa impazzire» dice la signora Aria mentre seccata si chiude in camera al buio, ma intanto pensa a tutto quello che non riuscirà a fare. Questo è uno dei motivi per cui il biotipo aria consuma più analgesici rispetto ad altri biotipi.

Colon e gonfiori

Basta un colpo di freddo e la pancia si gonfia. Ma non solo: anche quando le emozioni sono a fior di pelle, quando si mangia qualcosa in più, la pancia si fa sentire. Oppure si gonfia a volte senza motivo, in casi inspiegabili (quando imparerai le soluzioni, però, capirai che in realtà una ragione c'è).

Digestione

Nel biotipo aria la digestione è altalenante, certe volte buona e altre no. Dipende dal sistema nervoso: se è rilassato digerisce bene, se è sotto stress ha problemi. Il sistema gastrointestinale, infatti, è molto sensibile a ormoni come il cortisolo, che può contribuire a problemi quali nausea, dispepsia, crampi addominali, diarrea o costipazione. Il tutto a causa dell'aumento di stress che riduce la capacità di digerire i cibi e diminuisce l'assorbimento dei minerali. Inoltre, il cortisolo inibisce la crescita della flora batterica nell'intestino.

Secchezza di pelle, delle mucose e del corpo in generale

La scarsa capacità del biotipo aria di trattenere liquidi determina disturbi quali la pelle ruvida e disidratata, la secchezza delle mucose, della vagina, delle labbra. Ma anche gli occhi possono soffrire dello stesso disturbo, specie con l'avanzare dell'età o se si lavora a lungo al computer, o la bocca, come se non avesse saliva a sufficienza. Questo biotipo sviluppa facilmente fistole, ragadi, geloni, fissurazioni a piedi e mani.

Un altro segno di questo stato di secchezza generale

sono per esempio le giunture che scricchiolano, prive di lubrificazione.

Capelli e unghie fragili

I capelli del biotipo aria risultano di solito secchi, fragili, con le doppie punte o con la forfora secca. Le unghie tendono a spezzarsi, ad avere striature, a essere ruvide.

Carenze nutrizionali e deperimento

Il biotipo aria è soggetto alle carenze nutrizionali. Di costituzione spesso gracile, con l'ossatura sottile e i muscoli e i tessuti poco sviluppati, può andare incontro a una mancanza di vitamine, minerali o proteine perché la sua capacità assimilativa, a livello dei villi intestinali, è ridotta. Tende a soffrire per esempio di anemia, di osteoporosi, di retrazione delle gengive. Per lui quindi gli integratori sono molto utili, ma devono essere scelti con cura in base alle sue esigenze. Se trascura questa situazione il biotipo aria può deperire e arrivare a soffrire di denutrizione: dimagrisce troppo, perde energia e vitalità. È il caso del bimbo che mangia poco e non cresce bene, dell'anziano che diventa fragile perché non si nutre in maniera appropriata, del ragazzo che sviluppa una carenza alimentare perché segue un regime poco adatto alle necessità del suo biotipo.

Esaurimento psicofisico

Il biotipo aria ha bisogno di più riposo rispetto ad altri biotipi. Se entra in stato di squilibrio la stanchezza è la prima a farsi sentire: sia fisica, con la mancanza di energia, sia psichica, con la difficoltà a concentrarsi e a mettere a tacere il flusso di pensieri, sia con gli sbalzi di umore causati dalle alterazioni della glicemia. Può avvertire anche capogiri, vertigini, tremori e soprattutto il bisogno di aiutarsi con caffè, fumo, dolci e tutto quello che lo può – illusoriamente – «risollevare».

In questa situazione il biotipo aria può diventare ipocondriaco, cioè preoccuparsi per ogni minimo disturbo pensando che sia grave, perché manca di una visione tranquilla e pacata di se stesso.

Il biotipo aria in equilibrio

Ti ho illustrato i disturbi che potrebbe sviluppare il biotipo aria, ma ricorda bene quello che ti dico ora: se il biotipo aria è in equilibrio, non incorrerà in queste problematiche. Utilizzando gli accorgimenti giusti starà bene, e solo se non seguirà sistematicamente i consigli per la sua tipologia potrà soffrire di questi disturbi. Se pensando di fare qualcosa per la sua salute utilizza rimedi non adatti a lui, per esempio integratori a base di alghe che influiscono sulla tiroide o diuretici che peggiorano la sua tipologia di tossine, sarà maggiore il danno del beneficio, sebbene si tratti di rimedi naturali. Anche se si dedica ad attività fisica fortemente aerobica incorre in fastidi che provocano effetti negativi sulla salute.

Scoprirai ogni cosa quando parleremo delle soluzioni. Adesso ricorda: non esiste un rimedio naturale davvero efficace per il biotipo aria che non consideri prima di tutto le sue tossine gassose, causa di irritazione e secchezza. Se la partenza è diversa, il cammino sarà molto più lungo, faticoso e soprattutto spesso inutile.

Il biotipo acqua (o biotipo vasopressinico)

COSTITUENTI DEL BIOTIPO ACQUA

- Elemento: Acqua
- Ormone dominante: Vasopressina

FONTI BIOTIPOLOGICHE

- Ippocrate: Linfatico
- Marcel Martiny (criterio embriologico): Endoblasta
- Nicola Pende (criterio endocrinologico): Brevilineo-astenico
- René Allendy: Atonico plastico
- Claude Sigaud: Digestivo (gastrointestinale)

L'ELEMENTO ACQUA

L'acqua la puoi toccare ma non trattenere. Simbolo di fluidità e flessibilità, può cambiare forma a seconda del recipiente che la contiene e consistenza a seconda della temperatura: diventa ghiaccio, neve, vapore, liquido bollente. L'elemento acqua rappresenta l'interiorità, la sensibilità, la creatività. La sua natura è quella di scendere, insinuarsi, avvolgere. È l'energia profonda, legata al mondo delle emozioni, dei sentimenti, dell'inconscio. La sua forza è tranquilla ma potente: goccia dopo goccia è in grado di scavare la roccia.

Prima di cominciare la lettura di questo biotipo ti ricordo che potrai comprenderlo nel modo giusto solo dopo aver affrontato la parte iniziale di questo capitolo, soprattutto il paragrafo *Come utilizzare il biotipo nel modo migliore.*

Lo hai fatto?

Bene, ho il piacere di presentarti la signora e il signor Acqua.

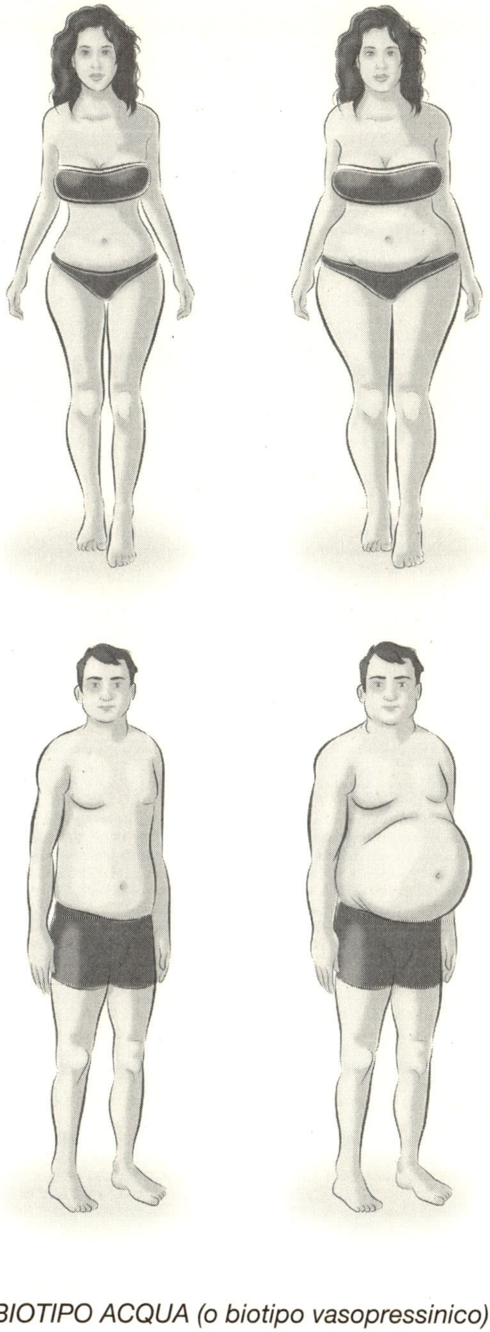

BIOTIPO ACQUA (o biotipo vasopressinico)

Tossine che gonfiano

Ritenzione idrica, gambe ingrossate, borse sotto gli occhi, articolazioni gonfie, difficoltà a urinare. Il signore e la signora Acqua sono soggetti alle tossine acquose, trattenute dal corpo sotto forma liquida. Tratto distintivo di questo biotipo è il gonfiore, che può interessare una zona circoscritta, come gli occhi o un'articolazione, oppure una parte più ampia come le gambe o addirittura tutto il corpo. L'acqua, che per natura dovrebbe scorrere, in questo biotipo tende a ristagnare e a infiltrarsi nei tessuti. Il trattenere i liquidi è spesso un meccanismo di difesa, cioè un tentativo di diluire le sostanze irritanti in circolo, evidente per esempio nell'artrite con edema, cioè con gonfiore. Altri disturbi tipici del biotipo acqua sono gli occhi che lacrimano troppo, la salivazione eccessiva, le secrezioni vaginali liquide abbondanti.

Domina l'ormone che trattiene

L'ormone dominante del biotipo acqua si chiama vasopressina. Detto anche ormone antidiuretico o ADH, ha lo scopo di ridurre la fuoriuscita di liquidi dall'organismo. Anziché essere eliminata, infatti, di norma l'acqua viene riassorbita dal rene e riportata nel sangue, così da ridurre il volume delle urine (da cui la definizione di ormone antidiuretico).

Andiamo adesso a conoscere meglio il signore e la signora Acqua.

Sensuale lei, pacato lui

Come l'acqua che spontaneamente tende ad assumere la forma della goccia, il corpo della signora Acqua ha di frequente la classica conformazione ginoide, detta anche «a pera», con fianchi e cosce abbondanti, le spalle più strette e un bel seno. Armoniosa e curvilinea, il suo corpo è sensuale, morbido, femminile. Spesso sono rotondeggianti e pieni anche il viso, il naso, le gambe, le braccia, le mani. Quando parli con la signora Acqua sei affascinato dai suoi occhi luminosi e dal suo sguardo languido che ricorda un lago calmo. La sua bocca è di solito carnosa e i capelli folti e lucenti.

Anche il corpo del signor Acqua tende alle forme rotondeggianti, che su un fisico maschile comunicano una piacevole sensazione di pacatezza, come se i problemi del mondo non lo turbassero.

La signora Acqua è sensuale di natura: quando cammina è fluida, morbida, armonica, proprio come un liquido che scorre. Il signor Acqua si muove in maniera delicata e ponderata, come un'onda nel mare calmo. Il suo modo di procedere è tranquillo, non irruento. Solo in un caso i movimenti del biotipo acqua diventano più pesanti, ed è quando acquista troppo peso.

Con i segni degli anelli e poche rughe

«Mi sento gonfia» è la frase tipica della signora Acqua mentre di sera si sfila i pantaloni e nota le righe delle cuciture che le segnano le gambe. Fa fatica anche a togliere gli anelli. Se al mattino indossa gli stivali con facilità, a fine giornata ci mette parecchio tempo a toglierli. Hai presente quando immergi una spugna nell'acqua e quella si imbeve di liquido? Ecco, la signora Acqua, soprattutto se è in squilibrio, è soggetta a questo tipo di meccanismo: il suo corpo trattiene i liquidi, specialmente le gambe, e quando fa caldo avrebbe voglia di stenderle verso l'alto per alleviare la congestione. Il gonfiore è una conseguenza tipica del suo ormone dominante, la vasopressina, che ha effetto antidiuretico.

Anche il signor Acqua è soggetto all'accumulo di liquidi, ma, a causa di fattori ormonali, non altrettanto: si arrotondano soprattutto il viso e la pancia. Quando si sveglia al mattino e si guarda allo specchio spesso vede che ha gli occhi gonfi, anche se la sera prima non erano in queste condizioni. A fine giornata avverte i piedi costretti nelle scarpe, e sui polpacci nota i segni dei calzini. Anche se prova a bere molta acqua, il risultato non cambia molto.

Il biotipo acqua a volte pensa che vorrebbe cambiare la

forma del suo corpo, magari per assomigliare al biotipo aria, che resta sempre magro indipendentemente da tutto quello che mangia, senza concentrarsi invece su altri aspetti positivi come la pelle morbida, ben idratata, che negli anni, proprio per la presenza di acqua, si segna molto meno di rughe e rimane più bella e turgida. Diversamente dal biotipo aria, l'acqua nutre e lubrifica il corpo di questo biotipo, per esempio le articolazioni o le mucose.

L'ago della bilancia oscilla

Quando il biotipo acqua sale sulla bilancia si meraviglia del suo peso: può cambiare da un giorno all'altro, in più o in meno, persino di un chilo. Anche in questo caso entra in gioco la vasopressina, l'ormone che trattiene i liquidi e fa oscillare il peso del signor e della signora Acqua. Di fronte allo specchio, la signora Acqua guarda i fianchi che tendono ad allargarsi, mentre il signor Acqua di profilo nota la pancia sporgere. I liquidi trattenuti si raccolgono infatti soprattutto nelle zone in cui si accumula il grasso, come cosce, fianchi e addome, gonfiando le cellule adipose e rendendole ancora più evidenti. La tendenza ad accumulare peso, quindi, è un problema importante per questo biotipo.

SE IL BIOTIPO ACQUA VUOLE DIMAGRIRE DEVE PRIMA DI TUTTO DRENARE

Se il biotipo acqua vuole dimagrire, come prima cosa deve concentrarsi su un aspetto: drenare i liquidi in eccesso, e di conseguenza le tossine che vengono immagazzinate nei liquidi trattenuti. Il motivo è semplice: quando l'acqua nel corpo non scorre, si infiltra e ristagna nei tessuti, rendendoli gonfi e pesanti. L'organismo diventa come una zona paludosa in cui le cellule adipose non sono più in grado di respirare né di bruciare i grassi. Immagina di gettare dell'acqua sul fuoco: smette di bruciare. È quello che succede nel corpo del biotipo acqua, dove i liquidi trattenuti favoriscono l'aumento di peso non solo perché rendono difficile bruciare il grasso ma anche perché rallentano il metabolismo. Accumulare acqua significa quindi anche accumulare peso, sotto forma sia di liquidi sia di grasso.

Nella signora Acqua il ristagno dei liquidi è una causa importante della pelle a buccia d'arancia, cioè della cellulite. Questo inestetismo inizia con la ritenzione di liquidi e poi altera il tessuto sottocutaneo, trasformandosi in vero e proprio disturbo, in cui gli adipociti (il tessuto grasso), ormai diventati voluminosi, si legano insieme, creando noduli difficili da eliminare. Quando la signora Acqua si pizzica la coscia con la classica pressione che evidenzia la cellulite, la vede molle e nodulosa.

Se il signor e la signora Acqua vogliono dimagrire, prima di tutto devono trasformare il loro corpo da una zona paludosa a un ruscello dove l'acqua scorre senza fermarsi e imputridire. In questo modo l'organismo ritrova la capacità di smantellare i grassi in eccesso, grazie a un metabolismo che si riattiva e brucia meglio. Seguendo un programma adatto, già dopo pochi giorni il biotipo acqua perde centimetri: le gambe, le cosce e il girovita si sgonfiano, i vestiti cominciano a stare larghi. Contrastando la ritenzione si combatte anche la cellulite, che altrimenti rimane un problema nonostante si perda peso.

Ma c'è un'altra cosa a cui il biotipo acqua deve dare importanza, più di altri biotipi: tonificare il corpo. «Mi sento gonfio e molle» è una sua frase tipica, dato che ha una struttura fisica poco muscolosa. Diversamente dal biotipo terra, che quando è in sovrappeso ha un tessuto duro e compatto, i tessuti del biotipo acqua tendono a essere teneri; e se il biotipo fuoco è muscoloso di natura, quello acqua quando non si esercita perde tonicità. Inoltre il signor e la signora Acqua di solito non amano troppo lo sport e questo peggiora il problema del peso; in realtà non avrebbero bisogno di un'attività fisica estenuante, semplicemente di quella giusta, come imparerai in questo libro. In caso contrario il loro corpo può diventare «paffuto»: il viso si arrotonda troppo, il collo accumula grasso, le braccia e le gambe si ingrossano, l'addome diventa prominente e molle, i piedi e le mani si gonfiano.

Scoprirai 3 soluzioni fondamentali per il biotipo acqua che vuole dimagrire:

- come abbinare i carboidrati alle proteine, per non gonfiarti;
- gli integratori che ti liberano dai liquidi stagnanti e tornano a far lavorare il metabolismo;
- lo sport che risveglia l'energia sopita e scioglie i grassi in eccesso.

Caldo e asciutto è meglio

Un giorno sta benissimo e il giorno dopo per niente. Da cosa dipende? Dal clima, prima di tutto. Il biotipo acqua è meteoropatico, cioè molto sensibile alle variazioni climatiche. La signora Acqua si lamenta quando il clima è umido, quando piove o quando è freddo, perché i dolori articolari e l'umore peggiorano. Se ti dà la mano spesso è fredda e un po' madida. Il signor Acqua si sente pieno di energie quando il clima è caldo e asciutto; se invece è afoso, ha la sensazione di doversi cambiare spesso perché avverte la pelle umidiccia. Non ha una sudorazione eccessiva, quanto piuttosto una traspirazione leggera e continua in tutto il corpo. Questo biotipo è come se avesse bisogno di asciugarsi dagli eccessi di liquidi in cui vive: il caldo e il secco lo fanno star bene, diversamente dal biotipo aria che con il clima troppo asciutto diventa come un panno steso al sole troppo a lungo, rigido e rattrappito.

Le sensazioni prima di tutto

Il sentimento viene prima e la ragione dopo: questo è il flusso in cui vive la signora Acqua. Pensa attraverso le sensazioni, e se deve dare un giudizio su qualcosa o su qualcuno si basa prima di tutto sulle emozioni. È frequente sentirle dire: «Quella persona mi piace molto» oppure: «Quant'è antipatico», ma se le chiedete il motivo vi guarda come se la domanda fosse fuori luogo. Oppure vi risponde: «Lo sento e basta». Al contrario del biotipo terra, per il quale la realtà è quella che si vede e si tocca, per il biotipo acqua è molto soggettiva. A differenza del biotipo aria, che si avvale di spiegazioni logiche e razionali, il biotipo acqua risponde agli eventi in maniera istintiva e imprevedibile perché le sue valutazioni nascono a livello inconscio, e non sempre possono essere descritte in modo razionale: troppe spiegazioni logiche sono superflue. Se il biotipo acqua *sente* una certa sensazione questa è la realtà, che una motivazione logica non cambia. E spesso ha ragione: capisce fin dai primi istanti com'è davvero la persona che ha davanti. È il pensiero di pancia, quello che porta a fare scelte basate non su ragionamenti accurati ma sull'intuito, e quindi su una visione d'insieme.

Gli altri sono il mio mondo

Se hai come amico un biotipo acqua sai con certezza che per lui sei importante: le relazioni umane sono il fulcro della sua vita. Vengono prima di tutto, prima della carriera, prima degli impegni, prima dei soldi. Il signor Acqua è generoso e la sua compagnia è spesso apprezzata; la signora Acqua è affettuosa, accogliente, è il tipo di persona che si fa trovare sempre al telefono, risponde anche se sta portando le borse della spesa. Ama fare lunghe chiacchierate, ma preferisce la compagnia intima, perché nella folla o nei grandi gruppi di amici è un po' a disagio.

Se ti confidi con il biotipo acqua ci sono molte probabilità che ti capisca: è sensibile ai sentimenti nascosti e inespressi, anche quelli che tu stesso in quel momento fatichi ad ascoltare. Possiede la speciale capacità di percepire ciò che l'altro sente e di entrare con facilità nel suo stato emotivo.

Troppa acqua allaga chi sta intorno

Se l'acqua è troppa, però, ne consegue un allagamento. Nel momento in cui questo biotipo si concede troppo agli altri può diventare soffocante: si attacca eccessivamente alle persone, anche con il rischio di farsi usare. Succede quando la signora Acqua è l'eterna amante di un lui che le promette di lasciare la moglie ma in realtà non lo farà mai, oppure quando il signor Acqua è l'amico sempre disponibile e servizievole che viene cercato solo quando si ha bisogno di lui.

L'acqua in eccesso porta a sacrificare la propria vita per le persone amate, tormentandole con le tipiche frasi: «Con tutto quello che faccio per te non ti fai neanche sentire?», per esempio quando non arriva regolarmente una telefonata, oppure: «Non stai abbastanza con me» se il partner decide di coltivare anche i suoi interessi.

Al biotipo acqua, se va fuori equilibrio, non piace essere solo un punto di riferimento; vuole essere il centro della vita degli altri, così come lui fa nei loro confronti.

L'affettività del biotipo acqua, quando manca l'equilibrio, è grande tanto quanto la vulnerabilità: teme la solitudine, ha bisogno di un flusso di sentimenti incessante, del continuo contatto con gli altri. Si nutre della costanza delle relazioni, come l'acqua quando innaffiamo una pianta. La fine di un'amicizia, o peggio di una relazione di coppia, diventa una sofferenza difficilissima da superare; in questo caso allaga se stesso: le lacrime scorrono a fiumi, piange più di tutti gli altri biotipi.

Soffre se non è in coppia

Sentimentale e romantico, il biotipo acqua patisce quando non si trova in una relazione di coppia. Se vuoi conquistare una donna acqua, il romanticismo deve essere la tua prima arma: fiori, lume di candela, parole d'amore, emozioni intense condivise.

Amante dei grandi romanzi di passione, il biotipo acqua nelle storie d'amore talvolta cerca anche la componente melodrammatica: se manca un po' di gelosia, di tormento, la storia affettiva sembra non aver sapore. E potrebbe spingerlo ad abbandonare il partner.

Bello e piacevole

Dal senso estetico molto raffinato, il biotipo acqua in genere ama la bellezza in ogni sua forma: arte, natura, musica ma anche bellezza fisica, bontà d'animo, nobiltà. Il suo gusto si riflette pure nell'attenzione all'abbigliamento, poiché cura il proprio aspetto, cerca l'eleganza e nota i difetti estetici negli altri.

Soprattutto, il signore e la signora Acqua amano godere della vita. Non bevono il caffè al bar in piedi, ma si siedono e lo sorseggiano in pace. Tra tutti i biotipi, sono i più capaci di gustare i piaceri quotidiani, le piccole cose. Devono però fare attenzione perché, se vanno in squilibrio, cadono nella ricerca eccessiva di un'esistenza comoda, agiata, diventano pigri e rifuggono il più possibile la fatica e l'impegno, come per esempio l'idea di andare in palestra per fare esercizio fisico.

Uno sforzo ponderato

Il motto del biotipo acqua è: «Massimo rendimento con il minimo sforzo».

Con la tendenza ad avere ritmi più rallentati di altri biotipi, è un economo nello spendere le sue energie ma sa distinguere con cura l'attività dall'agitazione, pregio particolarmente utile perché ci sono biotipi che spesso si agitano molto per poi concludere poco. La sua calma di solito non è infruttuosa, però è importante lasciargli i suoi tempi; aumentando le sollecitazioni, infatti, il risultato è quello opposto, il rallentamento. In genere questo biotipo ama il tipo di lavoro in cui non deve assumersi troppe responsabilità o perseguire obiettivi estenuanti. È portato per occupazioni sedentarie, con orari regolari e pochi imprevisti, in modo da mantenere il suo cerchio di abitudini. È affidabile, metodico, esegue bene le indicazioni che riceve, si rivela capace nell'organizzazione di un compito e si applica sino a che non l'ha coscienziosamente terminato. Per via del suo carattere è adatto al contatto con gli altri, ed eccelle nel creare una bella atmosfera.

Per quanto riguarda lo stress, il biotipo acqua lo vive con maggiore autocontrollo rispetto al biotipo aria o fuoco: a meno che non avvenga qualcosa di eclatante, grave o evidente, è più distaccato dai piccoli avvenimenti quotidiani che invece causano preoccupazione ad altri biotipi.

Cibo tutto da gustare

Amante del piacere, il biotipo acqua lo cerca anche nel cibo, che deve soddisfare prima di tutto il gusto. Particolarmente goloso, resiste con difficoltà alle leccornie. Mentre il biotipo aria cerca alimenti non sani quando è sotto stress, il biotipo acqua è spinto soprattutto da una ricerca di piacere. Proprio perché ama gustare i piatti tende però a masticare lentamente, e questo è un bene.

In genere non è ingordo ma è attratto da alimenti raffinati, di qualità, dai dolci, dal cioccolato e dai pasticcini. Ama soprattutto i cibi che tendono ad alterare la glicemia e la lipemia e spesso usa troppo sale, peggiorando così la ritenzione dei liquidi già di per sé favorita dal suo ormone dominante, la vasopressina.

Può soffrire di disturbi digestivi, legati di solito a eccessi in vini di qualità (d'annata, champagne) o cibi prelibati: specialmente dopo il sabato sera il biotipo acqua può ritrovarsi a combattere contro digestioni lente e faticose, perché ama uscire, mangiare di più, sempre in compagnia e specie con il partner.

Quando il biotipo acqua si ammala

Il biotipo acqua tende ad ammalarsi meno del biotipo aria ma più del biotipo terra o fuoco. I disturbi compaiono lentamente e scompaiono lentamente.

Se va fuori equilibrio, i problemi di salute che il biotipo acqua sviluppa con più facilità sono i seguenti.

Ritenzione idrica

Se la ritenzione di liquidi è una caratteristica di questo biotipo, può però trasformarsi in un vero e proprio disturbo, per esempio un edema, condizione per cui l'accumulo di liquidi nei tessuti ne causa un rigonfiamento anomalo. Tipico è l'edema palpebrale, ma può coinvolgere anche altre zone o l'intero corpo.

Per verificare il livello di ritenzione idrica è sufficiente premere con forza il pollice contro la pelle, per esempio sulla parte anteriore della coscia, per un paio di secondi. Se dopo aver tolto il dito rimane ben visibile l'impronta, questo è un segnale di ritenzione idrica e di edema dei tessuti sottocutanei.

Rene, vescica e vie urinarie

Il biotipo acqua è predisposto a soffrire di problemi renali e della vescica. Può essere soggetto a pollachiuria, un disturbo per cui si emettono con frequenza piccole quantità di urina, o in generale far fatica a urinare. Anche l'urina troppo scura, maleodorante o con altre anomalie è tipica del biotipo acqua. La vasopressina infatti, essendo un ormone antidiuretico, promuove il riassorbimento di acqua dal tubulo renale rendendo l'urina più concentrata.

Anche un senso di pesantezza alla vescica e le coliche renali possono comparire in questo biotipo. Un segnale di affaticamento renale che si evidenzia spesso nel biotipo acqua è dato dalle occhiaie scure: la zona perioculare è infatti una zona riflessa del rene e gli occhi possono manifestare un edema palpebrale, e quindi essere gonfi, specialmente al mattino, al risveglio.

Varici e venuzze, circolazione venosa

La tendenza alla ritenzione idrica del biotipo acqua rallenta la circolazione venosa, causando gonfiori alle gambe e la comparsa di varici. I capillari fragili sono un tipico problema della signora Acqua. Anche le emorroidi possono infastidire questo biotipo e sono sempre collegate ai disturbi venosi.

Rallentamento della circolazione linfatica

Ippocrate aveva definito questo biotipo «linfatico» a causa della sua tendenza al rallentamento dello scorrere della linfa nel corpo. Meno conosciuto del sistema circolatorio, il sistema linfatico è altrettanto importante: consente alla linfa, un liquido incolore simile al plasma sanguigno, di fluire attraverso i tessuti, drenando ogni parte del corpo e favorendo la difesa dell'organismo. Lungo le vie linfatiche, infatti, si trovano i linfonodi, capaci di produrre i cosiddetti linfociti, una speciale tipologia di globuli bianchi deputati all'eliminazione dei microrganismi ostili. Se sussistono problemi al sistema linfatico possono aumentare la cellulite, il peso, la ritenzione di liquidi, la stanchezza, le cisti, il freddo alle mani e ai piedi, e si riduce la capacità del sistema immunitario. Esempi di disturbi sono l'ingrossamento dei linfonodi (può succedere in caso di influenza) o il linfedema, un accumulo abnorme di liquidi, per esempio nelle gambe.

Disturbi legati al ciclo

La signora Acqua è predisposta ai disturbi legati al ciclo, e soprattutto durante la sindrome premestruale la vasopressina provoca gonfiore, mal di testa, voglia di dolci e stanchezza. Durante il ciclo l'ormone invece aumenta i crampi mestruali, che in caso di ritenzione di liquidi diventano più dolorosi.

Metabolismo pigro

Il biotipo acqua tende a ingrassare, o comunque dimagrisce con fatica, poiché il suo metabolismo è più lento di altri biotipi, per costituzione ma anche perché fa poco movimento, fondamentale per formare la massa magra (i muscoli) che aiuta a bruciare di più.

Tiroide rallentata

Questo biotipo tende a un rallentamento tiroideo: anche se la ghiandola è delle giuste dimensioni, spesso funziona in modo ridotto. Con i rimedi naturali adeguati è possibile combattere questa tendenza.

Stanchezza eccessiva, astenia

Il biotipo acqua, se fuori equilibrio, tende a stancarsi facilmente. Può soffrire di crisi ipotensive, cioè pressione bassa, con risvegli mattutini lenti e laboriosi, in cui fatica a essere attivo. Qualsiasi intervento per il biotipo acqua deve quindi sempre favorire la ripresa del suo tono psichico e fisico.

Prolassi degli organi

I tessuti del biotipo acqua costituzionalmente non sono molto tonici. Muovendosi poco, con l'aumentare dell'età potrebbe essere soggetto a prolasso degli organi, per esempio utero, vescica, intestino.

Meteoropatia

Tutti siamo sensibili ai cambiamenti climatici, ma il biotipo acqua lo è in particolare: con i cambi stagionali, atmosferici e climatici i problemi di salute si intensificano. Presenta anche un'estrema sensibilità all'umidità: nei periodi piovosi i suoi disturbi peggiorano notevolmente.

Il biotipo acqua in equilibrio

Ti ho illustrato i disturbi che potrebbe sviluppare il biotipo acqua, ma ricorda bene quello che ti dico ora: se il biotipo acqua è in equilibrio, non incorrerà in queste problematiche. Utilizzando gli accorgimenti giusti starà bene, e solo se non seguirà sistematicamente i consigli per la sua tipologia potrà soffrire di questi disturbi. Se pensando di migliorare la sua salute segue un programma alimentare non adatto a lui, per esempio non consuma le proteine necessarie a mantenere il metabolismo attivo (né troppo poche né troppe), se non introduce i liquidi adatti per ottenere un effetto drenante, se non evita certi cibi che lo appesantiscono, sarà maggiore il danno del beneficio.

Scoprirai ogni cosa quando parleremo delle soluzioni. Adesso ricorda: non esiste un rimedio naturale davvero efficace per il biotipo acqua che non consideri prima di tutto le sue tossine liquide, che causano gonfiore. Se la partenza è diversa, il cammino sarà molto più lungo, faticoso e soprattutto spesso inutile.

Il biotipo terra (o biotipo somatotropinico)

COSTITUENTI DEL BIOTIPO TERRA

- Elemento: Terra
- Ormone dominante: Somatotropina

FONTI BIOTIPOLOGICHE

- Ippocrate: Sanguigno
- Marcel Martiny (criterio embriologico): Mesoblasta
- Nicola Pende (criterio endocrinologico): Brevilineo-stenico
- René Allendy: Tonico plastico
- Claude Sigaud: Respiratorio (broncopolmonare)

L'ELEMENTO TERRA

La terra è il più concreto tra gli elementi: ti sostiene, la puoi toccare, la sua forma è ben definita. La sua forza è solida, stabilizzatrice: noi tutti dobbiamo sottostare al suo potere di attrazione. Simbolo di nutrimento, fertilità, accoglienza, crescita, rappresenta la forza del corpo e la concretezza delle azioni, la sicurezza materiale e la prosperità.

Prima di cominciare la lettura di questo biotipo ti ricordo che potrai comprenderlo nel modo giusto solo dopo aver affrontato la parte iniziale di questo capitolo, soprattutto il paragrafo *Come utilizzare il biotipo nel modo migliore.*

Lo hai fatto?

Bene, ho il piacere di presentarti la signora e il signor Terra.

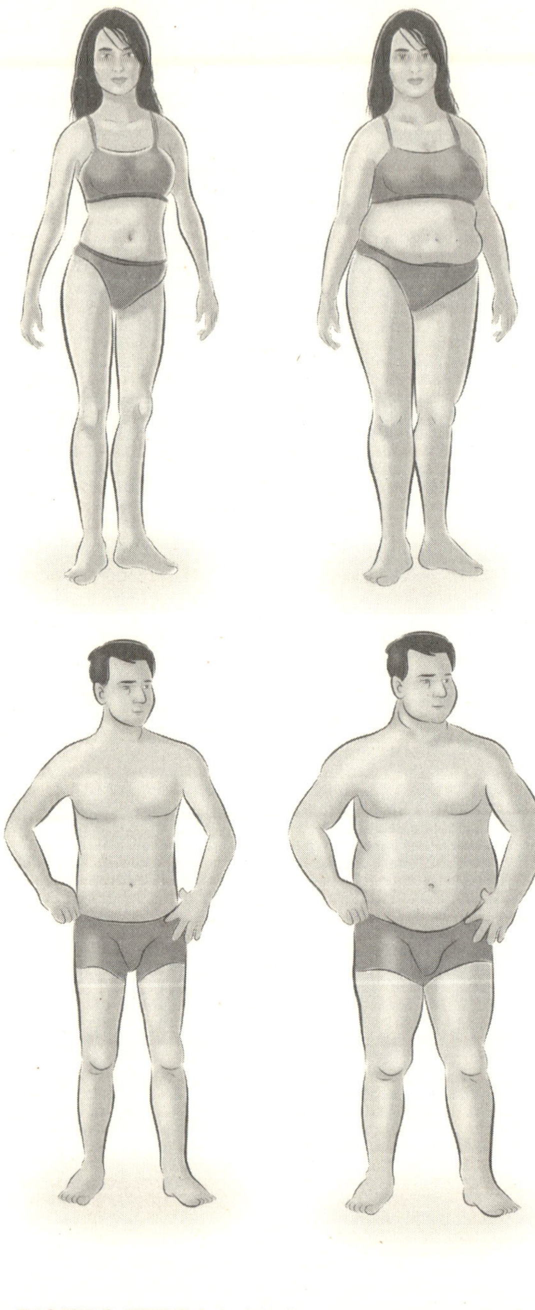

BIOTIPO TERRA (o biotipo somatotropinico)

Tossine che congestionano

Catarro nelle vie respiratorie, muco intestinale, senso di compressione al corpo, pesantezza allo stomaco, formazioni di cisti solide, fibromi, lipomi. Il signore e la signora Terra sono soggetti alle tossine solide, che si ammassano nel corpo di questo biotipo. Principalmente sono tossine che non si diluiscono in acqua, in genere liposolubili, per esempio i depositi di colesterolo o di trigliceridi. Il biotipo terra accumula, ammassa, trattiene, incista, per togliere le tossine dagli organi vitali e passarle nei distretti del corpo meno rilevanti. Tratto distintivo è la congestione che affatica il corpo e causa digestione faticosa, metabolismo lento che porta ad accumulare chili, senso di pesantezza, voglia di mangiare in eccesso, risveglio difficile, apatia.

Domina l'ormone che produce massa

L'ormone dominante del biotipo terra si chiama somatotropina. Detto anche ormone della crescita (GH), viene sintetizzato dalla ghiandola ipofisi, promuove lo sviluppo dell'organismo e in giovane età regola la crescita, in particolare dei muscoli e delle ossa. Nel mondo dello sport è conosciuto perché fa aumentare la massa muscolare e migliora le performance, ma l'utilizzo della somatotropina come integratore è proibito dall'antidoping perché, se assunta in dosi elevate, provoca effetti collaterali.

Un corpo tonico e ben sviluppato

«Come sei soda!» È l'amica della signora Terra a esclamare questa frase con invidia. Anche se non si allena, il corpo della signora Terra non è mai flaccido e ha un aspetto tonico; il signor Terra è muscoloso, e se va in palestra a fare un po' di pesi acquista subito massa, provocando l'invidia del signor Aria che invece deve faticare molto per ottenere poco. La somatotropina, l'ormone dominante, favorisce lo sviluppo e la tonicità muscolare.

In caso di sforzo fisico, questo biotipo non ha problemi. Il suo corpo è forte e ben sviluppato: nella donna le spalle sono larghe, nell'uomo il torace è possente, braccia e gambe sono ben tornite, l'addome è compatto, l'ossatura è grande e spessa, lo scheletro robusto, le mani ampie e forti.

Generalmente ben proporzionato e di aspetto gradevole, il corpo del biotipo terra esprime solidità. Le donne si muovono risolute, gli uomini sono imponenti.

Questo biotipo vive bene la sua presenza fisica: la stretta di mano è calorosa e sicura, se vi abbraccia è avvolgente, diversamente dal biotipo aria che sfugge al contatto corporeo.

Sguardo intenso e pelle turgida

Se incontri lo sguardo del biotipo terra, lo vedrai fermo e tranquillo, con un movimento delle palpebre cadenzato e capace di sostenere il contatto visivo, a cui altri biotipi sfuggono. I suoi occhi spesso sono grandi, belli, liquidi e con la sclera molto bianca e ampia, contornati da ciglia spesse e folte. La congiuntiva, diversamente dal biotipo fuoco e aria, non si arrossa facilmente.

Il viso di solito è grande, con la fronte spaziosa, le labbra ben disegnate e le guance piene che, col passare dell'età, rendono meno evidenti i segni del tempo. Anche i suoi tessuti ben nutriti, spessi, turgidi e consistenti lo aiutano a mantenere una pelle bella e giovane. Il biotipo terra ha un colorito roseo, lucente, caratteristico di una persona sana. Le sue mani sono calde e asciutte, grazie alla buona circolazione. La signora Terra non si lamenta come altri biotipi della chioma poco folta: i suoi capelli sono spessi, anche se a volte tendono al grasso.

Gioviale e pacifico

Se è in atto un diverbio, il signor Terra è comprensivo e conciliante. La signora Terra è gioviale e se siete suoi ospiti vi fa sentire subito come se foste a casa vostra. La natura del biotipo terra è socievole, ti mette a tuo agio, talvolta con un modo di fare bonario. Rispetta i sentimenti degli altri, è indulgente ed è in grado di mantenere legami profondi e duraturi. Mentre il biotipo acqua è il confidente, colui che comprende i tuoi sentimenti, il biotipo terra è «la roccia nella tempesta»: portato per aiutare gli altri anche nelle piccole cose di tutti i giorni, è emotivamente stabile, paziente, coraggioso, capace di minimizzare le difficoltà. Siccome non va in crisi facilmente, diventa spesso il punto di riferimento.

Per il biotipo terra la famiglia è il centro della vita. Il signor Terra risparmia per fare regali ai figli, la signora Terra ama provvedere ai bisogni di coloro a cui vuole bene e si sacrifica lasciando se stessa per ultima. Anche gli altri biotipi ovviamente hanno a cuore la loro famiglia, tuttavia nel biotipo terra l'aspetto materno o paterno è molto accentuato, non solo verso i familiari ma anche nei confronti delle persone con cui si relaziona.

Questo biotipo non ama le dispute e quando è possibile evita i confronti. Se è in atto un litigio la sua prima scelta è quella di mantenere la calma. Non si arrabbia di frequente, non si agita come farebbe il biotipo aria né avvampa come farebbe il biotipo fuoco. Possiede anche un innato e semplice senso di giustizia.

Forte, se non eccede

«Io non mi ammalo mai.» Se senti questa frase, probabilmente è il biotipo terra a pronunciarla: il suo corpo è forte, vitale, con un aspetto sano e un'energia di solito superiore agli altri biotipi. Ha buona resistenza alla fatica, soprattutto quella fisica. È in grado di fare lavori pesanti senza stancarsi, grazie al suo ormone dominante, la somatotropina, che diminuisce lo stato di affaticamento sotto sforzo e incrementa la capacità di resistenza.

Il biotipo terra non è turbato dalla fame, dalla sete, dal dolore, dai problemi e dal rumore, e mostra una buona capacità di adattamento. Tutte situazioni che destabilizzano invece il biotipo aria e quello acqua. Spesso vive a lungo e senza troppi disturbi, questo però se non abusa del proprio corpo, per esempio eccedendo con il cibo.

Purtroppo il biotipo terra non si preoccupa molto della sua salute, e risulta difficile coinvolgerlo nella prevenzione. Il signor Terra inizia una dieta solo se «costretto» dal medico perché ha il colesterolo altissimo e rischia l'infarto. La signora Terra ha un'alta soglia del dolore: non si mette a letto finché non si sente veramente male, ma quando succede significa che è due volte più malata rispetto ad altre persone.

Al peso deve fare attenzione

C'è un problema con cui il biotipo terra deve spesso confrontarsi: il peso. Ingrassa facilmente e dimagrisce difficilmente, soprattutto con l'avanzare dell'età e quando tende a mangiare troppo perché il cibo, come ti spiegherò più avanti, è «il suo lato debole». Rispetto ad altre tipologie, per esempio aria o fuoco, può trovarsi a combattere sin da bambino con il sovrappeso: già da piccolo ama mangiare molto.

Il grasso nel biotipo terra si nota subito perché si deposita su un corpo con conformazione robusta. Se il biotipo aria, con struttura esile, deve accumulare diversi chili per mostrarne i segni, sul corpo forte e solido del biotipo terra appare evidente «il chilo in più». L'adipe di solito si concentra nella parte alta del corpo, e quando la signora Terra acquista peso assume la classica forma «a mela»: ingrassano la pancia e i fianchi ma anche il tronco, le spalle, le braccia, il dorso. Il signor Terra tende ad assumere una forma dilatata, squadrata, che si espande in larghezza.

L'adipe è di tipo duro, diversamente dal biotipo acqua il cui grasso è molle. Anche la cellulite, di cui la signora Terra può soffrire, è dura, quindi difficile da pizzicare e dolorosa al tatto, con i noduli ben evidenti.

SE IL BIOTIPO TERRA VUOLE DIMAGRIRE DEVE USARE LA SUA CAPACITÀ MUSCOLARE

Se il biotipo terra vuole calare di peso, prima di tutto deve utilizzare una grande risorsa che possiede: la capacità di sviluppare muscoli facilmente grazie alla somatotropina. Se fa sport ottiene subito delle soddisfazioni, ma spesso per pigrizia lo evita perché è tendenzialmente sedentario. Così facendo però perde il beneficio di aumentare la massa magra, quella costituita da muscoli e che garantisce il miglior controllo del peso: più muscoli ci sono nel corpo, più si brucia. È il metabolismo a beneficiarne; se funziona bene evita l'accumulo dei chili in più senza costringere a mettersi a dieta rigida.

Il biotipo terra inoltre deve scegliere un programma alimentare non restrittivo. Le diete drastiche lo irritano e hanno quindi su di lui un effetto contrario: aumentano la sua voglia di mangiare.

Scoprirai 3 soluzioni fondamentali per il biotipo terra che vuole dimagrire:

- la cena disintossicante che aiuta a dimagrire di notte;
- gli integratori che stimolano il metabolismo ed eliminano i grassi;
- lo sport che fa consumare di più, senza troppa fatica.

Affidabile e tutto d'un pezzo

«Prima di tutto va fatto quello che c'è da fare» è una frase che esprime l'approccio alla vita del biotipo terra. I sogni sono una bella cosa, la filosofia pure, ma bisogna fare i conti con la realtà, rimboccarsi le maniche e impegnarsi. «Avere i piedi per terra» si dice quando si parla di concretezza e stabilità, tutte caratteristiche di questo biotipo, attento soprattutto a cogliere il lato pratico delle situazioni. Laborioso ed efficiente, mira al sodo: la carriera, un buon conto in banca e un solido legame amoroso, magari senza troppi sogni romantici ma al riparo da brutte sorprese.

Sul lavoro il biotipo terra è coscienzioso, affidabile, sa assumersi le sue responsabilità e assolvere con diligenza i suoi compiti seguendo scrupolosamente le istruzioni: li esegue senza lamentarsi anche se non sono piacevoli.

«Usiamo il buon senso» dice quando è il momento di affrontare un problema o compiere delle scelte. Il signor Terra non è impulsivo, esamina con cautela ogni situazione; la signora Terra chiede tempo per pensarci con calma. È sbagliato forzare questo biotipo mettendogli fretta: le sue risposte non arrivano come razzi, diversamente dal biotipo aria, ma dopo un'attenta riflessione. Una volta presa una decisione, il biotipo terra la persegue con costanza e perseveranza; non è soggetto ai cambiamenti di opinioni del biotipo aria, o alle sensazioni oscillanti del biotipo acqua.

L'organizzazione è il suo forte: sa procedere bene lungo binari guidati, con regole precise. Per questo c'è un'eventualità che fa innervosire il pacifico biotipo terra: quando non vengono rispettati l'ordine e la pulizia, o ciò che è stato precedentemente accordato, oppure se si ignorano le formalità, le «convenienze». È tradizionalista, difende e tramanda anche le leggi non scritte, cambia molto lentamente idee e opinioni. Prima di lasciare un qualsiasi punto fermo ha bisogno di elaborazione. Se l'aria si muove veloce, l'acqua scorre fluida e il fuoco oscilla verso l'alto, la terra è invece radicata: questo biotipo è bravo a tenere insieme le cose, ma quando bisogna modificarle lo fa per gradi.

Nel caso in cui si trovi fuori equilibrio, il biotipo terra si trasforma in una persona supercontrollata: la perseveranza diventa cocciutaggine, la ricerca dei punti stabili diventa testardaggine. L'attaccamento alle regole e alla tradizione può degenerare in un rifiuto verso qualsiasi innovazione; se ha come figlio un biotipo aria lo limiterà nelle idee creative, con lo scopo di ricondurlo alla vita pratica: «Pensa a farti una carriera, i sogni non ti portano da nessuna parte». Ma andrà contro la sua natura.

Accumula e risparmia

Gestisce i beni materiali con grande facilità, tanto da risultare irritante per gli altri biotipi: risparmia senza fatica, sceglie gli investimenti con pochi rischi, evita gli sprechi inutili. Molto attento all'ecologia, rispetta istintivamente la Terra. Ha invece molta difficoltà a buttare via le cose vecchie, anche se ormai inutili, perché è legato a ciò che è materiale. Se è ricco apprezza il lusso, le comodità, ma senza eccedere. In genere dà più importanza alla quantità che alla qualità.

In questa tipologia predomina l'accumulo, come nella terra che raccoglie risorse per far crescere semi e radici. Nella ricerca di stabilità e sicurezza, per il biotipo terra soldi e proprietà sono ancora più importanti che per gli altri.

Se entra in squilibrio, esagera però nell'accumulo di beni materiali, o nella mancanza di condivisione di ciò che possiede. Questo vale anche per le persone: considera gli altri, specialmente chi ama, come una sua proprietà, per esempio vuole il partner tutto per sé, in esclusiva, manifestando possessività.

Pratico e comodo

«È utile?», «È comodo?», «È pratico?». Sono domande che il biotipo terra si fa spesso. Ama la vita organizzata, con una routine confortevole, e tende spontaneamente a evitare le situazioni difficili.

Non è raro che adotti la filosofia «oggi ci siamo e domani è un altro giorno». Non subisce le elucubrazioni tipiche del biotipo aria, non si pone gli obiettivi del biotipo fuoco, non divaga nei romanticismi del biotipo acqua. Lo scopo principale del biotipo terra è quello di essere soddisfatto, e per riuscirci è disposto anche a rinunciare un po' alle sue esigenze; in altre parole, prima di sviluppare un desiderio che sa di non poter realizzare, e che quindi potrebbe procurargli delusioni, preferisce abbassare le aspettative.

La sua giornata ideale è equamente suddivisa tra lavoro e tempo libero. Ama le attività manuali più che quelle mentali, quando studia lo fa per acquisire nozioni e non per il puro piacere di intellettualizzare. Mentalmente è posato, tranquillo, con processi di pensiero calmi e graduali che non causano il sovraffaticamento mentale tipico dei biotipi aria e fuoco. Questa tipologia resiste allo stress in modo non paragonabile agli altri biotipi, sia psicologicamente sia come assetto neuroendocrino.

Se il biotipo terra entra in squilibrio, però, subentra la pigrizia: accontentarsi diventa agire il meno possibile, riposarsi diventa stare sempre seduti, rilassarsi diventa sprofondare nell'apatia.

Fedele nella coppia

Alla persona terra non interessa tanto ciò che dite ma ciò che fate. Esprimere con parole l'amore va bene, ma soltanto come preludio, perché al biotipo terra non basta sentire: «Ti amo alla follia». Va prima di tutto dimostrato concretamente ogni giorno, con il proprio comportamento. I fatti contano molto di più delle belle parole.

Nella coppia il biotipo terra cerca la stabilità e apprezza un partner presente. Di solito è fedele e attaccato.

Buongustaio amante dei piaceri della tavola

Per il biotipo terra, mangiare è segno di salute. E di sicurezza. Ama i piaceri del cibo e può essere definito «un buongustaio» o «una buona forchetta». Gode della buona tavola, meglio se in compagnia: adora cucinare, mangiare – soprattutto mangiare tanto – e bere vino. Il suo motto tipico è: «Buon vino fa buon sangue». Particolarmente gradite sono le cene con amici, ma anche i pranzi di rappresentanza, di matrimonio e le occasioni mondane dove il cibo è importante. È un ospite che apprezza le preparazioni culinarie e fa i complimenti ai cuochi. Ama la carne – talvolta è un carnivoro puro –, i condimenti elaborati, il pane, incorrendo poi nei problemi di digestione lenta e senso di pesantezza postprandiale.

Il cibo per questa tipologia significa prima di tutto amore: il biotipo terra è il genitore che forza i figli a mangiare e si preoccupa quando le persone a lui vicine non fanno il bis di un piatto, anche se sono in sovrappeso.

Mangiare, per il biotipo terra, è sinonimo di salute e abbondanza. Se fuori equilibrio utilizza il cibo per sfogare le sue tensioni, ma anche se è allegro o euforico deve stare attento a non farsi prendere dalla gola. Nonostante il buon appetito, ha la capacità di saltare i pasti senza particolari problemi (sebbene non lo gradisca), diversamente dal biotipo aria che, quando accade, ne risente subito diventando nervoso.

Anche se è una buona forchetta, ha l'energia per sostenere estenuanti allenamenti sportivi, grazie alla somatotropina che incrementa le capacità di resistenza; il biotipo acqua invece, con il quale ha in comune l'amore per il cibo, costituzionalmente ha poca energia per gli sport intensi.

Il principale difetto alimentare del biotipo terra è quindi la grande quantità di cibo che immagazzina. Eppure, è sbagliato sottoporlo a una dieta rigida, perché va contro i suoi principi di prosperità e abbondanza; non riuscirebbe a mantenerla e al termine avrebbe l'istinto di abbuffarsi più di prima. Il consiglio migliore, a livello nutrizionale, è di scegliere un regime alimentare sano: mangiare di tutto, senza troppi limiti ai quantitativi, seguendo regole alimentari corrette, adatte alle sue esigenze.

Quando il biotipo terra si ammala

Il biotipo terra, come ho detto, è il più resistente alle malattie. I disturbi compaiono lentamente, e quindi fatica ad accorgersene, però altrettanto lentamente scompaiono; occorre dunque un po' di pazienza in più per la guarigione.

Se va fuori equilibrio, questi sono i problemi di salute che il biotipo terra sviluppa con più facilità.

Accumulo di tossine

Più di altri biotipi tende ad accumulare scorie che nel suo organismo si addensano in forma solida, per esempio con cisti, fibromi, muco, catarro o ostruendo le arterie con le placche. Ciò che il biotipo terra avverte maggiormente, quando le scorie aumentano, è un senso di pesantezza e di congestione generale. Spesso non ci fa caso, perché la sua forte struttura gli consente di reggere bene il disagio, però si ritrova a dire: «Non ho più le energie di prima», «Una volta sopportavo meglio la fatica», «Adesso non è più come quando ero giovane». Imputa tutto al passare degli anni, senza considerare che il suo corpo forte, se fosse libero dalle tossine che tende ad accumulare, potrebbe continuare a godere di vigore e salute per tanto tempo ancora.

Il sovrappeso

L'eccesso di peso è un altro disturbo importante di cui il biotipo terra soffre, come ho spiegato prima. Le indicazioni secondo il biotipo lo possono aiutare molto.

Vie respiratorie

Se il biotipo terra si soffia il naso quando ha il raffreddore, difficilmente elimina solo del liquido: di solito fuoriesce muco denso. Lo stesso che ostruisce i seni nasali, che congestiona i bronchi, che rende difficile la respirazione. Oppure soffre di una tosse con abbondante catarro. La mamma del bimbo Terra è costretta a somministrare al figlio gli aerosol sin da quando è piccolo, perché le vie respiratorie in questo biotipo sono sensibili alla congestione, specialmente in caso di freddo umido. I disturbi possono anche sfociare nell'asma.

Affaticamento del fegato

Il biotipo terra beneficia in modo sostanziale di regolari depurazioni epatiche. Il suo fegato deve sopportare un superlavoro a causa degli eccessi alimentari e della tendenza del suo organismo a caricarsi di scorie, e se non viene protetto possono svilupparsi disturbi quali l'insufficienza epatica o la steatosi, cioè un eccessivo accumulo di grasso all'interno dell'organo.

Circolazione arteriosa, ipercolesterolemia, ipertrigliceridemia

È il biotipo più predisposto ai disturbi della circolazione arteriosa, diversamente dal biotipo acqua che tende a essere soggetto a problemi alla circolazione venosa e linfatica. Tipico di questo biotipo è lo squilibrio dei grassi, con un aumento del colesterolo o dei trigliceridi nel sangue.

Siccome il biotipo terra si preoccupa per la sua salute solo se si sente davvero male, di solito non considera questi disturbi perché privi di sintomi. In caso di iperlipemia, cioè di troppi grassi nel sangue, semplicemente lascia correre; anzi, il signor Terra a volte nemmeno fa i regolari controlli (a meno che la moglie non glielo imponga!), incorrendo nei pericoli di infarto, ictus e placche aterosclerotiche, che sono formate da depositi di grasso e ostruiscono le arterie.

Acne e comedoni

Quando la pelle del biotipo terra viene colpita da problemi si tratta di acne, di comedoni, di foruncoli da cui fuoriesce materia grassa, in linea con le tossine dense di questo biotipo, basate sugli eccessi di lipidi.

La formazione di masse

Le tossine solide e dense del biotipo terra si possono ammassare formando cisti solide, lipomi, fibromi o per esempio ingrandendo la prostata, nel caso dell'ipertrofia prostatica.

Apatia

Il biotipo terra, diversamente dal biotipo aria, soffre molto meno di disturbi psichici. Si deve però confrontare con l'apatia, cioè con la pigrizia, la perdita di interessi, l'indifferenza. Pur essendo forte e lavoratore, se subentra la ricerca eccessiva della comodità e il lasciarsi prendere dalle voglie alimentari può entrare in uno stato di inerzia. Si abbandona a se stesso, perdendo qualsiasi stimolo a mantenersi attivo fisicamente. Dorme troppo al mattino e si alza con fatica, mangia a dismisura, con conseguente digestione lenta, pesantezza e sonnolenza, si siede sul divano e passa il pomeriggio guardando la televisione, rinuncia a qualsiasi tipo di attività, a meno che non sia costretto.

Il biotipo terra in equilibrio

Ti ho illustrato i disturbi che potrebbe sviluppare il biotipo terra, ma ricorda bene quello che ti dico ora: se il biotipo terra è in equilibrio, non incorrerà in queste problematiche. Utilizzando gli accorgimenti giusti starà bene, e solo se non seguirà sistematicamente i consigli per la sua tipologia potrà soffrire di questi disturbi. Se pensando di migliorare la sua salute segue un programma alimentare non adatto a lui, per esempio non depura il corpo con i rimedi che eliminano le tossine che lo colpiscono maggiormente, mangia le proteine sbagliate e congestiona il suo organismo, consuma integratori anabolizzanti o a base di piante aperitive (stimolanti della secrezione gastrica, dell'appetito e della digestione), sarà maggiore il danno del beneficio anche se si tratta di metodi del tutto naturali.

Scoprirai ogni cosa quando parleremo delle soluzioni. Adesso ricorda: non esiste un rimedio naturale davvero efficace per il biotipo terra che non consideri prima di tutto le sue tossine solide, che si ammassano nel suo organismo e lo congestionano. Se la partenza è diversa, il cammino sarà molto più lungo, faticoso e soprattutto spesso inutile.

Il biotipo fuoco (o biotipo adrenalinico)

COSTITUENTI DEL BIOTIPO FUOCO

- Elemento: Fuoco
- Ormone dominante: Adrenalina

FONTI BIOTIPOLOGICHE

- Ippocrate: Bilioso
- Marcel Martiny (criterio embriologico): Cordoblasta
- Nicola Pende (criterio endocrinologico): Longilineo-stenico
- René Allendy: Tonico aplastico
- Claude Sigaud: Muscolare (osteomuscolare)

L'ELEMENTO FUOCO

Incandescente e ardente, il fuoco è il simbolo della passione, della vitalità e dell'energia del sole. Riscalda le nostre case, cuoce il nostro cibo e alimenta le nostre passioni. Capace di trasformare la materia con le sue fiamme, è creatore ma anche distruttore: può bruciare, e dunque la sua energia va dosata ancor più degli altri elementi.

Prima di cominciare la lettura di questo biotipo ti ricordo che potrai comprenderlo nel modo giusto solo dopo aver affrontato la parte iniziale di questo capitolo, soprattutto il paragrafo *Come utilizzare il biotipo nel modo migliore.*

Lo hai fatto?

Bene, ho il piacere di presentarti la signora e il signor Fuoco.

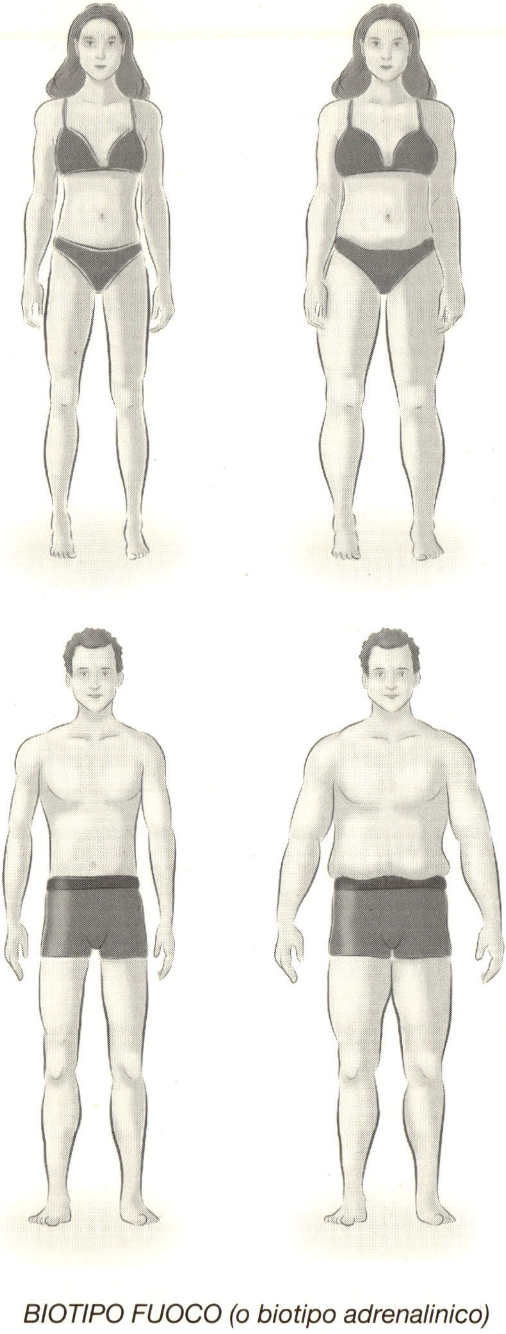

BIOTIPO FUOCO (o biotipo adrenalinico)

Tossine che infiammano

Gastrite, acidità gastrica, reflusso gastroesofageo, dermatiti, couperose, eritema, eruzioni cutanee, occhi arrossati, afte, gengivite. Il signore e la signora Fuoco sono soggetti alle tossine causate dall'infiammazione, che provocano rossore, bruciore, prurito e pizzicore. Tratto distintivo di questo biotipo è il calore, che può coinvolgere l'intero organismo o solo la parte colpita dal disturbo.

Domina l'ormone dello stato di allerta

L'ormone dominante del biotipo fuoco si chiama adrenalina. Tipico della risposta «combatti o fuggi», è un retaggio del passato: la «scarica» di adrenalina preparava l'organismo a reagire velocemente, per sopravvivere. Prodotta nella parte più interna delle surrenali, piccole ghiandole che si trovano sopra i reni, l'adrenalina mette tutto l'organismo in stato di allerta e oggi aumenta soprattutto con lo stress, nei momenti di rabbia, di paura o con le emozioni forti.

Andiamo a conoscere meglio la signora e il signor Fuoco.

Atletico di natura

Quando in palestra si incontra un biotipo fuoco, probabilmente il primo pensiero è che il suo allenamento abbia dato ottimi risultati: è atletico e tonico. In realtà, anche se non fa sport, tende per natura ad avere un corpo con i muscoli ben disegnati su spalle larghe e diritte, i fianchi piccoli, la vita piuttosto stretta, l'ossatura media ma forte. Ben proporzionato, tendenzialmente longilineo e spesso magro, il fisico del biotipo fuoco è atletico.

Quando la signora Fuoco in camerino prova degli abiti, si modellano bene sul suo corpo. Quando il signor Fuoco va in palestra sviluppa senza difficoltà i muscoli e il suo fisico snello acquista subito ulteriore vigore.

Con gli occhiali da sole e la protezione solare

Quando il signor Fuoco esce di casa, indossa gli occhiali da sole anche quando altri biotipi non ne sentono il bisogno: i suoi occhi sono piuttosto sensibili e si arrossano facilmente per la luce; inoltre spesso hanno una sfumatura rossastra nella sclera.

Quando la signora Fuoco va al mare, usa creme ad alta protezione: sa bene che la sua pelle chiara e sensibile si arrossa facilmente e teme di ritrovarsi alla sera con una scottatura. Spesso combatte anche con le antiestetiche chiazze rosse della couperose. Se il signor Fuoco beve un po' di più con gli amici, termina la serata con le guance rubizze; anche quando si arrabbia diventa tutto rosso.

Se il biotipo fuoco è in equilibrio, tuttavia, la sua pelle risulta luminosa, morbida, elastica. L'elemento fuoco fa circolare bene il sangue e irrora a fondo la cute, rendendola rosea, come può succedere agli altri biotipi dopo una bella camminata. La cute può essere ricoperta di nei e lentiggini.

Dal parrucchiere la signora e il signor Fuoco si lamentano dei capelli: dicono che sono fini, grassi, o che sono diventati grigi troppo presto. Notano poi che le loro sopracciglia sono un po' rade e le vorrebbero folte come quelle del biotipo terra.

Testa alta e petto in fuori

Non c'è bisogno di ricordare al biotipo fuoco: «Tieni le spalle diritte», come può succedere ad altri biotipi che tendono a incurvarsi in avanti. L'espressione «stare in guardia» descrive bene la postura del signor Fuoco; anche quando è rilassato, è proiettata verso l'esterno, con atteggiamento di sicurezza. È l'effetto del suo ormone dominante, l'adrenalina, che mantiene all'erta l'organismo. La signora Fuoco si muove con decisione, con gesti fermi e il dominio di sé e di ciò che la circonda. Deve però fare attenzione ai movimenti troppo bruschi e rigidi del suo corpo, sempre governato dalla sensazione di dover scattare da un momento all'altro. Anche l'andatura è risoluta, però può diventare un po' rumorosa.

Meglio con le finestre aperte

Se qualcuno chiede di aprire la finestra durante la stagione fredda è di sicuro il biotipo fuoco. In estate la signora Fuoco accende il climatizzatore, in inverno esce con il cappotto leggero mentre la signora Aria è infagottata in un piumino. L'adrenalina ha un effetto calorigeno, aumenta cioè la temperatura nel corpo: se il signor Fuoco ti stringe la mano, non la trovi fredda nemmeno se fuori la temperatura è bassa. In estate i suoi palmi possono essere umidicci e la sudorazione abbondante; se non usa il deodorante, l'odore corporeo è spesso più forte di quello di altri biotipi, fino a essere acre. L'adrenalina stimola direttamente le ghiandole apocrine (particolari tipi di ghiandole sudoripare), che secernono un sudore dall'odore cattivo, specie in caso di emozioni forti.

Non mi sono accorto di essere ingrassato

Se il biotipo fuoco non si pesa per un certo periodo potrebbe notare che la bilancia segna qualche chilo in più, senza però essersi accorto di essere ingrassato. Il motivo? Quando prende peso lo distribuisce un po' in tutto il corpo, non come il biotipo aria che ingrassa solo sulla pancia e mentre si allaccia i pantaloni si rende conto che la cerniera fatica a salire.

Dopo un primo momento di delusione, il signore e la signora Fuoco si consolano sapendo che potranno perdere i chili in più con una certa facilità. Diversamente dal biotipo terra e dal biotipo acqua, non hanno bisogno di molto tempo per scendere di peso.

Il biotipo fuoco, a livello di struttura corporea, si può definire «moderato», né troppo grasso né troppo magro. Se ingrassa il suo fisico rimane tonico, cioè l'adipe è di tipo medio-duro. I problemi di peso di solito compaiono solo con l'età: il metabolismo del biotipo fuoco da giovane lo aiuta a bruciare molto, soprattutto se ama fare tanta attività fisica. In età adulta può invece ingrassare a causa dell'innata impulsività verso il cibo, che prende il sopravvento. Comunque, per quanto possa mangiare, il biotipo fuoco non accumula troppo tessuto adiposo in quanto l'adrenalina è per eccellenza un ormone attivante che stimola la lipolisi, cioè lo smaltimento delle riserve grasse dell'organismo.

La signora Fuoco non soffre eccessivamente di cellulite, ma nel caso si presenta compatta e non dura.

SE IL BIOTIPO FUOCO VUOLE DIMAGRIRE DEVE MANGIARE I CIBI GIUSTI

Per il biotipo fuoco non è difficile dimagrire, tuttavia deve farlo in modo sano, per ottenere un risultato duraturo. Prima di tutto deve consumare alimenti adatti a lui, che lo ripuliscano dalle scorie, liberandolo dal grasso in eccesso attraverso la depurazione. Inoltre deve equilibrare il suo sistema nervoso, per evitare di cadere nella fame vorace, in cui è portato a ingurgitare senza freno.

Scoprirai 3 soluzioni fondamentali per il biotipo fuoco che vuole dimagrire:

- come depurare nella notte l'organismo e attivare l'eliminazione del grasso superfluo;
- come fare sport per dimagrire anziché esaurire energie fisiche inutilmente;
- il rilassamento veloce che toglie la fame nervosa.

Come un vulcano

Se la serata è noiosa e nel gruppo viene lanciata un'idea che entusiasma tutti, molto spesso è stato il biotipo fuoco a proporla: sa coinvolgere gli altri nei suoi progetti, di lavoro ma anche su come dare inizio a una festa.

«Ha il fuoco addosso», «Ha il fuoco nelle vene»: sono modi di dire appropriati per questo biotipo, passionale non solo in amore ma in ogni cosa che fa. Se è in equilibrio, è vitale, caloroso, pieno di entusiasmo per la vita.

Se invece è in squilibrio, queste caratteristiche possono trasformarsi in eccitazione eccessiva: la vita assume solo le tinte forti e mai quelle calme. Le emozioni sono «coinvolgenti», sia nel bene sia nel male: prova intenso amore o intensa rabbia; è profondamente triste o molto felice. È tutto bianco o nero, senza chiaroscuri.

Un aspetto in parte positivo e in parte negativo di questo biotipo riguarda il suo modo di gestire le emozioni: non le soffoca o reprime, come tendono a fare altri biotipi, ma le manifesta. È positivo perché non c'è bisogno di decifrare il biotipo fuoco, come succede invece con il biotipo aria, il quale potrebbe non esprimere quello che sente. È negativo perché lo porta a riversare le sue emozioni «scoppiettanti» sugli altri; se è arrabbiato, lancia fiamme anche se poi torna subito la calma. È tipico del fuoco: divampa se ci gettiamo sopra della benzina, ma se non viene alimentato si spegne poco dopo.

L'azione prima di tutto

«Quando si fa?» è una frase che il biotipo fuoco pronuncia spesso. La cosa peggiore per lui è progettare qualcosa e poi aspettare per realizzarla.

«Voglio risultati!», «*Dobbiamo* concretizzare!». Chi è vicino al biotipo fuoco sa che prima di tutto è una persona d'azione: agisce ancor prima di pensare. Principalmente pratico, ama essere produttivo, raccoglie le idee e le teorie e le applica a situazioni concrete. Dinamico, determinato e deciso, dirige la sua forza di volontà sempre verso uno scopo. L'obiettivo del suo pensiero è arrivare a una conclusione tangibile, non tanto alla intellettualizzazione tipica del biotipo aria.

Di natura molto impaziente, se si trova in situazioni che non portano a risultati somatizza frustrazione fino alla rabbia.

Insegue i suoi obiettivi con incredibile costanza, a volte in modo così testardo da sacrificare qualsiasi cosa pur di riuscire nel suo intento. Ama pianificare e apprezza la routine, specialmente se è lui a stabilirla e a direzionarla verso la realizzazione dei suoi obiettivi.

Al nocciolo delle cose

Si dice «mettere a fuoco le cose»: è il pensiero del biotipo fuoco, acuto, chiaro, lucido. Se ha un problema, individua e fissa i nodi essenziali, non si disperde in valutazioni approfondite degli aspetti collegati. Non si sofferma su: «Se faccio questo, allora potrebbe succedere quest'altro», ma va al nocciolo della questione tralasciando ciò che è superfluo. È capace di una visione d'insieme: guarda le cose dall'alto e poi si focalizza solo sull'indispensabile. Se il biotipo aria scende nei particolari, verifica le situazioni da diversi punti di vista, si chiede il perché di ogni scelta, il biotipo fuoco invece vuole risolvere velocemente la questione e non pensarci più.

Piuttosto istintivo e impulsivo nelle sue decisioni, in genere preferisce le soluzioni drastiche.

Amante delle sfide

Se il signor Fuoco ottiene una promozione non si accontenta, guarda subito al livello successivo. La signora Fuoco chiede molto a se stessa; lavoro, casa, famiglia, palestra, viaggi: si sente realizzata solo se tutto trova un posto. Entrambi amano primeggiare, hanno ambizioni elevate e combattono per raggiungerle perché una delle loro paure più grandi è quella dell'insuccesso (nell'ambito della carriera ma anche della cultura, dell'apprendimento di una lingua, della performance nello sport).

Il biotipo fuoco parla con entusiasmo (talvolta con fanatismo) di tutto quello che riesce a fare: come sportivo racconta che scia dal primo mattino fino a quando fa buio, come professionista che lavora sedici ore al giorno.

Stacanovista di natura, il signor Fuoco è ossessionato dai numeri, vive guardando l'orologio e non sopporta di perdere tempo, proprio come l'imprenditore che monitora costantemente i suoi guadagni con le applicazioni apposite. La signora Fuoco sul lavoro è tenace e molto pratica; programma e organizza in modo da gestire lavoro e famiglia, mentre le signore Aria e Acqua si chiedono come fa.

Il biotipo fuoco ha spirito di sacrificio e un grande senso di responsabilità; per questo generalmente ha un alto rendimento professionale e spesso riesce a raggiungere ottimi obiettivi nel lavoro.

Produttivo per natura, se abusa della sua energia vulcanica può però rimanerne scottato. Godendo di una certa resistenza alla fatica, sia fisica sia psichica, fa fatica a regolarsi: eccede nel lavoro e nei nuovi progetti, nelle nottate passate fuori casa fino a tardi, nello sport, nel cibo, nello sfogare le sue emozioni. E alla fine si esaurisce, come la fiammella di una candela che si spegne.

In toni teatrali

«Mitico», «straordinario», «eccezionale», «sconvolgente» sono termini che il biotipo fuoco usa per descrivere la vita quotidiana. «Sono terribilmente felice!», ma anche: «Sono tremendamente infelice!».

Se entra in squilibrio la realtà è vissuta con un atteggiamento teatrale, che può colorarsi anche di veri e propri toni melodrammatici: se un collega non lo ha salutato è per via dell'invidia, non perché non l'ha visto; se un amico non gli ha telefonato è per dispetto, non perché si è solo dimenticato. Pur di stare al centro di un dramma è capace di trasformare una mosca in un elefante. Se esaspera il suo atteggiamento teatrale, il biotipo fuoco si alterna tra passioni viscerali e collere incendiarie. Si dice «far fuoco e fiamme»: anche per situazioni del tutto normali ama trovarsi tra scintille e faville.

Per questo biotipo è importante trovare l'equilibrio emozionale, altrimenti con la sua natura calorosa, impetuosa, focosa ed energica rischia di bruciare se stesso e chi gli sta vicino.

Un ottimo leader

Espansivo ed energico, il biotipo fuoco è un buon traino per gli altri, per via delle sue capacità di leader. È il condottiero a cui ci si affida volentieri.

È una persona su cui si può contare: «buttarsi nel fuoco» significa affrontare impavidi difficoltà, sacrifici e sfide per qualcuno. Un amico fuoco è una persona che si espone per te, però deve sapersi contenere perché potrebbe diventare troppo schietto, senza peli sulla lingua: sul lavoro come in coppia, ma anche semplicemente al ristorante. Questa franchezza, se non moderata, può ferire gli altri, anche senza che lui se ne renda conto.

È pure necessario che impari a riconoscere i suoi lati fragili: se non si sente sicuro, per lui «la migliore difesa è l'attacco». Ma questo lo rende aggressivo, prevaricante.

Di sicuro andrà bene

Quando c'è qualcosa di nuovo da affrontare, il biotipo fuoco ha una certezza: andrà tutto bene. Ottimista e fiducioso, anche se nel passato qualcosa non ha funzionato non si volta indietro ma si concentra solo sul presente e sul futuro, che porterà sicuramente tante belle opportunità. Non si scoraggia ed è animato dalla certezza che la prossima volta sarà il suo turno di vincere. Ama pensare che la vita ha infinite possibilità: se un progetto è fallito, il giorno dopo sta già pensando a una nuova idea da realizzare, più grandiosa della prima. Se viene lasciato dal partner, non si chiude in casa ma cerca subito nuove amicizie e occasioni per dare una svolta alla sua vita.

Una grande qualità del biotipo fuoco è la capacità di rinnovarsi, proprio come fa la fiamma con quello che brucia: è l'araba fenice che rinasce, è la persona che trova dentro di sé le condizioni giuste e la forza per ricominciare.

L'ottimismo del biotipo fuoco si allarga anche alle persone vicine, che incoraggia positivamente.

Passione e libertà nella coppia

La passione è un ingrediente fondamentale per il biotipo fuoco: senza, la coppia è a rischio. A volte però viene confusa con amore quando non lo è, e il biotipo fuoco può venir coinvolto da una passionalità esagerata e aver bisogno di tempo per comprendere i suoi veri sentimenti.

Chi ama un biotipo fuoco deve tenere presente che la relazione affettiva è per lui importante, ma non per questo è disposto a perdere la libertà. Non sarà mai troppo domestico, avrà sempre bisogno dei suoi spazi, dei suoi progetti personali, delle sue sfide da vincere. Questo non significa che non ami chi gli è accanto; di sicuro però non lo renderà mai l'unico centro della sua vita, come tende a fare per esempio il biotipo acqua.

Mangia per cercare forza

Se il biotipo fuoco è portato agli eccessi – nel lavoro, nei suoi progetti, nelle emozioni – lo stesso vale per il cibo. Per compensare i suoi «consumi» mangia impulsivamente e voracemente, senza preoccuparsi di gustare il pasto, come fa invece il biotipo acqua. Per il biotipo fuoco, il cibo è forza: nutrirsi serve per ottenere l'energia necessaria alle sue azioni e alle sue sfide. Ingerisce il cibo in maniera rapida, senza preoccuparsi di masticarlo troppo. Ha un buon appetito e tende a irritarsi se salta un pasto o se non può mangiare nel momento in cui ha fame.

Anche la frustrazione lo fa esagerare a tavola: quando è deluso per qualcosa che non riesce a compiere, per un risultato che non arriva, per un progetto che non prende il via. È attratto da ciò che ritiene energizzante e tonificante, come la carne rossa ricca di ferro, il vino, i primi piatti elaborati, il cioccolato, i grassi. Ama i cibi altamente proteici, come pollo, pesce, uova e fagioli, e ha bisogno di masticare cose dure: ama addentare, mordere, triturare.

Se sceglie una dieta la porta avanti se intravede una sfida, per esempio perdere determinati chili in poco tempo: è un modo per dimostrare ancora una volta a se stesso la sua capacità di sfida. Oppure sceglie rimedi drastici, talvolta anche rischiosi, come il digiuno, i farmaci, la chirurgia, pur di raggiungere i suoi obiettivi in un attimo.

Quando il biotipo fuoco si ammala

Il biotipo fuoco è abbastanza resistente alle malattie: ha una costituzione robusta, con una chimica equilibrata e risposte ormonali e biologiche buone.

I disturbi compaiono con gradualità e scompaiono con gradualità.

Se va fuori equilibrio, queste sono le problematiche di salute che il biotipo fuoco sviluppa più facilmente.

Infiammazione

Il biotipo fuoco tende a essere colpito dalle malattie che terminano per «-ite»: artrite, gastrite, dermatite, prostatite, uretrite, cioè tutti quei disturbi che sono caratterizzati dall'infiammazione. Pus, calore, tumefazione, pizzicore, bruciore sono segni che accompagnano spesso i processi infiammatori, di cui il signore e la signora Fuoco soffrono particolarmente. Di frequente aumenta anche un senso di calore generalizzato in tutto l'organismo, avvertito come fastidioso. Le vampate della menopausa, in questo caso, diventano un disturbo estremamente fastidioso.

Gastrite, acidità gastrica, reflusso gastroesofageo

Dopo i pasti la signora Fuoco lamenta bruciori gastrici, il signor Fuoco vorrebbe bere del vino a cena con gli amici, ma sa che di notte il reflusso non lo lascerà dormire. Se questo biotipo va in squilibrio, il fuoco si accumula nello stomaco e inizia a bruciare: si manifestano acidità ed eruttazione acida, fino ad arrivare all'ulcera.

Rabbia e irascibilità

«Far fuoco e fiamme», «Mandar fuoco dagli occhi», «Prendere fuoco» sono espressioni che indicano irascibilità, rabbia, aggressività e ira, problematiche che il biotipo fuoco in squilibrio può sviluppare.

È la tipologia irritabile per antonomasia: mentre il biotipo acqua può piangere per un nonnulla e il biotipo aria rivelarsi ansioso, il biotipo fuoco può scattare per un piccolo diverbio. Si accende come un fiammifero: esprime con enfasi il suo disaccordo, così come il suo punto di vista.

La sua irascibilità e impulsività di solito è però un fuoco di paglia, cioè con fiamme di breve durata. Se invece il disequilibrio è forte, si può trasformare in aggressività: diventa prepotente, autoritario, irruento o fanatico.

Per questo biotipo, adeguate tecniche di rilassamento sono fondamentali.

Stress psicofisico

Vivere oltre i limiti, lavorare troppo, sottoporsi a stress eccessivo, dare per scontato di poter mangiare qualsiasi cosa, essere continuamente in sfida predispone il biotipo fuoco allo stress, sia fisico sia psichico. E aumenta la produzione di adrenalina, che mantiene il suo organismo in stato costante di allerta: il cuore batte più veloce, la respirazione è accelerata, i vasi sanguigni sono contratti. Tutte condizioni che affaticano il corpo e la mente, oltre a essere motivo di insonnia.

Fegato e cistifellea

Il biotipo fuoco tende alle «crisi di fegato». In parte a causa degli eccessi di cibo e di alcol, in parte perché esse sono spesso collegate alle «crisi di rabbia», alle quali il biotipo fuoco è particolarmente predisposto. Sia il fegato sia la cistifellea, con la produzione di bile, sono soggetti a disturbi in questo biotipo.

Intestino tenue

Molte malattie del biotipo fuoco nascono qui, nell'intestino tenue: un soggetto sensibile all'infiammazione può andare alla ricerca degli alimenti a cui è intollerante, con i cosiddetti test delle intolleranze alimentari. Ma prima di tutto, come imparerai, è importante depurare l'organismo, per evitare strade faticose e a volte sbagliate.

Ipertensione

L'adrenalina aumenta la frequenza cardiaca e la pressione. È l'ormone del combattimento e quindi è giusto che dia questi stimoli. Se tale meccanismo scatta troppe volte, però, il biotipo fuoco inizia a soffrire di ipertensione. Nel caso in cui le forti emozioni a cui è sottoposto non vengano gestite adeguatamente, possono innescarsi crisi ipertensive acute.

Occhi e bocca

Gli occhi del biotipo fuoco sono piuttosto sensibili: possono soffrire di fotofobia, cioè un'eccessiva sensibilità alla luce, e arrossarsi facilmente, per esempio con il trucco o per la stanchezza o la collera. Sono anche soggetti a bruciore.

In bocca può sviluppare afte più spesso di altri biotipi, con forte dolore bruciante. Anche le gengive sono sensibili: soffici e tenere, si infiammano o sanguinano di frequente. La lingua può rivelare alterazioni di colore, bruciori, irritazioni. Quando il biotipo fuoco non sta bene, tende ad avvertire un sapore alterato in bocca, per esempio aspro. In questo caso sviluppa più facilmente di altri biotipi problemi di alitosi.

Dermatite, orticaria e prurito

La pelle del biotipo fuoco si arrossa, prude, brucia, è soggetta a eruzioni. Può soffrire di dermatite, orticaria, couperose, eritema, ulcerazione e suppurazione cutanea.

Sulla sua cute si evidenziano spesso anche un numero maggiore di nei, lentiggini, angiomi (visibili come piccole macchioline rosse) e macchie cutanee dell'età, che aumentano a causa del cattivo funzionamento epatico.

Il biotipo fuoco in equilibrio

Ti ho illustrato i disturbi che potrebbe sviluppare il biotipo fuoco, ma ricorda bene quello che ti dico ora: se il biotipo fuoco è in equilibrio, non incorrerà in queste problematiche. Utilizzando gli accorgimenti giusti starà bene, e solo se non seguirà sistematicamente i consigli per la sua tipologia potrà soffrire di questi disturbi. Se pensando di migliorare la sua salute utilizza rimedi non adatti a lui, per esempio integratori che stimolano la termogenesi come il fucus o il citrus aurantium, oppure fortemente energizzanti come il guaranà, che favoriscono la produzione di adrenalina (già elevata in questo biotipo), allora non otterrà miglioramenti. Anzi, sarà maggiore il danno del beneficio.

Scoprirai ogni cosa quando parleremo delle soluzioni. Adesso ricorda: non esiste un rimedio naturale davvero efficace per il biotipo fuoco che non consideri prima di tutto le sue tossine infiammanti, che causano bruciore, arrossamento, rossore, calore. Se la partenza è diversa, il cammino sarà molto più lungo, faticoso e soprattutto spesso inutile.

LE CARATTERISTICHE RILEVANTI DEI BIOTIPI

Per gli amanti degli schemi e delle classificazioni, ho compilato la seguente tabella che riporta alcune caratteristiche rilevanti dei biotipi in un sistema più tecnico.

	BIOTIPO ARIA	BIOTIPO ACQUA	BIOTIPO TERRA	BIOTIPO FUOCO
Ormone dominante	Cortisolo	Vasopressina	Somatotropina	Adrenalina
Corporatura	Longilinea, esile, asciutta, poco muscolosa	Curvilinea, morbida, rotondeggiante	Robusta, solida, muscolosa	Atletica, tonica
Scheletro	Ipoplastico	Gracile	Robusto	Forte
Ossatura	Sottile, minuta	Poco sviluppata	Spessa	Mediamente sviluppata
Muscolatura	Poco sviluppata ma tonica	Poco sviluppata e poco tonica	Abbondante e sviluppata	Tendenzialmente sviluppata e tonica
Tronco e torace	Piatto, stretto ed esile	Corto, largo	Largo, lungo, bombato	Triangolare, allungato
Spalle	Piccole e strette	Normali e cadenti	Larghe e oblique	Larghe e diritte
Rapporto corpo-arti	Longilineo-astenico	Brevilineo	Brevilineo-stenico	Longilineo-stenico
Arti	Lunghi e slanciati	Poco muscolosi, formosi	Non troppo lunghi, ben formati, muscolosi	Di lunghezza proporzionale al corpo
Angolo braccio e avambraccio	Maggiore di 180°	Minore di 180°	Minore di 180°	Uguale a 180°
Mano	Lunga, poco muscolosa	Larga, poco muscolosa	Ampia e muscolosa	Lunga e muscolosa
Cranio	Dolicocefalo, appiattimento temporoparietale	Brachicefalo, media grandezza	Brachicefalo-mesocefalo, ben sviluppato (più alto e meno largo)	Dolicocefalo, ben sviluppato (quadro ovale)

	BIOTIPO ARIA	BIOTIPO ACQUA	BIOTIPO TERRA	BIOTIPO FUOCO
Collo	Sottile, magro	Ampio e non troppo lungo	Ampio e robusto	Lungo e muscoloso
Fronte	Alta e spaziosa	Rotonda, sfuggente, non troppo alta	Armonica con le altre zone viso	Mediamente alta
Mento	Stretto, corto	Rotondeggiante, largo, sfuggente	Squadrato, prominente	Evidente, marcato
Volta palatale	Ovalare	Larga, con buon equilibrio anteroposteriore e trasverso	Arrotondata con prevalenza del diametro anteroposteriore su quello trasverso	Ben conformata, con equilibrio dei diametri
Rapporto arcate dentarie	Retrognatismo mandibolare	Perfettamente combacianti	Buon rapporto; a volte presenza di prognatismo	Perfettamente combacianti
Cute: temperatura	Fredda e secca	Fredda e umida	Calda e umida	Calda e secca
Cute: conformazione	Sottile, secca e disidratata	Spessa, pastosa, pallida	Consistente, spessa, turgida	Irrorata fino a rossore evidente, consistente
Temperatura corporea	Freddoloso	Freddoloso	Abbastanza caloroso	Caloroso
Tipo di energia	Energia vitale ma di breve durata	Energia tranquilla con necessità di riposo	Energia resistente alla fatica fisica	Energia costante a livello fisico e alternata a livello psichico

I 4 biotipi normopeso

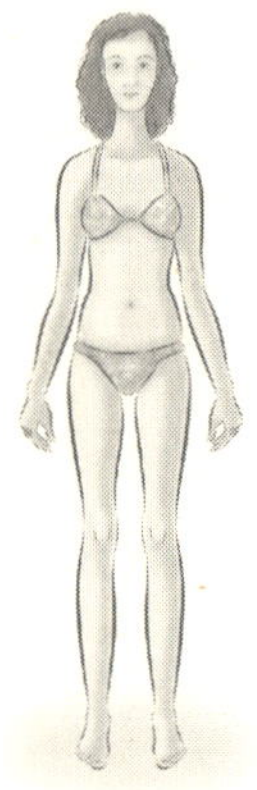

biotipo aria

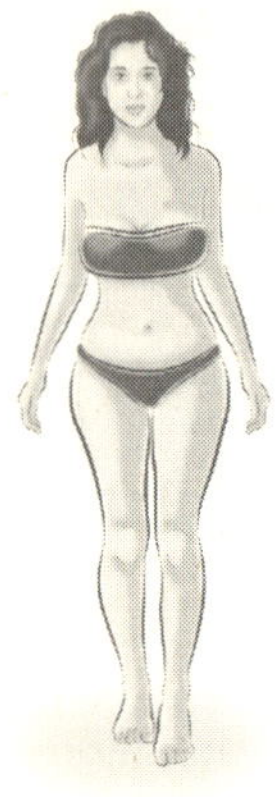

biotipo acqua

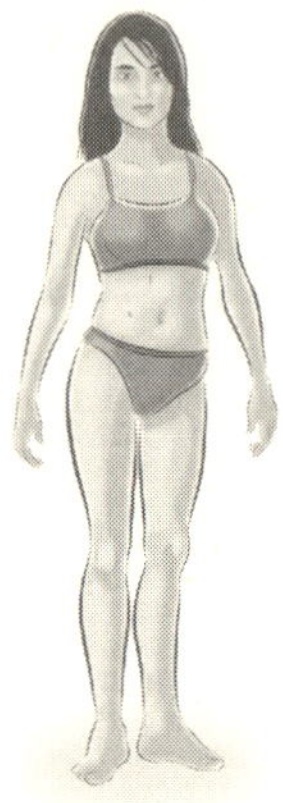

biotipo terra

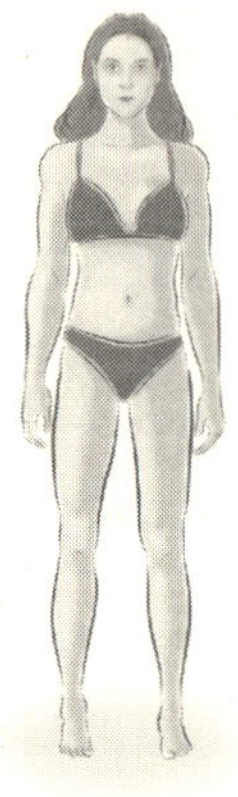

biotipo fuoco

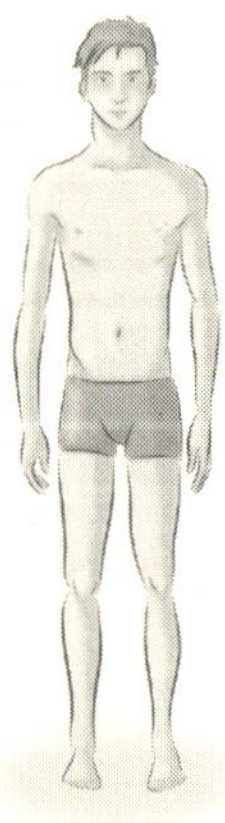

biotipo aria

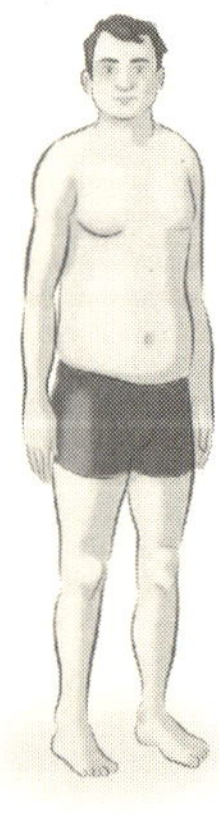

biotipo acqua

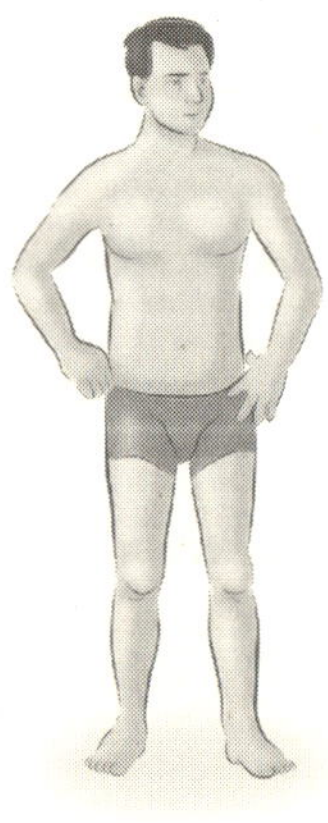

biotipo terra

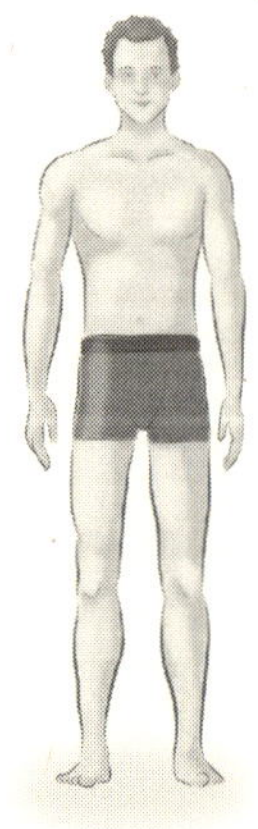

biotipo fuoco

I 4 biotipi sovrappeso

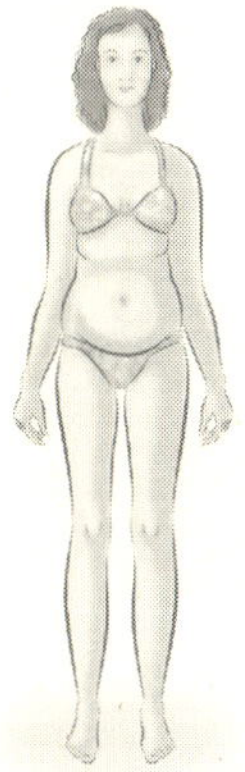

biotipo
aria

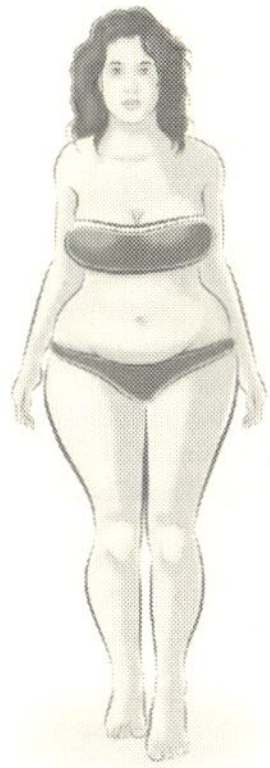

biotipo
acqua

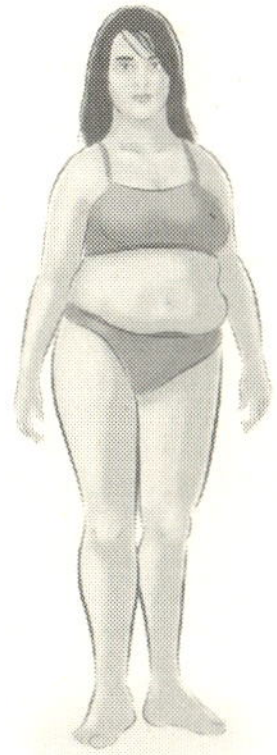

biotipo
terra

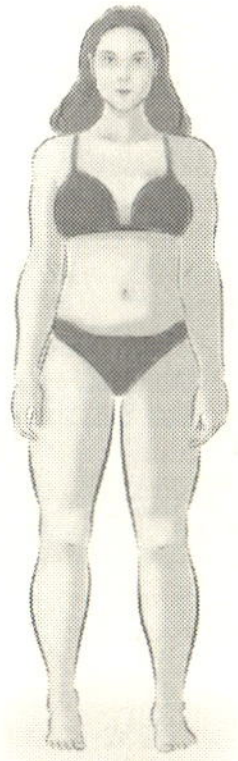

biotipo
fuoco

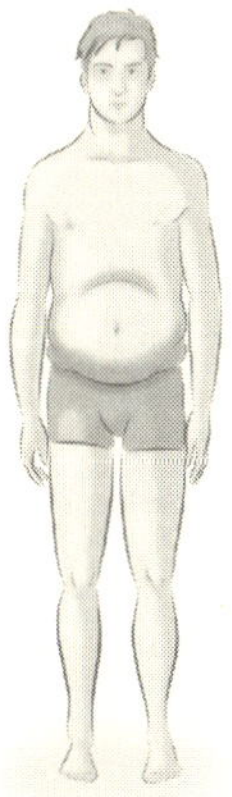

biotipo
aria

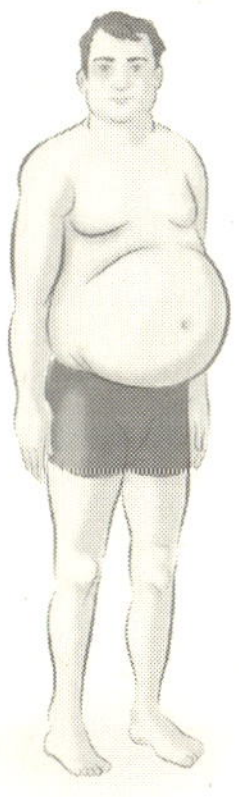

biotipo
acqua

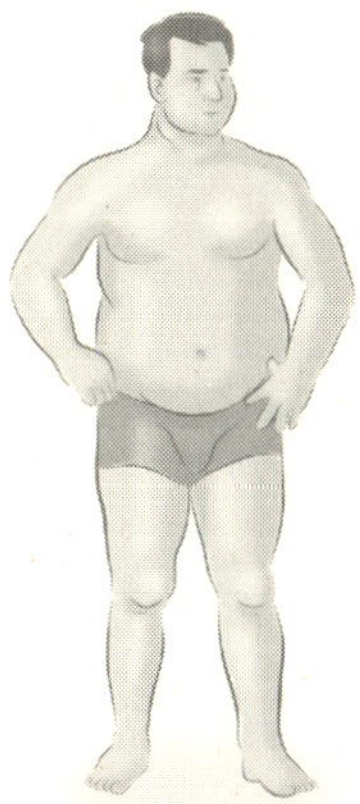

biotipo
terra

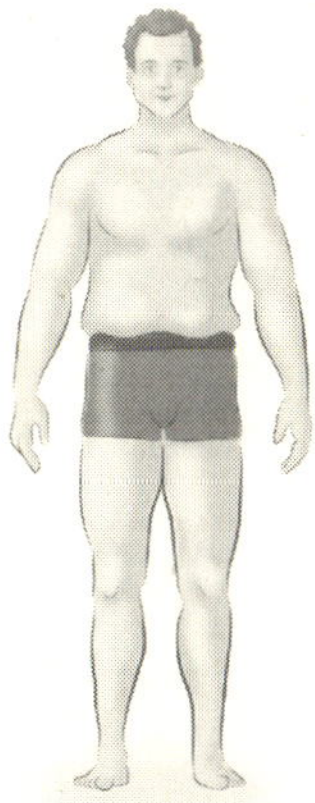

biotipo
fuoco

Tutti i biotipi sono fantastici! Non ti fidare se ti presentano un biotipo come peggiore di un altro

Nei lunghi anni in cui ho studiato i biotipi e in cui li ho descritti è nato un vero innamoramento: non solo per uno di questi, ma per tutti e quattro.

Perché?

Perché sono tutti belli, anzi fantastici! Più li conoscevo e più scoprivo che ognuno aveva immancabilmente il suo fascino e il suo carisma, ciascuno attraverso una diversa personalità, con pregi e anche ovviamente con difetti.

Mentre mi addentravo nel mondo dei fantastici biotipi ho avuto momenti di tristezza nel leggere autori che descrivevano certi biotipi in modo positivo e altri in modo negativo: come se la natura avesse creato alcune persone piene di pregi e altre piene di difetti. Mi dispiace, ma sono contraria a questa visione dei biotipi. Oltretutto è fuorviante: se fai parte dei biotipi belli verrà solo alimentata la tua vanità inutilmente, se invece fai parte dei biotipi brutti verrà offesa la tua sensibilità in modo gratuito.

Affinché un programma sia veramente efficace deve essere basato su una conoscenza dei biotipi in tutti gli aspetti, sia positivi sia negativi, nel loro equilibrio. È quello che mi sono impegnata a fare per anni, nel creare il metodo Biotipi Oberhammer.

Cosa hai imparato in questo capitolo

Hai fatto la conoscenza dei biotipi Oberhammer, complimenti!

Spero tu abbia gradito la mia descrizione personificata. Li ho voluti presentare in questo modo per una comprensione più facile ed empatica di come siamo fatti dentro e fuori.

Hai scoperto che esistono quattro biotipi diversi, tutti fantastici, e che *uno di questi è il tuo biotipo dominante*. Quindi ci vogliono altrettanti modi diversi per ottenere una guarigione naturale e facile. Continuando a seguire il percorso della mappa imparerai come fare.

Adesso però mi voglio fermare un attimo. Sai perché?

Per farti i miei complimenti.

Bravo!

Hai appena terminato la seconda fase della mappa, cioè quella dedicata alla scoperta del biotipo. Facciamo un breve riassunto. Se hai seguito il percorso con me, passo dopo passo, hai:

1. fatto il test;
2. fatto conoscenza con il tuo biotipo dominante.

Ora sai già molte più cose rispetto a quando hai iniziato a leggere e le informazioni stanno prendendo forma nella tua mente, con una nuova visione della guarigione e la conoscenza dei biotipi, di cui sei diventato quasi esperto.

Adesso sei pronto per passare alla terza fase, per addentrarti insieme a me più in là nella mappa.

Aspetta, però: devo prima porti una domanda.

Ti è per caso guizzato nella mente, come un pesciolino, il pensiero di passare subito alla quarta fase, dedicata alle soluzioni? Se così fosse, sappi che è normalissimo. Anche a me, che sono piuttosto impetuosa quando cerco qualcosa, succede di correre verso quella che mi sembra la soluzione. Eppure, poi tante volte succede che devo tornare indietro, e perdo tempo. Quindi ti ricordo di nuovo la promessa che mi hai fatto all'inizio: di seguirmi passo dopo passo, affinché io sia la naturopata personale al tuo fianco e possa aiutarti nella guarigione naturale e facile.

Non saltare perciò alla quarta fase, *se vuoi evitare di sprecare tempo prezioso*, sbattendo contro gli ostacoli e rendendo la guarigione più difficile e faticosa.

Adesso infatti devi assolutamente conoscere…

LE 7 TRAPPOLE CHE STANNO SABOTANDO LA TUA SALUTE E LE 7 TATTICHE PER GUARIRE

Sono disseminate un po' dappertutto, come in un campo minato: sono le trappole, gli inganni, le insidie in cui cadi, spesso a tua insaputa, nel tentativo di guarire. Se anche tu ne sei vittima, però, fai attenzione: non ti sto dando la colpa. Questo libro non è studiato per puntare il dito contro di te, ma per diventare un tuo alleato. E per fornirti la mappa per non cadere mai più in quella rete.

Quando ho scoperto che c'erano delle trappole che ostacolavano, o addirittura impedivano, il processo di guarigione, le ho isolate con minuziosa attenzione: sette di queste sono *le più insidiose*. Serviva un antidoto potente. In anni di osservazione e ricerca l'ho individuato nelle *7 tattiche.* La parola «tattica» rimanda alla guerra, dove viene ampiamente usata per vincere le battaglie, ma io non ti farò questo esempio perché non mi piace pensare alla malattia come qualcosa con cui guerreggiare. Ti chiedo invece di immaginare di raggiungere un obiettivo: se lo fai secondo una tattica ben precisa, e non in modo casuale, arriverai prima alla meta. E soprattutto eviterai le trappole, perché con la tattica giusta le avrai segnate sulla tua mappa. E non ci cadrai più dentro.

Capisci adesso perché è di vitale importanza conoscere bene questa terza fase della mappa?

Bene, addentriamoci. Le trappole sono tutte segnate e le tattiche sono lì vicino, per aiutarti.

LE 7 TRAPPOLE E LE 7 TATTICHE

Trappola 1	La miriade di informazioni
Tattica 1	Poco ma ottimo
Trappola 2	Impossibile guarire con un corpo intossicato
Tattica 2	Guarisci solo se ti pulisci
Trappola 3	Programmi drastici, complicati o strani
Tattica 3	Semplice è efficace
Trappola 4	La debolezza di un punto solo
Tattica 4	La formula magica della sinergia
Trappola 5	Programmi generici
Tattica 5	Tagliato su misura
Trappola 6	Costringerti a quello che non ti piace
Tattica 6	Va bene solo se ti piace
Trappola 7	Il pericoloso fai da te
Tattica 7	Naturale è sano solo se lo fai bene

TRAPPOLA 1
La miriade di informazioni

Stavo navigando sul mio sito, e tra le centinaia di commenti che vengono scritti ogni giorno uno mi ha colpito particolarmente. Ecco cosa diceva.

«Non sto bene e sono sempre alla ricerca della soluzione. Navigo in internet, leggo libri, articoli sulle riviste. Sono pieni di consigli. Io cerco di applicarli, ma ormai sono talmente tante le cose che mi sembra di dover fare per stare bene che mi sono demoralizzata. Se non le faccio mi sento in colpa, se le faccio mi sembra di dover lavorare a tempo pieno per guarire. Sono confusa più che mai. Ho la sensazione di non avere alcuna chiarezza su quello che devo fare. E intanto niente migliora. Michela.»

Informazioni come formiche

Hai presente un formicaio? Ecco, le informazioni sul benessere oggi sono così: come un ammasso di formiche che si muovono in tante direzioni. Se appoggi la mano lì vicino, ne vieni subito invaso.

Le informazioni non arrivano ordinate, integrate l'una con l'altra, in un programma schematico che ti aiuta e che si affianca a te come un amico fedele. Arrivano invece sparpagliate, e come le formiche vanno di qua e di là. Si diffondono sulla tua mano, sul tuo braccio e anche sul tuo corpo se non sei veloce a ritrarti. Succede, per esempio, quando guardi sul tuo smartphone un video che ti elenca una serie di consigli. Li annoti e pensi che siano importanti; poi, qualche giorno dopo, mentre stai applicando quello che hai ascoltato nel video, leggi un articolo e trovi altri suggerimenti utili. Applichi anche quelli, magari tralasciando qualcuno dei precedenti. E ancora, leggi l'ultimo libro-novità sul benessere e non capisci più se quello che avevi fatto prima era utile o dannoso, perché questo volume sostiene esattamente il contrario. Le informazioni, come formiche, arrivano e invadono le tue certezze.

Sono sempre di più le persone che si siedono di fronte a me durante i colloqui dei miei corsi in aula, invase dal formicaio delle informazioni. Paradossalmente, anni fa, quando non era così facile accedere a tante informazioni come accade oggi con internet, le persone avevano più chiarezza in testa e ottenevano più risultati. Con questa affermazione non voglio assolutamente andare contro il mondo del web, che mette tanta conoscenza a disposizione di tutti – anche io del resto svolgo una parte del mio lavoro proprio in internet –, ma ti voglio spiegare come non cadere in questa trappola.

Quante cose devo fare!

Chi cade nella trappola del formicaio di informazioni, oltre a entrare in confusione – e la confusione è nemica della guarigione –, diventa vittima delle infinite liste di «cose da fare assolutamente» per stare bene. Come quando le formiche entrano in casa, in fila l'una dopo l'altra, e poi appena cerchi di cacciarle si sparpagliano dappertutto. Guardi un video che ti offre tante informazioni, pensi: «Sì, devo metterle in pratica» e sei grato a chi te le ha fornite, persino gratuitamente. Ma le informazioni, proprio come le formiche, non si fermano, giorno dopo giorno le cose che devi fare aumentano – una vera e propria invasione – e tu inizi a pensare che per stare bene bisogna impegnarsi davvero tanto e che ci si può concedere proprio poco riposo.

Anche io, sai, all'inizio snocciolavo in internet informazioni di ogni tipo. Pensavo di aiutare, informando. Poi ho smesso e ho addirittura cancellato da YouTube video con centinaia di migliaia di visualizzazioni, perché mi sono accorta che quelle informazioni erano trappole: sommergevano le persone con liste e liste di cose da fare, così come i video o gli articoli che ti illudono con *I 10 consigli per la pancia piatta, I 10 consigli per mangiare sano, I 10 consigli per dimagrire*. Io oggi offro solo suggerimenti molto mirati, perché quelli generalizzati sono *trappole velenose travestite da regali*. Danno piccoli risultati contro una grande certezza: che la guarigione dovrebbe essere una lista piena di cose da fare, lunga, faticosa e complessa. Tanto complicata che l'esito è spesso quello di non fare nulla, oppure di cominciare e poi smettere subito, lasciando che il disturbo si propaghi a macchia d'olio, fino a diventare una vera e propria malattia, peggiorando ulteriormente le condizioni di salute.

No, quello che ti meriti è molto più semplice e veloce. Non sei tu a dover faticare per cercare la formula giusta, devi trovare qualcosa di pronto, adatto a te. Se vuoi scoprire come, leggi la prima tattica della guarigione naturale e facile.

TATTICA 1
Poco ma ottimo

Guarda un po' cosa leggi? La parola «poco».

Forse la prima reazione che ti è scattata dentro è: «Ma come? Se faccio poco ottengo poco». E poi magari la tua mente in automatico ha aggiunto: «Per ottenere molto devo fare molto».

Ed ecco la mia risposta: sbagliato.

Se vuoi ottenere molto, anzi moltissimo, devi fare poco ma bene.

Il grande sforzo che ho affrontato come professionista – e mi sono occorsi ventitré anni di studi, viaggi e ricerche – è stato selezionare solo le tecniche più efficaci, veloci e facili. Le ho definite «tecniche 10 e lode». Poi le ho integrate nel mio metodo, affinché non contrastassero l'una con l'altra. E infine le ho personalizzate in base ai biotipi. In questo modo ne bastano poche per ottenere risultati. Certo, arrivare a questo «poco» a me ha richiesto enorme impegno, ma è proprio il mio compito come professionista: garantirti un risultato facile. In sintesi ecco ciò che ho fatto per te.

Il poco ma ottimo è ottenuto con:

- *Le tecniche 10 e lode*: la selezione delle tecniche migliori, quelle più efficaci, semplici, pratiche, economiche, veloci.

- *L'integrazione delle tecniche in un metodo completo*: sono armonizzate l'una con l'altra nello stesso sistema di benessere.
- *La personalizzazione delle tecniche in base ai biotipi*: ogni tecnica è stata elaborata a seconda dei diversi biotipi.

Quando un solo rimedio fa una grande differenza

Ti faccio subito un esempio del *poco ma ottimo*: riguarda il rimedio della doccia interna, tema del mio libro bestseller *Curarsi con acqua e limone*, tradotto in più lingue. Le persone ne comprano una copia e poi entusiaste tornano ad acquistarne altre, per regalarle. Perché hanno risultati. Non è un'affermazione che faccio io: sono migliaia i commenti che puoi leggere a riguardo sul mio sito e sul mio canale YouTube. Eppure il libro parla di un solo rimedio, addirittura noto ai più. Allora dov'è il segreto? Sta nelle modalità con cui l'ho elaborato, nell'attenzione ai particolari, alle procedure terapeutiche, e alla sua integrazione nel mio sistema di benessere. Queste caratteristiche lo hanno trasformato da un rimedio banale in un rimedio speciale, e soprattutto molto più efficace. Se pensi che questo processo sia stato veloce ti dico subito che sbagli, perché *un rimedio semplice non è affatto semplicistico*. Al contrario, semplificare è complesso. È questa la promessa dei rimedi della naturopatia Oberhammer.

Ti avviso quindi da subito che in questo libro non troverai lunghe liste di rimedi descritti sommariamente (per esempio in mezza pagina) e tante cose da fare. Troverai invece pochi e selezionati consigli e indicazioni spiegate accuratamente. Non voglio quindi impressionarti e dirti: «Ehi, hai visto quanti ne conosco!». Non mi interessa snocciolarti una moltitudine di tecniche per crearti confusione in testa, ma che tu possa iniziare davvero il percorso di guarigione naturale e facile, con veri risultati. E che cambi il tuo modo di pensare che ti suggerisce che per ottenere molto devi fare molto.

C'è un però...

Il però riguarda l'applicazione. Io ti garantisco risultati attraverso pochi, selezionatissimi e semplici rimedi, ma ti avviso che c'è una possibilità che non funzionino: succede se non li applichi. Ti dico di più: dovrai applicarli attenendoti con cura alle mie indicazioni e al tuo biotipo. E senza mescolarli ad altri programmi.

Ecco perché all'inizio del libro ho consigliato alle persone che passano senza sosta da un metodo all'altro di chiudere il volume e di regalarlo a qualcun altro. Condizione fondamentale del *poco ma ottimo* è quindi *l'applicazione secondo le modalità del mio metodo*. Dico sul serio. Io ti prometto soluzioni facili ed efficaci, ma ti preciso fin da subito che saranno tali solo se le eseguirai esattamente come te le illustrerò. Ricordati che la stessa tecnica, per esempio l'acqua e limone, può essere applicata in tanti modi e può dare risultati spettacolari, oppure risultati mediocri, oppure vere e proprie controindicazioni.

Hai compreso bene la prima trappola e la prima tattica? È molto importante. Se hai dei dubbi rileggi questa parte ancora una volta.

E adesso ti spiego la seconda trappola.

TRAPPOLA 2
Impossibile guarire con un corpo intossicato

Ecco cosa scrive Antonia sotto un mio video.

«Navigando sul web ho scoperto casualmente i suoi video e ho continuato a guardarli per tutta la sera. Ma perché non me l'hanno spiegato prima? Sto acquistando in erboristeria e in parafarmacia prodotti per la mia dermatite e nessuno mi dice che, se voglio avere risultati, occorre prima depurare il corpo. Questo alito pesante e il mio sudore acido (devo usare tanto deodorante) mi fanno capire quanto ne ho bisogno. Mi sono subito iscritta al canale YouTube per ricevere tutti i tuoi aggiornamenti.»

Se il tuo corpo rimane intossicato sei in una trappola letale per la tua salute: quando l'organismo è carico di tossine deve fare un enorme sforzo per guarire. Anzi, spesso non guarisce proprio, e ti trovi a lottare giorno dopo giorno inutilmente, senza risultati. La trappola del corpo intossicato va presa con estrema serietà: non è sempre facile uscirne, ma posso suggerirti come fare. Conosco molto bene le tecniche di disintossicazione, mi sono specializzata nei migliori istituti del naturale del mondo. Con me sei al sicuro, lo affermo con orgoglio, perché ho studiato e selezionato per anni le migliori tecniche depurative e oggi migliaia di persone le applicano con successo.

TATTICA 2
Guarisci solo se ti pulisci

In una casa sporca non stiamo bene. Tantomeno in un corpo sporco. C'è un problema, però: la depurazione praticata senza criterio può causare danni, o essere inefficace. Hai bisogno di conoscere un programma depurativo studiato per il tuo biotipo, per ottenere i risultati che desideri.

Non aggiungo altro perché quando arriverai alle soluzioni sentirai parlare molto di disintossicazione e di come praticarla al meglio. Alt, aspetta! Sai già cosa ti sto per dire, vero? Ti ricordo la promessa che mi hai fatto: di leggere il libro tutto di seguito. Non smetterò mai di ripetertelo, perché sai, ti ho davvero a cuore. Quindi rimani qui con me. Ora devi conoscere le altre trappole, altrimenti rischi di caderci dentro.

TRAPPOLA 3
Programmi drastici, complicati o strani

Valentina mi saluta calorosamente. Fino a quel momento mi conosceva solo attraverso i miei video, e adesso si trova a un mio corso in aula. Ecco da dove comincia.

«Mio marito mi prende in giro, dice che sono piena di flaconi dai nomi orientali. "Ma da dove vengono? Da noi non esistono i prodotti che funzionano?" mi chiede, ridendo. E in effetti è vero, hanno nomi impronunciabili, e si basano su concetti che io nemmeno ho voglia di capire. Magari per gli orientali saranno più chiari. Se sono qui, però, è perché vorrei qualcosa di meno complicato.»

Dopo poco si siede di fronte a me Marco. Ha il viso un po' provato.

«Sto seguendo una dieta piuttosto drastica e mi sento stanco. Prometteva risultati, ma devo mangiare consultando tabelle complicate: c'è scritto che una cosa per me va bene, un'altra è come se fosse veleno. Sono teso. È tutto così regolamentato. Io non sono mai stato un gran mangiatore, però adesso mi sveglio di notte con le voglie di cibo. Non parliamo di quando sono al ristorante! E i miei amici non sono nemmeno comprensivi, mi prendono in giro...»

Due casi diversi rimandano alla stessa trappola: cercare la guarigione attraverso programmi drastici, oppure strani, lontani dalla nostra cultura. È antipatico seguire regole rigide, è sgradevole incastrarsi in regimi perentori, è complicato utilizzare rimedi di tradizioni diverse. E certe volte anche più costoso. Inoltre bisogna avere a disposizione molto tempo. Non so tu, ma io sono estremamente attaccata alla vita e al tempo. Lavoro con impegno, e quando ho dei momenti liberi mi piace trascorrerli con i miei cari, con gli amici, o facendo cose che mi rilassano e mi fanno stare bene. Sì, mi piace godermi la vita, ed è anche quello che tu ti meriti, per l'impegno che poni ogni giorno in ciò che fai. Allora la domanda è: perché sprecare tutto quel tempo e quelle energie per mantenersi in salute?

Ma non solo.

Le ricerche stimano che i programmi drastici, oppure quelli basati su rimedi lontani dalla nostra cultura, hanno un tasso di abbandono altissimo. E lasciano le persone demotivate, perché ogni volta che accade l'autostima viene ferita. Dentro risuona l'ennesimo: «Non ce l'ho fatta». E sai cosa significa questo? Non solo una sconfitta psicologica, ma soprattutto una perdita per il corpo, che ancora una volta si allontana dalla salute che si merita.

TATTICA 3
Semplice è efficace

Quando ero disperata e volevo aiutare la mia cara amica Elizabeth, i miei rimedi, sebbene efficaci, erano troppo elaborati e complicati, quindi ho fatto a me stessa una promessa solenne: avrei cercato *solo soluzioni semplici, facilmente applicabili e comprensibili.* Soluzioni basate su rimedi che si potevano inserire con agilità nella vita quotidiana, che si trovavano in qualsiasi negozio vicino a casa e che si potevano adattare al ristorante e in viaggio. È stata una promessa faticosa, perché mi sono dovuta impegnare molto per mantenerla. Ma ora ne vado fiera, perché le tecniche che propongo oggi, dopo averle a lungo testate, hanno queste caratteristiche:

- niente di drastico;
- niente di elaborato;
- niente di complicato;
- niente di strano;
- niente di costoso;
- niente di difficile da reperire.

Prima di iscriversi al mio corso in aula sulla disintossicazione intestinale, spesso le persone mi chiedono: ma i rimedi si trovano facilmente? La risposta è sempre la stessa: sì, certo, nei negozi vicino a casa tua.

Non dico che i rimedi basati su formulazioni esotiche siano sbagliati, né tantomeno i concetti su cui si fondano. Ma credo che non sia necessario usare sistematicamente prodotti che arrivano da lontano, anche considerando che i controlli nei luoghi da dove provengono sono inferiori: è risaputo che i casi di prodotti inquinati sono superiori alla nostra norma. Possiamo trovare anche da noi rimedi altrettanto efficaci, beneficiando dell'affinità che il nostro organismo ha con le sostanze che crescono nei luoghi dove viviamo. Potresti obiettare che oggi tanti prodotti vengono dall'estero, che con la globalizzazione tutto si è mescolato. È vero. Ma un conto è utilizzare solo quello che da noi manca, un conto è affidarsi sistematicamente a prodotti che non crescono nella nostra zona, più difficili da reperire e per di più, come nel caso di Valentina, prescritti secondo metodiche terapeutiche lontane dalla nostra cultura, che non ci fanno certo apparire la guarigione come qualcosa di semplice, a portata di mano.

Con i miei metodi non andrai quindi in erboristeria o parafarmacia a chiedere prodotti dalle formulazioni strane, non avrai in casa flaconi con lunghe etichette dai nomi incomprensibili. Se vorrai spiegare ai tuoi familiari o ai tuoi amici cosa stai facendo per il tuo benessere, potrai informarli con facilità.

Inoltre anche il metodo stesso è formulato con passaggi semplici, che in breve ti portano a essere esperto in quello che fai. Mi capita spesso di leggere testi per il grande pubblico che presentano metodi complicati, che richiedono analisi e studi per essere compresi. In quel caso sai cosa penso? Che a monte non è stato creato il metodo in modo approfondito: è l'attenta elaborazione, infatti, che man mano semplifica i programmi e li rende facilmente fruibili a tutti.

Ricordati che quando ti viene chiesto di fare molto per stare bene sei nelle vicinanze di una trappola.

TRAPPOLA 4
La debolezza di un punto solo

Ilenia è iscritta al Biotipi Club online e durante un webinar in cui i partecipanti possono pormi le loro domande, ecco cosa mi chiede.

«Ultimamente mi sono impegnata molto con una dieta, che non era né drastica né strana. Ho avuto alcuni risultati, sì, ma ho fatto parecchia fatica. Allora ho cambiato dieta, ed è successa la stessa cosa. Per tre volte ho continuato in questo modo. A parte la dieta, non ho fatto altro di diverso... Adesso che sono iscritta a questo club online sono contenta di poter fare le mie domande. Avere dei dubbi e non sapere a chi chiedere spiegazioni è la cosa che mi dà più fastidio.»

Ilenia è caduta nella quarta trappola: deve faticare molto perché utilizza solo una parte di quello che le serve. Ti spiego meglio il concetto con la quarta tattica.

TATTICA 4
La formula magica della sinergia

Ti faccio una domanda, aspetta a dire che è stupida.

Quanto fa 1+1+1+1? Immagino che la tua risposta sia 4.

Non sempre, però. Non secondo il concetto della sinergia.

Se vai a cercare questo termine sul dizionario c'è scritto che il risultato è maggiore con l'azione combinata di più elementi anziché utilizzando i diversi elementi separatamente. Quindi, se ti affidi solo alla dieta, o solo a delle pastiglie che acquisti in erboristeria, o solo alle tecniche di disintossicazione, farai molta fatica. Secondo la magica formula della sinergia, invece, se fai la dieta più la disintossicazione più i rimedi naturali più piccole strategie di stile di vita, allora 1+1+1+1 non farà 4 ma 10. I diversi elementi si potenziano l'uno con l'altro, aumentando il risultato finale.

Ma attenzione!

Non pensare che così dovrai fare di più. Assolutamente no: dovrai fare poco ma bene di ogni cosa.

Adesso forse potresti obiettare che hai già provato ad affidarti a certi abbinamenti per stare meglio, magari in un momento di disperazione in cui, per far passare il disturbo, provavi di tutto. Tuttavia, la formula diventa magica solo se:

- i vari elementi non sono abbinati a caso ma sintonizzati tra di loro all'interno di uno stesso metodo;

- ogni rimedio viene scelto in base al proprio biotipo Oberhammer.

Fidati, non sarà difficile applicare la formula magica. Potrai farlo entrando in un posto speciale che si chiama tempio del benessere. Lo visiterai tra poco, prima però devo farti conoscere le ultime trappole, altrimenti la formula magica non funziona.

TRAPPOLA 5
Programmi generici

Dal momento che hai letto il libro fino a qui (se ci sei arrivato saltando le pagine precedenti ritorna subito all'inizio e leggi tutto di seguito, altrimenti non saprai mai usare davvero la mappa della guarigione naturale e facile), la trappola numero cinque la conosci bene. È il tema principale di questo libro: i rimedi generalizzati, uguali per tutti, non funzionano bene. Soprattutto se, in caso di malattia, non vengono considerati i diversi tipi di tossine che ogni biotipo accumula. Non solo non aiutano la guarigione, ma in molti casi aggravano un sintomo lieve che può diventare una malattia molto più seria.

TATTICA 5
Tagliato su misura

Quello che serve, ormai lo sai, è un trattamento personalizzato, come un vestito su misura. Un trattamento basato sul tuo biotipo. Allora tutto diventerà confortevole e facile.

TRAPPOLA 6
Costringerti a quello che non ti piace

La medicina più è amara più fa bene: sussiste la convinzione che per guarire bisogna soffrire. Diete drastiche, rinunce, addio ai condimenti, piaceri da mettere nel cassetto, abitudini da modificare completamente. Costringersi a fare quello che non piace per guarire è una trappola in cui cade la maggior parte delle persone. Ma non è assolutamente necessario, anzi, è controproducente: la mente rifiuta i sacrifici e abbandona qualsiasi metodo che avrebbe potuto offrirti benefici. E intanto la tua salute peggiora.

TATTICA 6
Va bene solo se ti piace

Scoprirai una scorciatoia che passa proprio attraverso il fare quello che ti piace.

Sì, proprio così! Non dallo sforzo, ma dal piacere.

I risultati arriveranno e la guarigione sarà sia naturale sia facile. Ti serviranno i *circoli positivi*, un concetto cardine del mio metodo. A suo tempo te lo spiegherò, per adesso ricorda solo che non ti meriti di soffrire per guarire. Ci sono altre possibilità per te, altre strade. E passano dal piacere.

TRAPPOLA 7
Il pericoloso fai da te

Ecco quello che mi scrive Marco.

«Faccio l'acqua e limone da un anno con due limoni e un cucchiaino raso di bicarbonato di sodio perché ho letto che deacidifica, va bene?»

Carlotta, invece, chiede: «Per i problemi intestinali faccio clisteri con due litri di acqua e camomilla, è giusto?».

Mentre leggo queste domande, e ogni giorno ne arrivano a centinaia del genere sul mio sito, dentro di me si agita forte qualcosa. Se potessi vorrei urlarlo: «Nooo, non va bene niente!». Il limone in dosi alte può essere dannoso, in particolare per il biotipo aria. Il bicarbonato di sodio, se assunto regolarmente, demineralizza l'organismo, aumenta la ritenzione idrica e provoca ipertensione. Anche fare enteroclismi con due litri di acqua è dannoso per il colon, perché lo sforza; io credo nell'idrocolonterapia, la insegno anche nei miei corsi di disintossicazione intestinale, ma non credo in ciò che viene praticato senza regole, senza accorgimenti. Pochi, per esempio, sanno che la camomilla, da tutti considerata una sostanza lenitiva, ha questa azione solo a livello gastrico, mentre a livello intestinale spesso l'azione è opposta, cioè irritante.

Quando leggo queste domande vorrei urlare il mio: «Nooo, non va bene!» e farlo arrivare alle persone che scrivono da chissà dove. Purtroppo non riesco a rispondere a tutti, dovrei fare solo quello come lavoro: replicare alle centinaia di commenti che ogni giorno mi vengono scritti sui social, sul sito, su YouTube.

A questa trappola io ho dato un nome: *il pericoloso fai da te*. Sono tantissime le persone che ci cadono, oggi più di ieri perché le informazioni in internet corrono velocissime, senza essere accreditate. È pieno di libri autopubblicati che mancano della certificazione di una casa editrice seria, di prodotti pubblicizzati come miracolosi ma che vanno ordinati solo tramite internet e arrivano da chissà dove, senza controlli. Di video e articoli che si trovano sul web e dei cui autori non si conosce la validità.

La trappola del pericoloso fai da te crea danni enormi, che ancora non si possono stimare. Se sei anche tu in questa situazione *interrompi subito qualsiasi trattamento non certificato*, perché ti trovi in una zona molto rischiosa per la tua salute. Dico sul serio. Il pericoloso fai da te è, tra tutte le trappole, quella che non lascia scampo, e può portarti a livelli di malattia e cronicità del tuo disturbo che non puoi nemmeno immaginare.

TATTICA 7
Naturale è sano solo se lo fai bene

Se sei iscritto al mio canale YouTube, o leggi le mie email, sai che dico sempre: «Naturale è sano solo se lo fai bene».

Proteggere le persone dalla trappola del fai da te è diventata un po' una mia missione, da quando leggo di continuo commenti sui danni subiti da chi pratica soluzioni pericolose.

Tutti i rimedi e le tecniche del mio metodo, ovviamente, sono stati rigorosamente controllati da questo punto di vista, per garantirti la massima sicurezza e tranquillità.

Concludo avvisandoti che se vuoi proseguire nello sperimentare rimedi senza sicurezza, magari mescolandoli a quelli che ti propongo io, preferisco che tu vada da un'altra parte: non voglio diventare complice dei rischi che scegli di correre.

Cosa hai imparato in questo capitolo

Hai imparato che le trappole sono 7 e che *basta cadere anche solo in una di queste per rendere la guarigione difficile*, se non impossibile.

E adesso una domanda: sei dentro una di queste trappole, o ci sei caduto in passato? Se la risposta è sì, innanzitutto ti ripeto che non è colpa tua. Stai cercando di fare del tuo meglio.

La buona notizia è che, d'ora in poi, sulla tua mappa hai tutte le trappole segnate! Di certo non vuoi più caderci dentro, visto che hai imparato le 7 tattiche per starne alla larga.

Mi complimento di nuovo con te!

Hai appena terminato la terza fase della mappa, cioè quella dedicata alle trappole e alle tattiche della guarigione. Facciamo di nuovo un riassunto. Nella terza fase della mappa hai:

1. individuato le trappole da evitare;
2. imparato le tattiche che servono come antidoto.

Bene, hai tutto l'equipaggiamento necessario per la quarta fase della mappa, quella riguardante le soluzioni.

Nella quarta parte citerò spesso i biotipi, le trappole e le tattiche. E tu ora mi comprenderai benissimo, perché hai fatto il percorso insieme a me e conosci già bene la mappa. Capisci perché ci tenevo tanto a guidarti passo dopo passo? Ti voglio rendere indipendente. E continuo a chiederti di seguirmi nel percorso.

Entriamo nel vivo della mappa e cominciamo da un posto speciale. Preparati a conoscere…

IL TEMPIO DEL BENESSERE

Al centro della mappa c'è un luogo speciale ad accoglierti: un tempio. È il tempio del tuo benessere. È qui che la mappa ti ha portato, dalla periferia al suo cuore.

Ti ricordi la magica formula della sinergia, quella che hai appena imparato e che incrementa i risultati abbinando più elementi? Ecco, il tempio del benessere ha lo scopo di farti raggiungere questo obiettivo. Ti spiego subito da cosa è composto. Ci sono le fondamenta, tre pilastri e un tetto.

Ora entriamo insieme. Te lo devo mostrare, poi potrai entrarci ogni volta che ne avrai bisogno: sarà la casa della tua guarigione.

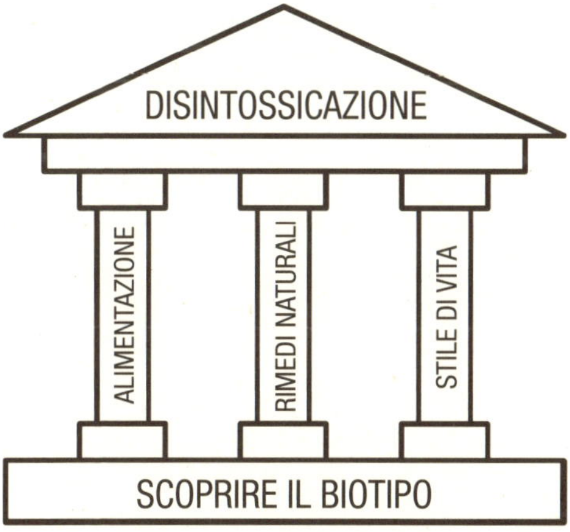

Il tempio del benessere

> «Il corpo umano è un tempio e come tale va curato e rispettato, sempre.»
>
> IPPOCRATE DI COO

Le fondamenta: scoprire il biotipo

Senza saperlo, in realtà sei già entrato nel tempio del benessere quando hai scoperto il tuo biotipo dominante. Non potevo ancora dirtelo perché dovevo spiegarti i concetti un po' per volta. Avere a fianco il proprio biotipo è la condizione *sine qua non*, cioè indispensabile, affinché un sistema di guarigione appoggi su fondamenta solide. In questo modo il tempio del benessere ti garantisce una base sicura, che ti sorregge bene.

I 3 pilastri

Sono le strutture portanti del mio metodo e devono essere tutti presenti, affinché l'intervento sia completo. Questo non significa che dovrai impegnarti di più, basterà inserire nel tuo quotidiano *piccoli accorgimenti, appartenenti però a ogni pilastro*. Sarà la magica formula della sinergia (la quarta tattica) a potenziare il risultato. Ecco quali sono i pilastri.

Primo pilastro: alimentazione

«Siamo quello che mangiamo»: è una frase che avrai sentito mille volte, ed è profondamente vera. Però un buon risultato lo puoi ottenere solo con i consigli alimentari elaborati per il tuo biotipo dominante.

Secondo pilastro: rimedi naturali

Costituiscono un ottimo compendio in un programma di guarigione, se abbinati alle altre parti del tempio del benessere e soprattutto se indicati per il proprio biotipo dominante.

Terzo pilastro: stile di vita

Il programma non può definirsi completo se non comprende il tuo stile di vita: le abitudini quali la capacità di gestire lo stress e il movimento possono influenzare profondamente il tuo benessere; in accordo con il tuo biotipo sono particolarmente efficaci.

Il tetto: la disintossicazione

E poi, sopra, c'è il tetto: si tratta della disintossicazione. Sovrasta tutto perché è sempre indispensabile quando si vuole guarire il corpo con la naturopatia. Combattere le tossine è un'azione importantissima.

Hai già imparato che ogni biotipo è caratterizzato da tipi di tossine differenti, che hanno bisogno di trattamenti differenti. È un aspetto fondamentale del mio metodo Biotipi Oberhammer.

Poco ma ottimo: portalo con te nella lettura

Si tratta della prima tattica, quella per combattere la miriade di informazioni e accedere solo ai rimedi e ai consigli da 10 e lode. Tra poco entreremo nel vivo delle soluzioni da applicare e ti voglio spiegare come utilizzarla.

Prima di tutto guarda bene l'icona qui sotto e tienila a mente.

Ora prendi un evidenziatore colorato, un pennarello o eventualmente anche una matita. Se leggi il libro in formato e-book ti basterà la funzione dell'evidenziatore.

Ci sei?

Ti spiegherò come dovrai procedere nella lettura dei capitoli successivi, ma prima ti anticipo che le cose che dovrai fare per il tuo biotipo non saranno molte, e le troverai insieme a parti teoriche che ti spiegano perché è importante farle.

Non saltare queste spiegazioni!

Ti ricordi quando all'inizio ho sottolineato la necessità di cambiare il punto di vista, perché è un aspetto fondamentale della guarigione naturale e facile? Ecco, leggere queste spiegazioni ti serve proprio per questo: la creazione di una nuova visione della guarigione non si è ancora conclusa, prosegue man mano che leggi il libro. Sai, nell'ambito della guarigione mi fa paura pensare a quando le persone escono da uno studio con in mano una ricetta o dei fogli che riportano una dieta. Potrà anche essere efficace, ma è pur sempre una lista con un elenco di precetti da seguire o di rimedi da assumere, in modo passivo, senza la possibilità di poterli gestire in base alle proprie necessità. Una vera e propria gabbia, insomma. Ecco, nella guarigione naturale e facile tu invece impari a fare ciò che è giusto per il tuo biotipo ma comprendi anche il perché, e apprendi come introdurre facilmente queste novità nella tua vita, in modo flessibile e senza rigidità.

Quindi, per individuare il *poco ma ottimo,* dovrai soffermarti sull'icona che ti ho appena mostrato: indica ciò che devi fare per il tuo biotipo. Siccome verranno fornite indicazioni per i quattro biotipi, evidenzia il tuo (sottolineando il titolo o tracciando una freccia a lato) ogni volta che compare.

Dopo aver letto tutto il libro, se vorrai ritornare velocemente sui consigli e sui rimedi adatti a te basterà cercare l'icona e poco sotto i consigli per il tuo biotipo, che saranno stati messi in evidenza.

Cosa hai imparato in questo capitolo

Sei entrato nel tempio del benessere e ti ho mostrato la sua struttura. Arrivato fin qui hai finalmente compreso aspetti della guarigione completamente inediti, e sei solo a metà del libro! Stanno per arrivare i grandi benefici. Per te che hai avuto l'intelligenza di proseguire nella lettura ecco le soluzioni: ti sto per svelare come utilizzare al meglio il metodo Biotipi Oberhammer, per vivere finalmente la vita serena che sogni da tempo. Sono basate sulla tattica del *poco ma ottimo* e ti ho appena spiegato come trovarle ed evidenziarle, attraverso l'icona e le tue sottolineature.

Adesso ritorna all'immagine del tempio del benessere; nelle fondamenta trovi *Scoprire il biotipo*, e questo è un passo che hai già fatto: conosci ormai bene le basi del tempio. Ora sposta lo sguardo in alto, al tetto. È da qui che partiremo nella conoscenza del tempio del benessere, dal suo tetto che ti offre una protezione sicura dalla malattia.

Preparati a fare il tuo ingresso nel tempio del benessere in grande stile.

Sì, è arrivato il momento, ora…

DISINTOSSICATI CON IL TUO BIOTIPO: CORPO LIBERO DALLE SCORIE

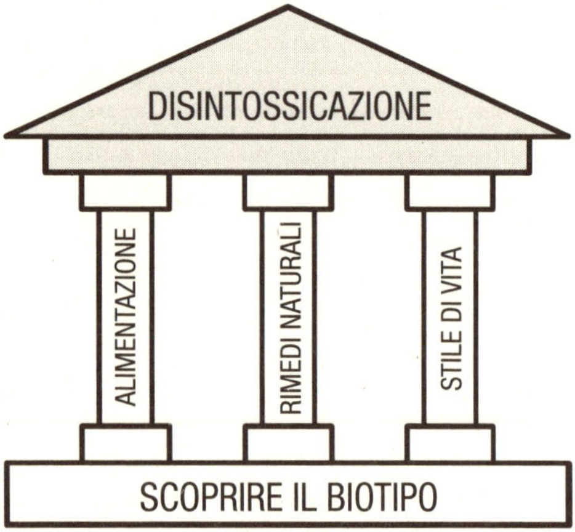

È il tetto del tempio del benessere, perché la disintossicazione è un riparo importante dalla malattia, come un ombrello in caso di pioggia. Si basa sulla seconda trappola e sulla seconda tattica.

- La seconda trappola dice: *impossibile guarire con un corpo intossicato.*
- La seconda tattica dice: *guarisci solo se ti pulisci.*

È una realtà che non si può assolutamente ignorare nella guarigione, eppure è una delle meno considerate. Per capire cosa succede nel tuo corpo quando cadi nella seconda trappola ti devo fare un esempio. Andiamo nella tua cucina.

Smetteresti di portar via la spazzatura?

Hai appena finito di mangiare e ti alzi, è ora di riordinare. Sparecchi la tavola, getti gli avanzi nel bidone, metti i piatti nella lavastoviglie, lavi i tegami, pulisci la superficie del tavolo, magari spazzi anche il pavimento o passi lo straccio, e infine apri le finestre per cambiare l'aria.

Hai fatto tutto? O manca ancora qualcosa?

Pensaci un momento.

Ora ti è venuto in mente cosa ti sei dimenticato?

Non hai svuotato il bidone dell'immondizia. Forse prima ti toccherà discutere con il tuo partner o con i tuoi figli se tocca all'uno o all'altro uscire di casa, magari con il freddo, per portare via la spazzatura, però alla fine viene gettata nel cassonetto.

Bene, adesso immagina che le cose vadano in modo un po' diverso.

Hai terminato di riordinare, ma anziché chiudere il sacchetto dell'immondizia e poi portarlo fuori lo metti da parte, in un angolo della tua cucina. Il giorno dopo si ripete la stessa scena: mangi, rassetti, pulisci e invece di portare fuori l'immondizia la lasci di nuovo in un angolo. E la stessa scena va avanti per giorni e giorni.

È facile immaginare quello che succede: anche se pulisci scrupolosamente la tua cucina, anche se tieni le finestre aperte per cambiare l'aria, i sacchetti dell'immondizia che si accumulano – prima negli angoli e poi accatastati ovunque – riempiono la stanza e si ammassano l'uno sull'altro. Ma non è finita qui. Se all'inizio le scorie rimanevano chiuse nei sacchetti, con il processo di fermentazione e putrefazione fuoriescono ed esalano cattivi odori, sempre più asfissianti.

Bene, penso che tu ti stia chiedendo: che senso ha? Solo

un pazzo pulisce attentamente la sua cucina e poi non svuota il bidone dell'immondizia. Anzi, peggio, lascia sacchetti accatastati uno sull'altro nella sua casa.

Non ti ho fatto immaginare questa scena a caso, e ti spiego subito perché: è quello che succede dentro di te se l'organismo non viene regolarmente disintossicato.

Ogni giorno le persone si preoccupano di pulire il loro corpo esternamente – fanno la doccia, si lavano i denti e i capelli –, eppure non si premurano di pulirlo internamente e lasciano accumulare scorie su scorie. Proprio come i sacchetti dell'immondizia in cucina, che non vengono mai portati via.

Ogni giorno il tuo corpo è invaso dalle scorie

Adesso potresti giustamente fare una domanda.

Simona, mi dici quali sacchetti dell'immondizia dovrei accumulare nel mio corpo?

Ti rispondo subito.

Se stai leggendo questo libro molto probabilmente sei seduto da qualche parte, ma il tuo organismo non è a riposo. Sta svolgendo un duro lavoro, e ha sempre tra le mani lunghe liste di cose da fare: se vuole mantenersi in vita deve evaderne il più possibile. Un esempio? È necessario che sostituisca costantemente le cellule vecchie con quelle nuove, e non sono poche, da trecento a ottocento miliardi ogni giorno. Le vecchie cellule, una volta sostituite, non possono stazionare nel corpo perché sono materiale di scarto tossico.

Proprio come i sacchetti di immondizia che regolarmente portiamo via dalla cucina, il corpo deve liberarsi delle scorie attraverso gli organi di eliminazione, detti anche organi emuntori: intestino, reni, pelle, polmoni e fegato. Rappresentano le braccia e le gambe che sollevano i sacchetti dell'immondizia per uscire a gettarli nel cassonetto. E fin qui tutto bene. Ma come ti ho anticipato, l'organismo ha lunghe liste di cose da evadere: non si deve occupare solo di eliminare le cellule morte. C'è ben altro.

Ogni volta che camminiamo, respiriamo, mangiamo, digeriamo o semplicemente ci rilassiamo sul divano produciamo delle scorie, dette residui metabolici. Sono le sostanze di scarto derivate dalla normale attività delle cellule, e anche queste devono essere eliminate.

La lista però non è finita: vanno aggiunte le scorie che noi stessi introduciamo nell'organismo, per esempio seguendo un'alimentazione non troppo sana; ci capita di mangiare le patatine fritte, un dolce al cioccolato, una merendina, bere un aperitivo; oppure le assumiamo attraverso i pesticidi usati nell'agricoltura, o i conservanti e gli additivi che nostro malgrado ingeriamo; o ancora quando camminiamo per strada e inaliamo i metalli pesanti dello smog.

Le scorie sono molte e di molti tipi diversi. Ogni giorno si formano tanti sacchetti dell'immondizia da portare fuori, ma se l'organismo funziona perfettamente, se il nostro stile di vita è buono, se non soffriamo di particolari malattie, se non siamo stressati, tutto procede al meglio: vengono prodotte tante tossine e altrettante ne vengono eliminate, con un bilancio in pari. Tuttavia, persino se il corpo ce la mette tutta, se le condizioni non sono ottimali iniziano ad accumularsi sacchetti dell'immondizia. Uno sopra l'altro. Questa condizione ha un nome, si chiama *tossiemia*, e adesso ti spiego cos'è e come evitarla.

Scopri il tuo livello di tossiemia con questo breve test

Il termine «tossiemia» è usato in naturopatia per indicare un eccesso di scorie nel corpo, ed è indice di malessere.

Ci sono dei segni, dei *campanelli di allarme* che segnalano un processo di tossiemia, e te li faccio scoprire attraverso le frasi tipiche che sento pronunciare dalle numerose persone che ascolto.

Prima di leggerle, però, è necessario fare un'indagine sulla tua situazione personale. Quindi fermati un momento, prendi una matita o utilizza l'evidenziatore se leggi il libro in formato e-book, e segna le frasi che ti capita di dire con una certa frequenza (cioè una o due volte a settimana, o più).

Ti capita di dire queste frasi?

- Mi sento gonfio.
- La digestione è lenta, il cibo mi rimane a lungo sullo stomaco.
- Mi sveglio intontito. Anche se ho dormito a lungo non sono riposato.
- Ho l'alito pesante.
- L'odore del mio sudore è sgradevole.
- La mia pelle è spenta, opaca.
- I miei occhi non sono luminosi.
- Le mie evacuazioni sono maleodoranti.
- Le mie urine sono torbide.
- Mi sento appesantito.
- Ho poche energie.
- Il mio corpo produce muco, dal naso, dai bronchi o nelle evacuazioni.
- Avverto un sapore strano in bocca.
- Faccio fatica a concentrarmi.
- Ho sempre fame, anche se ho mangiato da poco.
- Non mi va di mangiare niente, il cibo mi è indigesto.
- Ho un'incontenibile voglia di dolci.
- Soffro di reflusso ed eruttazioni dopo i pasti.
- La mia energia è fluttuante. Sto bene e poi all'improvviso mi sento a terra.
- La mia pelle ha un colore strano.
- Ho la bocca impastata, specie al mattino.
- Ho spesso la testa pesante.
- Ho le borse sotto agli occhi.
- Sento una patina sulla lingua.
- Quando mi sveglio ho gli occhi gonfi.
- I miei capelli sono opachi e spenti.
- Il mio cuoio capelluto ha un cattivo odore.

- Il mio corpo trattiene i liquidi e lo sento congestionato.
- Soffro di cattivi odori a livello genitale.
- La mia pelle ha molte imperfezioni e al tatto non è liscia.

Hai appena letto le frasi tipiche della tossiemia, cioè dell'accumulo di scorie nel corpo. Hai segnato quelle che ti capita di ripetere con frequenza? Bene, adesso verifica le tue sottolineature. Se non hai sottolineato nessuna frase tutto bene. Se invece hai sottolineato anche solo una o due delle frasi sopra, significa che è in atto un processo di tossiemia. Prima inizi a ripulire il tuo corpo meglio è. *Non aspettare!* Se i sacchetti dell'immondizia continuano ad accumularsi, poi si innesca la fase successiva: dal malessere si passa alla patologia vera e propria.

Cosa succede al corpo mentre accumula tossine a tua insaputa

Gli eccessi di tossine nel corpo, quando non eliminati, causano non solo malessere, perdita di vitalità e cattivi odori, ma anche *malattie vere e proprie*. Questa affermazione la puoi verificare facilmente, non devi credermi sulla parola. Come? Iniziando a disintossicare il tuo corpo molti sintomi scompaiono: se in casa non hai più sacchetti dell'immondizia accumulati l'ambiente torna pulito, l'aria è di nuovo fresca, senza malsani odori sgradevoli.

Quando invece i sacchetti continuano ad accumularsi, *dal malessere si passa alla patologia vera e propria*. Possono manifestarsi i problemi dermatologici (come la pelle che si infiamma, che prude, che imbarazza con l'acne), la ritenzione idrica (che gonfia le gambe o le segna con varici), le infiammazioni ginecologiche (che costringono ai salvaslip, tormentano con i bruciori, limitano i rapporti sessuali), il mal di testa (che rende pesanti anche le giornate più belle), i disturbi digestivi (che fanno bruciare lo stomaco, o arrivare a sera con il cibo ancora non digerito), i problemi intestinali (con il peso della stitichezza, la pressione della pancia gonfia, le fitte della colite), i dolori articolari (che limitano nei movimenti e fanno sentire anziani), la debolezza del sistema immunitario (che fa passare da un raffreddore all'altro) e tante altre patologie ancora. Anche i problemi estetici, come la pelle spenta o che si segna prematuramente con le rughe oppure la cellulite, hanno un diretto collegamento con l'eccesso di tossine.

La tossiemia, dunque, causa notevoli problemi, purtroppo spesso in modo silenzioso e invisibile. Se smetti di portare via i sacchetti dell'immondizia dalla cucina, infatti, te ne accorgi subito; ma *se i processi di depurazione non avvengono come dovrebbero ci vogliono mesi, o addirittura anni, prima che i segnali risultino evidenti*. I danni provocati dalle scorie tossiche vengono a galla lentamente, e minano la salute a tua insaputa.

In conclusione, prima inizi a disintossicare il tuo organismo meglio è. Non buttare via tempo prezioso, comincia adesso! I benefici li avvertirai da subito. Però, se vuoi ottenere veri risultati, devi seguire la disintossicazione in modo corretto, *in base al tuo biotipo*.

IL TERMINE «TOSSINE»

In naturopatia il termine «tossine» è usato in modo diverso rispetto alla medicina, specialmente quella farmacologica. In medicina questo termine indica sostanze organiche di varia natura, velenose, in naturopatia invece sostanze di vario genere, non per forza velenose, che si accumulano nel corpo e lo affaticano con scorie che peggiorano la sua salute. L'eliminazione di queste scorie crea i presupposti per una guarigione naturale, facile e duratura.

Perciò, se senti dire che le tossine e la disintossicazione esistono solo nell'ambito dei veleni o delle sostanze stupefacenti, sicuramente chi sta parlando non conosce la naturopatia e i suoi principi, che in molti casi differiscono dalla medicina classica.

SCOPRI QUALI TOSSINE DOMINANTI COLPISCONO IL TUO BIOTIPO

Sebbene siamo tutti soggetti a tossine di ogni sorta, ciascun biotipo è più sensibile a determinate tossine: si tratta delle *tossine dominanti.*

Ti ricordo, se non l'avessi ancora fatto, che sul sito www.biotipioberhammertest.it puoi fare il test gratuito per definire con esattezza qual è il tuo biotipo dominante; potrai così continuare la lettura conoscendo a quali tipi di tossine sei più soggetto. Andiamo adesso a conoscerle per ogni tipologia.

Le tossine del biotipo aria sono gassose e irritano

Causate soprattutto da un eccesso di gas nel corpo, le tossine del biotipo aria sono irritanti. Costituiti per il 99% da azoto, ossigeno, anidride carbonica, idrogeno e metano, i gas presenti a livello intestinale hanno spesso anche un cattivo odore. In generale, se nei gas addominali la componente principale è l'azoto si tratta di aerofagia, con espulsione per via orale. Se invece la componente principale è l'idrogeno o l'anidride carbonica si tratta presumibilmente di malassorbimento di carboidrati, con conseguente iperfermentazione batterica.

Uno dei processi che libera maggiormente gas avviene nel colon, dove i batteri fermentano gli ultimi residui di cibo non digerito dallo stomaco o non assorbito dall'intestino tenue: maggiore è il quantitativo di cibo mal digerito o mal assorbito e maggiore è la produzione di gas. Se mangiamo alimenti non adatti al nostro biotipo, la produzione di queste tossine aumenta notevolmente. Certe tipologie, per esempio, tollerano molto male i legumi, più precisamente gli oligosaccaridi in essi contenuti, cioè quei carboidrati resistenti alla digestione: essi passano attraverso l'intestino superiore quasi inalterati e, quando raggiungono l'intestino inferiore, vengono assaliti dai batteri, che se ne cibano e sviluppano fermentazione creando così scorie inquinanti.

Ma c'è di più. La fermentazione intestinale, oltre all'anidride carbonica, produce in larga misura alcuni alcoli, tra cui l'alcol etilico. Molti non sanno che la fermentazione nel corpo non si differenzia tanto dall'assunzione di alcolici, con tutte le conseguenze del caso.

I gas addominali, oltre a causare intossicazione attraverso le sostanze che determinano il caratteristico cattivo odore, purtroppo non vengono solo eliminati, ma anche *riassorbiti dall'organismo*: premono infatti sulla mucosa intestinale e passano al circolo sanguigno, specialmente il metano e l'idrogeno. Ciò succede in particolar modo quando la mucosa intestinale non è sana e diventa porosa, per esempio in caso di infiammazione cronica o stress prolungato, o per l'assunzione abituale di farmaci, come gli antibiotici. Ma soprattutto quando l'alimentazione non è adatta al proprio biotipo. In questi casi si arriva a uno stato di alterazione in cui la mucosa non è più in grado di agire come barriera e lascia passare al resto del corpo le tossine, gas compresi.

Le tossine del biotipo aria si evidenziano con disturbi quali gonfiori addominali, ma anche secchezza della pelle e delle mucose, digestione irregolare, sindrome del colon irritabile, eczema secco, ragadi cutanee, capelli troppo secchi e sfibrati, unghie rovinate, raucedine, tosse secca, artrite accompagnata da rigidità e freddezza, muscoli rigidi, reumatismi, palpitazioni, dolori quali quelli mestruali, occhi secchi, bocca asciutta, stanchezza, immunodepressione, rughe e problematiche nervose quali ansia, insonnia, nervosismo, stress, difficoltà a concentrarsi. Ma non finisce qui. L'eccesso di tossine gassose nel corpo provoca anche tachicardia, batticuore, dolore al petto, respiro difficile, sudorazioni improvvise, fino ad arrivare a senso di soffocamento. Ti sembra strano? Dipende dalla sindrome di Roemheld, o sindrome gastrocardiaca, una patologia causata da un cospicuo accumulo di gas addominali: la distensione dello stomaco, oltre a creare gonfiore, provoca disturbi funzionali proprio a livello del cuore, con sintomatologie di tipo cardiologico. In realtà si tratta di gas addominali, spesso derivati dal cibo in fermentazione nell'organismo.

Le tossine del biotipo acqua gonfiano e sono acquose

Le tossine del biotipo acqua, che sono idrosolubili (si diluiscono nei liquidi) e causano gonfiore, si manifestano spesso con la ritenzione idrica: il volume del liquido interstiziale, cioè quello contenuto negli spazi tra le cellule, aumenta. Il trattenimento di liquidi, o edema, può interessare una zona circoscritta, per esempio la zona perioculare con la comparsa delle borse sotto agli occhi, oppure più spesso le gambe, ma può essere anche una sensazione di gonfiore generalizzato in tutto il corpo. Spesso è un meccanismo di difesa, cioè un tentativo di diluire sostanze irritanti, come i corpi chetonici, l'acido urico e l'urea, tossine tipiche del biotipo acqua.

Le tossine di questo biotipo si presentano anche sotto forma di «cristalli», solidi eppure idrosolubili, che vengono eliminati dai reni attraverso l'urina e dalle ghiandole sudoripare attraverso il sudore. I cristalli sono duri, graffiano: l'ossalato di calcio, per esempio, è un sale di calcio dell'acido ossalico, un composto che si presenta in cristalli a forma di ago. Anche l'acido urico presente nel sangue può aumentare e precipitare sotto forma di cristalli, infiltrandosi nelle cellule e impregnando le cartilagini, un tessuto importante per proteggere le articolazioni durante il movimento, rendendole più rigide, dure e infiammate (la gotta è una tipica infiammazione delle articolazioni causata da un eccesso di tale acido). L'acido urico si accumula inoltre nei reni, prima sotto forma di renella, una sabbiolina formata da piccoli aggregati di cristalli, poi si solidifica in calcoli: quando gli acidi urici sono troppi, infatti, i reni non li filtrano più e non riescono a espellerli attraverso le urine. Numerosi eczemi sono provocati da un eccesso di acidi che provengono dagli alimenti, eliminati poi attraverso il sudore. Conseguenze tipiche dei cristalli sono le articolazioni che scricchiolano, i calcoli nella vescica che la graffiano, la sabbietta che vela gli occhi la mattina.

Altri disturbi frequenti causati dalle tossine acquose, oltre alla ritenzione idrica, sono la difficoltà a urinare e l'urina scarsa, l'eczema essudativo, i capillari fragili, l'artrite accompagnata da gonfiore, l'edema, le articolazioni gonfie, la zona perioculare gonfia, i disturbi della circolazione venosa, la cellulite, le varici, la formazione di cisti liquide (per esempio alle ovaie).

La ritenzione idrica fa ingrassare perché ha effetti negativi sul tessuto adiposo, cioè sulle cellule di grasso; queste, in condizioni normali, hanno la capacità di eliminare le sostanze di scarto, ricevere ossigeno e cedere i grassi per bruciarli e trasformarli in energia. Ma se sono presenti tossine liquide il processo viene ostacolato: acqua e scorie si accumulano, le cellule adipose si gonfiano, si ingrossano e tendono a trattenere il grasso, che diventa difficile da smaltire. Per il biotipo acqua, quindi, pensare di dimagrire senza depurarsi dalle tossine liquide è davvero uno sforzo inutile. Se vuole ottenere risultati in modo facile deve prima disintossicarsi dalle sue tossine dominanti.

Le tossine del biotipo terra sono solide e congestionano

Le tossine del biotipo terra tendono a solidificarsi e a causare congestione. Sono principalmente quelle tossine che non si diluiscono in acqua, in genere liposolubili, come i depositi di colesterolo o di trigliceridi. Emergono anche come lipomi, noduli formati da tessuto adiposo, oppure come fibromi, composti da fibre di tessuto connettivo (i più frequenti si sviluppano nell'utero, ma possono formarsi in altre parti del corpo); o ancora, come cisti del tipo semisolido, per esempio quelle sebacee, o con il muco patologico o il catarro, composto da «mucine acide».

Quest'ultimo tipo di tossine sono molto frequenti: fuoriescono dal naso, con il raffreddore, o dai bronchi. Il muco patologico però si trova anche nelle feci, e le tossine sotto forma di mucine acide possono fuoriuscire dalla vagina come perdite biancastre. Il muco spesso protegge le delicate mucose interne dagli agenti irritanti e ha purtroppo una caratteristica: è un ottimo terreno per i batteri, consente loro di vivere e moltiplicarsi. Inoltre può essere presente a livello intestinale, e anzi un certo quantitativo di muco nel colon è normale, perché funge da barriera protettiva. Generalmente è trasparente, ma diventa patologico quando è in eccesso, oppure è troppo vischioso, biancastro o peggio giallastro, ben visibile certe volte nelle evacuazioni con filamenti. Questo muco tende a solidificarsi, ricopre le delicate mucose interne dell'intestino tenue e peggiora l'assimilazione degli alimenti. Nel colon invece si trasforma in un terreno adatto alla proliferazione di batteri patogeni, che ostacolano la flora batterica positiva. Se mancano i cosiddetti batteri simbionti, amici dell'intestino, aumentano non solo le malattie intestinali, ma anche le patologie causate da funghi (come la candidosi).

Una manifestazione caratteristica delle tossine del biotipo terra è la placca tipica dell'aterosclerosi: formata da un insieme di grassi, colesterolo, calcio, tessuto fibroso e altre sostanze, nel tempo solidifica e si indurisce, incrostando le arterie e restringendole; a causa di questi detriti si riduce il flusso di sangue ossigenato e nutritivo che arriva agli organi. Se un frammento di questi depositi di scorie si stacca dalle arterie diventa una mina vagante, con il pericolo di embolie.

Disturbi tipici causati dalle tossine del biotipo terra sono: senso di compressione al corpo, pesantezza allo stomaco, formazioni di cisti solide, fibromi, lipomi, catarro bronchiale e delle vie respiratorie in generale, sinusite, tosse con molto muco, perdite vaginali dense e biancastre, ipercolesterolemia, ipertrigliceridemia, muco intestinale, ipertrofia prostatica, occhi con muco, sonnolenza, risveglio difficile, apatia.

Le tossine del biotipo fuoco infiammano

Il biotipo fuoco è colpito principalmente dalle tossine che provengono dall'infiammazione, e che dipende in realtà dalla forte reattività che questo biotipo ha nei confronti delle tossine. Questa tipologia, infatti, non accumula molte tossine perché tende a bruciarle, ma viene infiammata a causa di questa stessa reazione: per eliminare le tossine produce infiammazione attraverso i cosiddetti «mediatori dell'infiammazione», per esempio prostaglandine, leucotrieni, citochine. Sono centinaia, e il loro ruolo consiste nell'attivare e nel diffondere le reazioni infiammatorie di difesa, ma anche nel controllare queste reazioni, per frenarle e interromperle quando hanno raggiunto il loro scopo.

Una reazione infiammatoria, insomma, è come una battaglia che produce numerosi rifiuti che devono essere tassativamente eliminati. Si tratta principalmente di cadaveri dei microbi uccisi, di cellule distrutte dall'aggressore e di globuli bianchi (fra cui linfociti T e B e granulociti acidofili, basofili e neutrofili) morti in combattimento. Ci sono poi i veleni emessi dai globuli bianchi impegnati nella difesa immunitaria, o quelli prodotti dai microbi durante la battaglia; un esempio di questi rifiuti è il pus, che fuoriesce da un foruncolo, un ascesso o una piaga.

Le tossine del biotipo fuoco sono tipiche di disturbi quali gastrite, acidità gastrica, reflusso gastroesofageo, dermatiti, couperose, eritema, eruzioni cutanee, orticaria, pelle ipersensibile, tosse stizzosa con muco giallo, attacco di artrite infiammatoria, occhi infiammati, afte, alitosi, gengivite, disturbi alla cistifellea e al fegato. Anche le vampate della menopausa peggiorano con la presenza di queste tossine. Un tipico segno è la sensazione di calore e l'arrossamento, caratteristici del biotipo fuoco.

I 5 ODORI CORPOREI CHE NON PUOI ASSOLUTAMENTE TRASCURARE

Se ne parla a bassa voce, il meno possibile. Quasi considerato un argomento tabù, quello degli odori corporei sgradevoli spesso è trattato con vergogna, ma è un segnale indistinguibile di tossiemia, cioè di accumulo di scorie, perché quando il corpo è depurato gli odori sono appena percepibili, buoni, anche senza l'uso di deodoranti o profumi.

1) *Alito cattivo*. Se non è causato dai denti, il problema dell'alito pesante deriva di frequente dalle tossine che provengono dall'apparato gastrointestinale. Spruzzare spray per rinfrescare l'alito serve a poco, la disintossicazione è la soluzione migliore.

2) *Sudore maleodorante*. Usare il deodorante regolarmente: questa è la regola per proteggersi dal cattivo odore del sudore. Ma in realtà il primo passo è quello di depurare l'organismo, perché l'odore del sudore dipende dal carico di scorie presenti nel corpo, che fuoriesce attraverso la cute. La disintossicazione riduce l'odore sgradevole dei piedi, delle ascelle e anche della pelle in generale. Le persone che usano i profumi per coprirlo sanno bene che si tratta di una soluzione soltanto temporanea e per nulla risolutiva.

3) *Urine maleodoranti*. Limpide e senza odori particolari: così dovrebbero essere le urine. Spesso, però, non è così, e l'odore sgradevole si percepisce distintamente. Per esempio, in caso di presenza di batteri, l'ammo-

niaca conferisce un odore simile alla candeggina. Oppure può essere collegato a un eccesso di urati, fosfati o ossalati. Se l'odore dell'urina non è neutro (a meno che quel giorno non si siano mangiati asparagi, cavolfiori o aglio) è necessaria una depurazione.

4) Cattivi odori intimi. Mettono in imbarazzo, specie durante il rapporto sessuale, perché possono ricordare l'odore del lievito o addirittura l'odore del pesce marcio. La diagnosi di solito è candida o infezione batterica, ma la causa principale risiede nelle tossine accumulate, soprattutto a livello intestinale. Quando si depura questo organo, infatti, in breve tempo scompaiono.

5) Evacuazioni maleodoranti. Si evacua e si apre subito la finestra per «dare aria». I gas intestinali vengono definiti «puzzette». Anche se l'argomento può sembrare di cattivo gusto, in realtà di «cattivo» c'è solo il «non fare niente» per risolvere questa situazione. Voglio però sottolineare questo: se ti capita di riscontrare cattivi odori nelle evacuazioni o nei gas intestinali, non è certo colpa tua. Nessuno ti ha spiegato che è una situazione anomala, e anzi tutti la considerano «normale». Ma come naturopata ci tengo a precisare che un'evacuazione sana non deve essere maleodorante. L'odore è quasi assente. Quando ne parlo ai miei corsi di disintossicazione intestinale i partecipanti si meravigliano, come se fosse qualcosa di nuovo. Tutti danno per scontato che le feci siano contraddistinte dal cattivo odore. Ma se un colpo di sciacquone cancella il cattivo odore, lo stesso non accade nel corpo, dove c'è in atto un processo di putrefazione e fermentazione a opera di batteri patogeni dai nomi poco rassicuranti, quali cadaverina e putrescina. Succede quando gli amminoacidi (i costituenti delle proteine) subiscono un processo dal nome complicato, detto «di decarbossilazione», che dà origine alle cosiddette «ammine tossiche». Tra queste ci sono anche lo scatolo e l'indolo, i principali colpevoli del cattivo odore delle evacuazioni, quello che costringe a spruzzare deodoranti in bagno perché, se entra qualcuno subito dopo, ci si vergogna.

È un tipico fenomeno di putrefazione, lo stesso che notiamo quando diciamo che un cibo fa un cattivo odore, e quindi è andato a male. In questo caso però non accade all'esterno – non possiamo semplicemente buttarlo in fretta nel bidone – ma all'interno del corpo, dove i cattivi odori continuano a inquinarlo, alimentando la tossiemia e quindi il malessere.

L'intestino è la «grande porta» da cui fuoriescono le scorie

Stitichezza, meteorismo, colite, diarrea, sindrome del colon irritabile: tutti disturbi fastidiosi e spesso imbarazzanti. Oltre a causare problemi al colon invadono il corpo di tossine, dato che il colon è il principale organo emuntorio (cioè preposto all'eliminazione delle scorie che si accumulano nell'organismo). Se è colpito da disturbi quali stipsi, colite, meteorismo o infiammazione, smette di funzionare come dovrebbe, portando di conseguenza a un ristagno di scorie al suo interno. Se questa situazione perdura, le sue pareti diventano porose e non riescono più a fungere da barriera intelligente, che trattiene le scorie e lascia passare solo i nutrienti.

Ti suggerisco quindi di tenere sempre sotto controllo lo stato di salute del tuo intestino. Per sapere come fare vai su www.disintossicazioneintestinale.it: troverai dei video gratuiti in cui te lo spiego.

La disintossicazione è efficace se mirata per il tuo biotipo

Come hai potuto leggere nel riquadro, ogni biotipo è soggetto a scorie diverse: solo conoscendo la tipologia delle tue tossine dominanti puoi ottenere un processo di depurazione davvero efficace e veloce. E, soprattutto, senza controindicazioni.

Hai presente quando vuoi lavare via una macchia da un capo delicato? Magari da uno di quei vestiti a cui tieni particolarmente, perché ti sta molto bene? Prima di tutto valuti cosa ha macchiato il tessuto (per esempio sugo di pomodoro, frutta, olio, terra o altro), poi scegli i prodotti più adatti, o gli accorgimenti migliori, per eliminare la macchia. Lo stesso accade con le tossine. Parlare di depurazione in modo generico è un grande sbaglio; sebbene sia proposta con queste modalità dalla maggior parte degli articoli, dei video sul web, dei libri, quando ti depuri in modo generico è come se lavassi il tuo capo prezioso buttandolo semplicemente in acqua calda, senza considerare di quale accorgimento ha bisogno. Con il rischio di rovinarlo.

Quindi, se ogni biotipo ha le sue tossine, dovrà ricevere anche il suo personale programma depurativo. Sono stata chiara? Non un programma qualunque, ma il suo *programma personale*.

Se il biotipo aria è caratterizzato da tossine irritanti e dalla disidratazione non potrà certo ricevere lo stesso programma del biotipo acqua, che al contrario ha come elemento principale le tossine acquose, che trattiene come una spugna.

Il biotipo fuoco, invece, produce poche tossine perché ha un metabolismo veloce e le brucia (è come se corresse di continuo a portare fuori i suoi sacchetti dell'immondizia, quindi non ne accumula), però con questo movimento senza sosta si infiamma e brucia anche se stesso. Il suo programma dunque dovrà essere mirato e non potrà certo assomigliare a quello del biotipo terra, che accumula tutto e se potesse non porterebbe fuori nemmeno un sacchetto della spazzatura. Trattiene, solidifica e si congestiona.

La formula della disintossicazione secondo il tuo biotipo

Ecco la mia formula per disintossicarti secondo il tuo biotipo. Si basa sulla prima tattica, quella del *poco ma ottimo*, ed è composta da rimedi selezionatissimi e a lungo sperimentati, da me e dalle migliaia di persone che mi seguono. Aiuteranno il tuo organismo a mantenersi libero dai sacchetti dell'immondizia, cioè a portarli fuori regolarmente. In modo facile ma molto efficace. Ovviamente ti propongo questa formula in maniera personalizzata per ogni biotipo.

Sai perché questi rimedi depurano così in fretta? Perché si basano su un espediente. Procedi nella lettura per conoscerlo.

La scorciatoia per disintossicarti

Certe volte, quando stiamo male, pensiamo che il corpo sia stupido. O antipatico. «Proprio adesso hai deciso di ammalarti?» Come se ci volesse fare un dispetto, come se non si impegnasse abbastanza per farci stare bene.

Ma il corpo non è né stupido né antipatico; al contrario, è sempre all'opera per garantirci benessere, e vuole il meglio per noi. Il problema è che dobbiamo dargli il nostro aiuto. C'è però un modo per farlo velocemente e con poca fatica. Di notte.

Adesso forse starai pensando: come, devo star sveglio di notte per aiutare il mio corpo?

No di certo! Anzi, l'aiuto glielo fornirai proprio dormendo. Meglio di così!

La scorciatoia che ti svelo si basa su un processo corporeo intelligente. Sono sicura che faresti anche tu la stessa scelta, quindi lascia che te la spieghi.

Pensa in cosa è impegnato il tuo corpo durante il giorno. A sostenerti! Ti sostiene mentre lavori, mangi, digerisci, vai in palestra, corri a prendere i tuoi figli a scuola, guidi, sei a una riunione di lavoro. Come puoi immaginare, con tutto quello che ha da fare durante la giornata non ha molto tempo da dedicare alle pulizie. Capita anche a te? Se torni a casa di corsa nella pausa pranzo, devi mangiare e poi uscire subito, non pulisci certo con attenzione la tua cucina; metti i piatti nel lavello e scappi via guardando l'orologio, perché sei in ritardo. Quando invece sei a casa con più tempo e calma, per esempio di sera o nel fine settimana, puoi pulire meglio. Ecco, il tuo corpo si comporta nella stessa maniera: se di giorno è impegnato a sostenerti nelle mille attività, il momento in cui ha più tempo e calma è la notte, quando stai dormendo. Non ha un intero fine settimana a disposizione, può sfruttare solo quel lasso di tempo in cui è più libero. Ed ecco che entra in azione la sua estrema saggezza. Oltre a proseguire con i normali processi fisiologici, inizia le pulizie a fondo di casa. Si guarda intorno, vede sacchetti dell'immondizia da eliminare, li raccoglie meticolosamente e li mette fuori dalla porta. Più tardi, al mattino, li porterà fino al cassonetto della spazzatura. Prima vuole occuparsi di un altro aspetto importante: della riparazione cellulare, quella che avviene soprattutto di notte, per contrastare i radicali liberi e mantenere l'organismo giovane. È un'altra attività in cui, mentre tu tranquillamente dormi, lui è impegnatissimo.

Non sempre però gli è possibile seguire la sua programmazione intelligente. Capita quando di notte deve fare altro, per esempio digerire un pasto pesante; o quando di mattina, momento in cui va aiutato a trasportare nel cassonetto dell'immondizia i sacchetti che sono fuori dalla porta, viene trangugiato subito un caffè, o un cibo solido, che blocca il processo finale di pulizia.

Allora svegliarsi diventa particolarmente faticoso.

«Mi devo subito lavare i denti, perché sento un sapore strano in bocca.»

«Ho la lingua impastata.»

«Mi guardo allo specchio e noto i miei occhi gonfi.»

«Sono più stanco di quando sono andato a letto.»

«Ho la testa pesante.»

Se prendi la scorciatoia che ti ho insegnato, questo non succede. Ti serviranno tre rimedi:

1. la zuppa detergente del biotipo;
2. la doccia interna del biotipo;
3. la tisana del biotipo.

Adesso ti spiego passo per passo il procedimento che fa parte del mio metodo, per disintossicarti in base al tuo biotipo dominante.

1° RIMEDIO
La zuppa detergente secondo il tuo biotipo

Si tratta di una zuppa speciale, preparata con ingredienti studiati appositamente per ogni biotipo, in base alle tossine che lo caratterizzano. Le ricette che trovi sono infatti quattro. Fai attenzione: non è una semplice preparazione culinaria, si tratta di un vero e proprio rimedio terapeutico. La naturopatia utilizza i cibi come farmaci, e quindi è possibile scambiare questa preparazione per una semplice ricetta. L'effetto però è molto diverso: non è solo nutritivo, ma è anche profondamente depurativo, in base al tipo di tossine che contraddistinguono ogni biotipo.

Durante i miei corsi, io definisco scherzosamente questo rimedio «il detersivo della notte»: se la sera mangi la zuppa depurativa, secondo le modalità che imparerai tra poco, mentre dormi questa preparazione agisce come un vero e proprio solvente. È un po' come il detersivo che aggiungi in lavatrice: il tuo corpo è la lavatrice che durante la notte mette in atto i processi di depurazione, e la zuppa è il detersivo che lo aiuta a compierli.

Al mattino, poi, dovrai completare l'operazione con la doccia interna; ma di questo ci occuperemo dopo. Adesso vorrei che prima tu imparassi questo rimedio.

I 9 BENEFICI DELLA ZUPPA DETERGENTE

1. Discioglie le scorie e le prepara per l'eliminazione che avverrà con la doccia interna mattutina.
2. Purifica il fegato, il laboratorio dell'organismo attraverso il quale viene smaltita ogni sorta di sostanza nociva.
3. Pulisce i reni, i veri «specialisti» della depurazione che ogni giorno filtrano per circa 300 volte tutto il sangue e attraverso l'urina eliminano molte sostanze dannose.
4. Depura l'intestino, il principale organo addetto all'eliminazione delle scorie.
5. Purifica la pelle: con una superficie di circa due metri quadri, è coinvolta nel processo di disintossicazione attraverso le scorie che escono dai suoi pori; con questo rimedio la pelle diventa più liscia, luminosa e si riduce la formazione di rughe.
6. Regolarizza il peso: garantisce il normopeso e, se in eccesso, aiuta a perderlo.
7. Mantiene giovani: quando il corpo è depurato viene facilitata la rigenerazione cellulare e contrastati i pericolosi radicali liberi, che causano ossidazione e quindi invecchiamento. Inoltre viene regolarizzata la produzione di melatonina, importante ormone della giovinezza.
8. Migliora il sonno: l'organismo viene supportato e le sue batterie si ricaricano meglio.
9. Combatte i cattivi odori corporei.

I requisiti necessari alla pulizia notturna

Ecco gli elementi importanti affinché questa tecnica depurativa funzioni:
- la ricetta per il tuo biotipo;
- l'orario della cena;
- l'impostazione del pasto.

La ricetta della zuppa per il tuo biotipo

Ogni biotipo ha la sua ricetta con gli ingredienti più adatti; la preparazione generale, però, è uguale per tutti.

GLI INGREDIENTI

La dose di zuppa è per 3-4 persone.

INGREDIENTI PER IL BIOTIPO ARIA:

- Acqua 1,5 litri
- Finocchi 2 (900 g) oppure, se non sono di stagione, 600 g di pomodori rossi
- Carote 3 (300 g)
- Zucchine 2 (400 g)
- Zucca 150 g oppure, se non è di stagione, la stessa quantità di patate
- Bietole ½ mazzo (300 g)
- Prezzemolo 1 ciuffo abbondante (10 g)
- Zenzero 20 g
- Decotto ai semi di lino *(vedi ricetta)*

INGREDIENTI PER IL BIOTIPO ACQUA:

- Acqua 1,5 litri
- Sedano 5 gambi (500 g)
- Finocchi 1 e ½ (700 g) oppure, se non sono di stagione, 500 g di pomodori rossi
- Carote 1 (100 g)
- Zucchine 2 (400 g)
- Porri 1 (300 g)
- Prezzemolo 1 ciuffo abbondante (10 g)
- Zenzero 20 g
- Decotto ai semi di lino *(vedi ricetta)*

INGREDIENTI PER IL BIOTIPO TERRA:

- Acqua 1,5 litri
- Finocchi 1 (450 g) oppure, se non sono di stagione, 350 g di pomodori rossi
- Carote 1 (100 g)

- Zucchine 2 (400 g)
- Bietole ½ mazzo (300 g)
- Broccoli ½ testa (200 g)
- Prezzemolo 1 ciuffo abbondante (10 g)
- Zenzero 30 g
- Decotto ai semi di lino *(vedi ricetta)*

INGREDIENTI PER IL BIOTIPO FUOCO:
- Acqua 1,3 litri
- Sedano 3 gambi (300 g)
- Carote 2 (200 g)
- Zucchine 4 (800 g)
- Zucca 200 g oppure, se non è di stagione, la stessa quantità di patate
- Bietole 1 mazzo (600 g)
- Prezzemolo 1 ciuffo abbondante (10 g)
- Decotto ai semi di lino *(vedi ricetta)*

Accessori necessari

- Una pentola molto capiente, meglio se a fondo pesante, con il coperchio;
- un frullatore a immersione (meglio se a 700 watt di potenza o superiore).

Come preparare la zuppa detergente

Scegli una pentola molto capiente, riempila con l'acqua e porta a bollore. Nel frattempo inizia a pulire le verdure, tenendo da parte il prezzemolo e lo zenzero, se previsti tra gli ingredienti. Versa le verdure nella pentola man mano che l'acqua si riscalda, secondo l'ordine con cui sono indicati gli ingredienti: in questo modo le verdure coriacee, che devono cuocere di più, avranno la precedenza rispetto a quelle più tenere. Lascia le verdure il più possibile intere: per esempio delle carote e delle zucchine taglia semplicemente le estremità, il finocchio dividilo in quattro parti solo per lavarlo bene, sbuccia la zucca e le patate ma lasciale a pezzi grossi o intere, il sedano e le bietole ponili in pentola così come sono. In questo modo i principi nutritivi sono più protetti dall'ossidazione e dal calore.

Quando l'acqua arriva a bollore, abbassa il fuoco al minimo, copri con il coperchio e fai sobbollire molto piano per circa 20-30 minuti. Poco prima di terminare la cottura aggiungi il prezzemolo.

Nel frattempo prepara il decotto ai semi di lino, come indicato poco più avanti. Quindi sbuccia lo zenzero, se previsto tra gli ingredienti del tuo biotipo, e taglialo a spicchi (il frullatore a immersione non riesce a frantumare pezzi troppo grandi).

Quando le verdure sono appena tenere, togli la pentola dal fornello e aggiungi lo zenzero e il decotto ai semi di lino. Utilizza il frullatore a immersione direttamente in pentola per ottenere una zuppa dalla consistenza morbida e densa; non eccedere, in modo da evitare l'ossidazione.

Occhio all'errore! Non cuocere le verdure troppo a lungo, per limitare la perdita nutrizionale.

Decotto ai semi di lino per zuppa del biotipo

INGREDIENTI
- Semi di lino dorati 3 cucchiai rasi (30 g circa)
- Acqua 1 litro

PREPARAZIONE

Poni i semi di lino dorati (importante: non utilizzare quelli scuri) in una pentola con l'acqua necessaria e porta a bollore a fiamma bassa, con coperchio. Fai bollire a fiamma bassissima per 4 minuti. Filtra subito (altrimenti si riaddensa) e aggiungi il decotto alla zuppa.

Pulisci subito tegame e colino dopo la preparazione perché se fai passare del tempo i residui saranno difficili da eliminare.

BENEFICI DEI SEMI DI LINO DORATI

- depurano l'apparato gastrointestinale e urinario;
- agiscono come un balsamo lenitivo sulle mucose interne;
- apportano benefici per i problemi gastrici (gastrite, ulcera, reflusso);
- migliorano il benessere intestinale;
- rallentano l'assorbimento degli zuccheri, mantenendo i valori della glicemia stabili;
- nutrono la pelle dall'interno, combattendo la secchezza e le rughe.

Come conservare la zuppa

Si conserva in frigorifero per due giorni. Io consiglio di prepararla periodicamente in dosi abbondanti, per consumarne una parte fresca e surgelare il resto in monoporzioni. In questo modo puoi consumarla spesso, senza fare fatica.

Nota bene: non appena la zuppa si sarà raffreddata, andrà sottoposta a refrigerazione.

L'orario della cena

Affinché la pulizia notturna avvenga in profondità, l'orario della cena è importante. La prima regola è non andare a dormire con il cibo ancora da digerire, ma nemmeno con lo stomaco troppo vuoto per ritrovarsi poi affamati durante la notte.

Ecco le indicazioni per ciascun biotipo:

- Biotipo aria: cenare circa 2 ore e mezzo-3 ore e mezzo prima di coricarsi.
- Biotipo acqua: cenare circa 3-4 ore prima di coricarsi.
- Biotipo terra: cenare circa 3-4 ore prima di coricarsi.
- Biotipo fuoco: cenare circa 2 ore mezzo-3 ore e mezzo prima di coricarsi.

Impostazione della cena

Il rimedio della pulizia notturna andrà assunto in dosi definite e associato a una determinata composizione del pasto.

La cena dovrebbe essere il pasto più leggero della giornata; renderlo il pasto forte va contro i naturali ritmi biologici, anche se è un'abitudine molto frequente, che causa danni di cui la maggior parte delle persone non è consapevole. Si fa più attenzione a cosa si mangia piuttosto che all'*orario in cui ci si mette a tavola*, eppure le secrezioni ormonali che attivano il metabolismo hanno una punta massima verso l'orario di pranzo e poi scendono; *per esempio, tutto quello che si mangia dopo le 17 ingrassa molto di più di quello che si mangia nelle ore prima*. In generale, ciò che si assume al mattino viene assimilato totalmente, mentre una parte di ciò che si mangia a cena si accumula. Quando vai a dormire, nel tepore del letto e nel tuo corpo immobile si ammassa sotto forma di residui fecali e di gas che fermentano e producono tossine, spesso anche dal cattivo odore. Quindi il primo segreto per depurarti ed eliminare i cattivi odori è quello di abituarti a mangiare un po' meno a cena.

Inizia perciò il pasto con la zuppa detergente, che arriverà per prima allo stomaco e agirà meglio come depurativo. Poi prosegui con il cibo restante (in base al biotipo), che sarà però in quantitativo ridotto. Mangiare molto alla sera «ingolfa» l'organismo e blocca i suoi processi depurativi, quindi ti suggerisco di fare i pasti principali a colazione e a pranzo.

Ecco le indicazioni per ogni biotipo.

- Biotipo aria:
  Dosi di zuppa detergente: 350 ml circa
  Composizione del pasto: cibo proteico e cereali
- Biotipo acqua:
  Dosi di zuppa detergente: 350 ml circa
  Composizione del pasto: cibo proteico ed eventualmente pochissimi cereali
- Biotipo terra:
  Dosi di zuppa detergente: 400 ml circa

Composizione del pasto: cibo proteico ed eventualmente pochissimi cereali

- Biotipo fuoco:
  Dosi di zuppa detergente: 400 ml circa
  Composizione del pasto: cibo proteico e cereali

Informazioni sul pasto. Oltre alla zuppa, il pasto sarà molto leggero. Come avrai notato, per alcuni biotipi è indicato consumare sia cibo proteico sia cereali, per altri invece quasi solo cibo proteico. Gli alimenti a base di proteine e i cereali andranno scelti secondo le indicazioni della tua tipologia, e nel prossimo capitolo, *Mangia secondo il tuo biotipo*, troverai tutte le informazioni.

No alle verdure crude con la zuppa. Avrai visto che nel pasto non viene suggerito il consumo di verdure crude, che infatti non rientrano nella tecnica della pulizia notturna. L'abbinamento crudo-cotto, specialmente nel caso della zuppa, causa gonfiori e fermentazioni. Le verdure crude, in ogni caso, se mangiate la sera sono più difficili da tollerare; la sera è il momento ideale per un cibo caldo (o tiepido in estate), cremoso ed emolliente come la zuppa depurativa.

Domande e risposte

Se voglio preparare la zuppa per tutta la famiglia come faccio? Prima di tutto premetto che sebbene la zuppa sia studiata come depurativo per i diversi biotipi, essendo un alimento, può essere consumata tranquillamente da tutta la famiglia come cibo salutare. Va solo fatta attenzione allo zenzero, che il biotipo fuoco deve evitare. Se più di un famigliare è in fase di depurazione, è possibile utilizzare le monoporzioni surgelate, da scaldare separatamente.

E se mangiassi solo la zuppa e nient'altro? Spesso mi trovo davanti a persone convinte di fare un'ottima cosa limitandosi a mangiare per cena solo una minestrina in brodo, o un po' di passato di verdura, o verdure crude. Questa idea è sbagliata: mangiare solo carboidrati, come quelli delle verdure o della minestrina, anche se sembrano leggeri, conduce a un aumento dell'insulina rapido e massivo che produce ingrassamento e ostacola i processi depurativi (nel capitolo sull'alimentazione ti spiegherò meglio questo meccanismo).

È sempre bene che la cena contenga una parte di cibo proteico.

E se facessi il digiuno serale? È sempre meglio non saltare la cena, altrimenti ci si espone al rischio di doversi svegliare durante la notte per mangiare qualcosa, in preda ad attacchi di fame, o di dormire male, con i conseguenti effetti negativi sul processo di depurazione.

Posso fare uno spuntino dopo cena? Se vuoi effettuare bene la pulizia notturna non dovrai mangiare altro. Tutto quello che assumi di sera, come ti ho spiegato, riduce la forza di depurazione del tuo corpo. Spuntini e alimenti sfiziosi non devi abolirli, ma semplicemente consumarli entro le 17.

Posso salare? Non ho indicato il sale tra gli ingredienti perché la ricetta è studiata per mantenere intatti i principi nutritivi e il sapore naturale del cibo, riducendo così la necessità di insaporire. Sala in base alle tue esigenze. Ti renderai conto che, man mano che proseguirai con le mie tecniche di disintossicazione, sentirai sempre meno l'esigenza dei cibi salati, perché anche le papille gustative si «puliscono» e i cibi semplici diventano più gustosi.

Non mi piacciono i passati di verdura, come faccio? In questo caso taglia le verdure a pezzettini e prosegui secondo ricetta, evitando di frullare il tutto alla fine. Sarà un po' meno efficace, ma comunque molto utile.

Non mi piace il sapore della zuppa, come faccio? Se non è di tuo gradimento la ricetta terapeutica per il tuo biotipo aggiungi o togli ingredienti fino a trovare il sapore ideale. Certo, perderà parte della sua efficacia, però, se segui l'intero schema da me elaborato, ti aiuterà comunque a depurarti.

E se sono intollerante a qualche ingrediente? Eliminalo dalla ricetta.

Nota importante. Lo zenzero non va utilizzato in caso di gastrite o di reflusso gastroesofageo.

2° RIMEDIO
La doccia interna mattutina secondo il tuo biotipo

Su questo rimedio ho scritto un intero libro, *Curarsi con acqua e limone.* Forse lo hai letto perché è un bestseller, tradotto in più lingue. Nel percorso depurativo che ti sto insegnando apprenderai questo rimedio:

- in base al tuo biotipo;
- come prosieguo della pulizia notturna.

Se non lavi via le scorie non funziona

Al risveglio, la maggior parte delle persone beve un caffè e mangia del cibo solido. In questo modo, i sacchetti dell'immondizia che l'organismo ha ammassato fuori dalla porta vengono ricacciati dentro. Il risveglio invece è una fase delicata, in cui il corpo ha bisogno di essere *risciacquato*: più precisamente, le vie urinarie, il fegato, l'intestino e l'intero apparato digerente hanno bisogno di essere ripuliti dalle scorie che il corpo ha ammassato durante la notte.

Al contrario, se fai la pulizia notturna e salti la doccia interna al mattino è come insaponare una pentola, strofinarla bene per eliminare le scorie che vi aderiscono ma alla fine non risciacquarla. Sarebbe un controsenso, no?

I 9 BENEFICI DELLA DOCCIA INTERNA MATTUTINA

1. Elimina dal corpo le scorie della notte.
2. Lava l'apparato digerente.
3. Idrata profondamente l'organismo.
4. Depura il fegato.
5. È diuretica e purifica i reni.
6. Ha proprietà antibatteriche.
7. Protegge dall'inquinamento.
8. Elimina i cattivi odori corporei.
9. Regala nuova energia e vitalità.

Come usare la doccia interna dopo la pulizia notturna

Ecco gli elementi necessari affinché la depurazione secondo il tuo biotipo si completi bene:

- la ricetta per il tuo biotipo;
- l'impostazione della colazione.

La ricetta dell'acqua e limone per il tuo biotipo

Ogni biotipo ha la sua ricetta, con gli ingredienti più adatti. La preparazione generale però è uguale per tutti.

Gli ingredienti

INGREDIENTI PER IL BIOTIPO ARIA:
- 100 ml di acqua naturale
- 250 ml di tisana del biotipo aria (trovi la ricetta a p. 204)
- ½ limone

INGREDIENTI PER IL BIOTIPO ACQUA:
- 150 ml di acqua naturale
- 250 ml di tisana del biotipo acqua (trovi la ricetta a p. 204)
- 1 limone

INGREDIENTI PER IL BIOTIPO TERRA:
- 150 ml di acqua naturale
- 250 ml di tisana del biotipo terra (trovi la ricetta a p. 205)
- 1 limone

INGREDIENTI PER IL BIOTIPO FUOCO:
- 100 ml di acqua naturale
- 250 ml di tisana del biotipo fuoco (trovi la ricetta a p. 205)
- 1 limone

Materiale necessario

- 1 tazza grande

- 1 pentolino
- 1 termometro per liquidi
- 1 spremiagrumi (manuale o elettrico)
- 1 colino per filtrare

Come preparare l'acqua e limone

La tisana del biotipo l'avrai già preparata la sera prima, come ti spiegherò tra poco, e l'avrai posta in frigorifero. Al mattino versa nel pentolino sia la dose necessaria di tisana sia quella di acqua, in modo che si mescolino insieme. Quindi riscalda fino a raggiungere la temperatura di 45 gradi circa. Potrai usare il termometro per liquidi (lo trovi nei negozi di casalinghi), almeno agli inizi, per definire la temperatura corretta (se è troppo fredda non depura, se è troppo calda si rovinano le vitamine dell'agrume). Nel frattempo spremi il limone. Versa il liquido riscaldato nella tazza e aggiungi il succo, filtrandolo con un colino se necessario. Infine aggiungi la cannuccia (per proteggere lo smalto dei denti) ed ecco pronta la tua doccia interna!

Se il sapore è troppo aspro? Abituati a questa bevanda iniziando con un cucchiaino di succo, per poi aumentare gradualmente la dose, fino ad arrivare a mezzo, o a un limone intero. Al sapore del limone, in genere, ci si abitua facilmente, e nel tempo diventa una bevanda molto piacevole.

Se continui a percepirlo come troppo aspro aggiungi del dolcificante naturale.

Fai attenzione in caso di... Se soffri di gastrite o reflusso gastroesofageo comincia con poche gocce di limone ed eventualmente aumenta giorno dopo giorno, in base alla tolleranza. Se soffri di osteoporosi, usa un quarto o al massimo mezzo limone.

La colazione

Fai colazione almeno 10 minuti dopo aver assunto l'acqua e limone, ma non aspettare più di 30-45 minuti. L'ideale è alzarsi, fare subito la doccia interna al limone, quindi lavarsi, vestirsi e infine fare colazione.

La colazione sarà sostanziosa, perché avrai mangiato meno la sera precedente. Quando ai miei corsi dico alle persone di fare una colazione più abbondante, arriva sempre il commento: «Ma io al mattino non ho fame». La mia risposta è sempre la stessa: «Aspetta a dirlo, dopo aver mangiato meno a cena le cose cambiano!».

C'è anche chi dice che non ha tempo, però io ti consiglio vivamente di alzarti 10-15 minuti prima e di regalarti una colazione più abbondante. Te lo meriti. Noto che le persone calcolano minuziosamente le ore di sonno, senza considerarne la qualità: ti assicuro che è meglio dormire un quarto d'ora in meno ma vivere in un corpo depurato. Le tossine succhiano energia e, nonostante le ore di sonno che hai alle spalle, ti svegli poco riposato e hai bisogno di caffè per iniziare la giornata, anche se in realtà è un «finto» modo per tirarsi su.

Una delle domande che viene fatta più spesso nel Biotipi Club online del mio sito è: «Vorrei più energia, come posso fare?». Oggi si attribuisce la stanchezza all'essere troppo stressati. Sicuramente è vero, ma spesso non si prende in considerazione la fatica dell'organismo appesantito dai tanti sacchetti dell'immondizia che stazionano abbandonati al suo interno. È immane. Ci vuole il doppio, il triplo di energia nel vivere in questa condizione. Non allontanerai di certo la stanchezza dormendo un quarto d'ora in più, ma fornendo al tuo corpo l'occasione di liberarsi da tanta fatica. In ogni caso, ti consiglio di andare a dormire un quarto d'ora prima del solito o, ancora meglio, di utilizzare la tecnica di 9 minuti di rilassamento che ti fa sentire rigenerato come dopo un buon sonno. Te la spiegherò più avanti, quando scoprirai la parte del tempio del benessere dedicata allo stile di vita.

Iniziare la giornata in questo modo ti farà sentire forza, vigore ed energia, e anche gli impegni che hai davanti ti sembreranno meno pesanti.

Adesso torniamo alla colazione. Comincia con un frutto, cioè un cibo ricco di acqua biologica che ha un'azione idratante e vitalizzante sull'organismo e ti aiuta a concludere il drenaggio notturno delle scorie. Quindi procedi facendo colazione come d'abitudine, senza però alzarti da tavola con una sensazione di fame. Ti ricordo che quello che mangi al mattino ingrassa molto meno di quello che mangi di sera.

IL TRUCCO PER BERE CAFFÈ SENZA DANNI

La doccia interna mattutina aumenta il livello energetico. Molte persone, dopo aver preso l'abitudine di bere acqua e limone al mattino, mi scrivono che non hanno avuto più bisogno del caffè. Altre, però, desiderano continuare a berlo, per puro piacere. Siccome sai bene che io credo nella salute con gusto, ecco cosa devi fare.

Non bere il caffè appena ti alzi: fai la doccia interna con acqua e limone, mangia il frutto e, durante la colazione, goditi il caffè.

C'è una bella differenza. Nel primo caso mandi giù un caffè quando il corpo ha bisogno di essere depurato dalle scorie della notte, e inoltre fai arrivare alle delicate mucose gastriche una bevanda tendenzialmente aggressiva proprio quando sei a digiuno.

Nel secondo caso, prima lavi via le scorie della notte, poi mangi un frutto idratante e, mentre stai riempiendo lo stomaco con del cibo, bevi il caffè, riducendo così il contatto tra la caffeina e le sensibili mucose gastriche.

Come vedi, cambiando le modalità, si può continuare con una piacevole abitudine limitando gli effetti negativi.

Per quanto riguarda i diversi biotipi, quello che tollera peggio il caffè è il biotipo aria, specialmente se è sotto stress; a seguire il biotipo fuoco, in particolare in caso di infiammazione.

Domande e risposte

Devo usare sempre la ricetta del biotipo per la doccia interna? No, solo quando la fai seguire alla pulizia notturna. Diversamente puoi utilizzare anche la ricetta semplice, che trovi nel libro *Curarsi con acqua e limone*, valida per tutti, e utile anche se intendi semplificare ulteriormente.

Se non faccio la pulizia notturna devo comunque fare la doccia interna? Assolutamente sì! Come ogni giorno ti lavi, così ogni giorno al mattino fai la doccia interna, per lavare il tuo corpo dentro. Deve diventare parte del tuo stile di vita, come spazzolarti i denti. Richiede poco tempo e ti dà risultati eccellenti.

E se faccio colazione al bar? Qui ti offro la mia personalissima risposta: a me piace fare colazione al bar, anche se non è proprio sano. Tanto per cominciare, vado al bar solo ogni tanto, di solito un giorno a settimana. Prima di uscire di casa, però, metto in atto le mie strategie: al risveglio faccio la doccia interna e poi, dopo essermi preparata, mangio un frutto per ottenere l'azione idratante. Se ti capita di incontrarmi al bar, quindi, sai quale è stata la mia routine di benessere a casa. E mi raccomando, vieni a salutarmi!

3° RIMEDIO
La tisana del biotipo

Il terzo rimedio è una tisana, studiata specificatamente per le tossine del tuo biotipo.

Come prima cosa ti presento le ricette per ciascun biotipo. Poi ti spiego come assumere questo rimedio.

La ricetta della tisana del biotipo

Le piante sono state miscelate in modo da ottenere un effetto depurativo ma anche riequilibrante per ciascun biotipo, quindi per favorire l'eliminazione delle tossine dominanti e nel frattempo regalare una sensazione di benessere.

Inoltre le ricette sono state studiate in modo da risultare gradevoli al gusto.

Fai confezionare la miscela dal tuo erborista di fiducia. Prepara la tisana secondo le indicazioni e, se necessario, dolcificala con del miele o un altro dolcificante naturale (non usare lo zucchero o i dolcificanti sintetici); se gradisci la tisana senza dolcificanti, ancora meglio.

Per ogni biotipo è riportata anche la temperatura più indicata per l'assunzione della tisana. Con la ricetta otterrai una dose di circa 250 ml.

Ha collaborato alla stesura di queste formule la bravissima erborista Sandra Garzanti.

TISANA DEL BIOTIPO ARIA

- Angelica (*Angelica archangelica*) radice 30%
- Anice (*Pimpinella anisum*) semi 20%
- Coriandolo (*Coriandrum sativum*) semi 15%
- Melissa (*Melissa officinalis*) foglie 15%
- Camomilla (*Matricaria chamomilla*) capolini 10%
- Zenzero (*Zingiber officinale*) rizoma 10%

Preparazione. Versa in un pentolino 300 ml di acqua e aggiungi un cucchiaio da minestra raso di miscela. Copri e porta a ebollizione, quindi abbassa la fiamma e fai sobbollire, sempre con coperchio, per 5 minuti. Infine filtra.

Temperatura. Assumi la tisana calda.

TISANA DEL BIOTIPO ACQUA

- Ciliegio (*Prunus cerasus*) peduncoli 25%
- Orthosiphon (*Orthosiphon stamineus*) sommità 20%
- Betulla (*Betula alba*) foglie 15%
- Karkadè (*Hibiscus sabdariffa*) fiori 15%
- Solidago (*Solidago virga aurea*) sommità 15%
- Menta (*Menta piperita*) foglie 10%

Preparazione. Versa in un pentolino 250 ml di acqua e aggiungi un cucchiaio da minestra raso di miscela. Copri e porta a ebollizione, quindi spegni e lascia in infusione per 10 minuti. Infine filtra.

Temperatura. Assumi la tisana tiepida-calda.

TISANA DEL BIOTIPO TERRA

- Tarassaco (*Taraxacum officinale*) radice 25%
- Curcuma (*Curcuma longa*) rizoma 15%
- Cardo mariano (*Silybum marianum*) frutto 15%
- Bardana (*Arctium lappa*) radice 20%
- Rafano nero (*Raphanus sativus niger*) radice 10%
- Arancio dolce (*Citrus sinensis*) scorza del frutto 10%
- Eucalipto (*Eucalyptus globulus*) foglie 5%

Preparazione. Versa in un pentolino 300 ml di acqua e aggiungi un cucchiaio da minestra raso di miscela. Copri e porta a ebollizione, quindi abbassa la fiamma e fai sobbollire, sempre con coperchio, per 5 minuti. Infine filtra.

Temperatura. Assumi la tisana tiepida-calda.

TISANA DEL BIOTIPO FUOCO

- Regina dei prati (*Spirea ulmaria*) parte aerea 25%
- Salice bianco (*Salix alba*) corteccia 25%
- Curcuma (*Curcuma longa*) rizoma 10%
- Ribes nero (*Ribes nigrum*) foglie 20%
- Altea (*Althaea officinalis*) radice 10%
- Camomilla (*Matricaria chamomilla*) capolini 10%

Preparazione. Versa in un pentolino 250 ml di acqua e aggiungi un cucchiaio da minestra raso di miscela. Copri con coperchio e porta a ebollizione, quindi spegni e lascia in infusione per 15 minuti. Infine filtra.

Temperatura. Assumi la tisana tiepida.

Quando e come assumere la tisana del biotipo

Per ridurre al minimo i tempi, ti consiglio di preparare la tisana del biotipo la sera, in modo da averla subito disponibile il giorno dopo per la doccia interna. Utilizzala poi in questo modo:

- 250 ml nella ricetta della doccia interna, il mattino successivo.
- Altri 500 ml durante la giornata.
  Biotipo aria: lontano dai pasti nella dose di una tazza; dopo i pasti nella dose di una tazzina.
  Biotipo acqua: lontano dai pasti nella dose di una tazza, ma non oltre le 17.
  Biotipo terra: lontano dai pasti nella dose di una tazza, o anche 20-30 minuti prima dei pasti, sempre nella dose di una tazza.
  Biotipo fuoco: lontano dai pasti nella dose di una tazza, o anche 20-30 minuti prima dei pasti, sempre nella dose di una tazza.

Importante. Non consumare più di 750 ml al giorno di tisana del biotipo.

SCHEMA RIASSUNTIVO DELLA DISINTOSSICAZIONE SECONDO IL TUO BIOTIPO, FREQUENZA E MODALITÀ
Trovi tutte le indicazioni nel capitolo *Il protocollo 21 × 3 del biotipo Oberhammer* dove ricevi il programma del metodo Biotipi Oberhammer.

Esempi facili per una tecnica molto seria

Bene, abbiamo completato il percorso della depurazione secondo il tuo biotipo, e adesso sai come portare fuori i sacchetti della spazzatura che si accumulano. Ho voluto trattare l'argomento con esempi semplici, fuori dal campo professionale, affinché rimanessero facilmente impressi, sebbene i rimedi che ti ho spiegato siano stati studiati a lungo e in maniera scientifica. È stata una scelta ben precisa: voglio che tu ottenga prima possibile i benefici della depurazione, senza dover affrontare spiegazioni troppo tecniche. Voglio che tu senta quanto…

Si vive bene con il corpo pulito

Immagina ora di svegliarti al mattino, dopo un sonno tranquillo, sentendoti riposato e pieno di vitalità. Ti guardi allo specchio, il viso è luminoso, la pelle fresca, gli occhi sgonfi, la lingua pulita. Il tuo alito è buono. Affronti gli impegni della giornata con energia e sai che non sarai stanco man mano che le ore passano, perché hai delle riserve. Il tuo corpo ti affianca con forza fisica e lucidità mentale. Anche le tue funzioni fisiologiche sono buone: digerisci senza problemi, l'intestino e la vescica funzionano regolarmente. Le articolazioni e i muscoli danno armonia ai movimenti, la respirazione è libera e senza impedimenti. Il senso della fame è equilibrato: non sei sopraffatto dalla voglia di mangiare a ogni costo qualcosa. Anche se affronti una giornata faticosa, arrivi a sera senza doverti preoccupare di odori corporei sgradevoli: quando sei a contatto con gli altri ti senti a tuo agio.

È solo un sogno? No, può essere realtà. La tua, quando il corpo è disintossicato.

Cosa hai imparato in questo capitolo

Hai conosciuto il tetto del tempio del benessere, quello che ti garantisce una vera guarigione e un senso di benessere profondo: la disintossicazione. Questo tetto ti proteggerà sempre. Ora ti prepari a conoscere il primo pilastro.

Sì, adesso…

MANGIA SECONDO IL TUO BIOTIPO: QUELLO CHE NON PUOI ASSOLUTAMENTE IGNORARE SULL'ALIMENTAZIONE

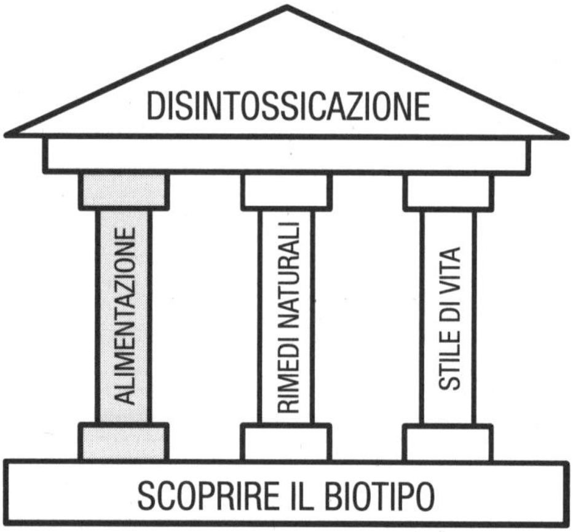

Siamo arrivati al momento in cui ti spiegherò come mangiare secondo il tuo biotipo.

L'alimentazione è il primo pilastro del tempio del benessere: il cibo che ogni giorno introduciamo nel nostro organismo influenza profondamente la salute.

> «Fa' che il cibo sia la tua medicina e la medicina sia il tuo cibo.»
>
> IPPOCRATE DI COO

Secondo la tradizione ippocratica, l'alimentazione è un vero e proprio farmaco. La cruda realtà, però, è che nutrirsi in modo corretto spesso non è semplice, richiede sforzo e impegno.

Ho tuttavia una buona notizia per te: non dovrai faticare se mangerai secondo il tuo biotipo. Non sarà necessario stravolgere la tua alimentazione o adottare abitudini complicate, ma semplicemente fare le cose giuste, adatte a te. Niente di più.

A tal proposito, se non l'avessi ancora fatto, ti invito a compilare il test gratuito del biotipo Oberhammer sul sito www.biotipioberhammertest.it, perché solo in questo modo potrai proseguire ottenendo risultati concreti. Diversamente, senza la guida del biotipo, sono in tanti a impegnarsi per poi ritrovarsi più confusi di prima.

Sono *tre i problemi* principali contro cui si scontrano le persone. Partiamo dal primo, te lo racconto attraverso le parole di Alberto, che scrive un commento sul mio sito.

Primo problema: sono confuso su cosa mangiare

«Scrivo perché non so più dove sbattere la testa: sto male. Alla ricerca della soluzione leggo e leggo, libri, articoli sulle riviste o in internet. Vedo su YouTube dei video in cui parlano anche medici molto famosi. Uno sostiene che la carne fa male, l'altro che fa bene. Uno dice di mangiare tante proteine e pochi carboidrati, un altro che la dieta mediterranea è la migliore. Uno consiglia molta frutta e verdura cruda, un altro di limitarla. Poi c'è chi parla bene della soia e chi è convinto che mangiarne troppa sia pericoloso. Chi dice che l'alimento più rischioso sono gli zuccheri, chi le proteine animali, chi sostiene che i centrifugati di frutta fresca siano fonte di salute, chi suggerisce di evitarli. Io sono confuso. *Provo un po' questo e un po' quello, ma ormai non so più da che parte sbattere la testa.* Chi ha ragione? Chi ha torto? Ma perché è così difficile stare bene? I miei problemi comunque non passano, anzi, ultimamente sono peggiorati. Alberto.»

Le parole di Alberto non mi sono nuove. Nel mio Biotipi Club online, dove le persone possono sottopormi i loro dubbi e ottenere le mie risposte, i quesiti sull'alimentazione riguardano molto spesso proprio le informazioni contrastanti.

Scoprirai che l'alimentazione secondo il tuo biotipo ha tante risposte per te, per salvarti dalla confusione.

Secondo problema: con me non funziona niente

«Con me nessuna dieta funziona.»

«Non so più cosa mangiare.»

«Ormai le ho provate tutte.»

C'è chi si sottopone a diete restrittive, chi fa attenzione a ogni alimento, ma constata che il suo disturbo permane. Oppure scompare per un po', per poi tornare senza un motivo apparentemente comprensibile. È avvilente. Lascia desolati, a mani vuote, senza più strumenti da poter utilizzare. Sono frasi che ascolto ogni giorno dalle persone che si rivolgono per la prima volta a me, sul volto hanno impressa la delusione, certe volte anche la disperazione. Peggio ancora è trovarsi di fronte alla rassegnazione: la sensazione che non ci sia soluzione si insinua ed è la più velenosa per la salute.

«Tanto, qualsiasi cosa mangio, il mio problema non migliora.» Forse è un pensiero che hai avuto anche tu nei momenti più bui; ma non ti preoccupare, sono considerazioni che fa chi è stanco di non stare bene.

Terzo problema: perché inizio e poi abbandono?

«Non sono costante.»

«Inizio qualcosa e non la finisco.»

«Non ho forza di volontà.»

All'opposto rispetto a chi segue tenacemente un programma alimentare, c'è chi inizia molte diete e non ne porta a termine nessuna. Sperimenta e poi abbandona di continuo, quindi ricomincia da capo. Mangia in un certo modo e poi non va avanti. Deluso, rivolge a se stesso critiche talvolta feroci.

Anche in questo caso, però, spesso la colpa non è di chi desiste, ma delle soluzioni poco adatte al proprio biotipo. Si intraprende un programma e non si ha la forza di portarlo avanti perché non fa sentire a proprio agio, proprio come quando si indossano delle scarpe belle eppure non del tutto comode. Per esempio, sono della taglia giusta ma stringono leggermente in punta. Dopo un certo periodo, vengono dimenticate nella scarpiera di casa perché istintivamente teniamo lontano ciò che non ci fa sentire completamente a nostro agio. La stessa cosa accade con il cibo: riusciamo a portare avanti un programma se è confortevole, se il nostro corpo lo sente in sintonia con le sue esigenze, se non lo avverte come restrittivo: quando indossiamo le nostre scarpe più comode possiamo camminare a lungo e senza sforzo.

Se non lo sai, fai una gran fatica

Ricordi che all'inizio di questo libro ti ho spiegato che per ottenere i risultati che desideri l'aspetto più importante è cambiare il punto di vista, la visione della guarigione? Sono fermamente convinta che abbandonare il vecchio modo di concepire la guarigione è fondamentale per lasciarti alle spalle tutti i percorsi faticosi.

Affinché io possa darti questi risultati, quindi, prima di dirti come mangiare devo spiegarti *tre errori* che devi evitare, altrimenti farai fatica a ottenere risultati con l'alimentazione.

Errore numero 1: i benefici di un cibo non sono automaticamente anche i tuoi benefici

Adesso ti chiedo di immaginare questa scena: stai leggendo l'ennesimo libro riguardante l'alimentazione (o un articolo su una rivista, o in internet) che parla dei benefici di un certo cibo. Scorri con il dito la tabella nutrizionale, noti che contiene tante vitamine, sali minerali, antiossidanti. Prosegui nella lettura e scopri i benefici di quell'alimento per una malattia di cui soffri. Quante volte ti capita di leggere, o ascoltare nei video, notizie di questo tipo, spesso anche supportate da valide ricerche scientifiche? «Interessante!» esclami.

Adesso fai attenzione alla domanda che ti pongo: ti piacerebbe che ti venisse raccontata una storia, senza spiegarti che è solo una parte? Tu la ascolti, pensi che sia vera, ma non sei a conoscenza del fatto che ci sia anche un seguito. Sono convinta che non ti piacerebbe.

Bene, se vuoi la storia intera, eccola. È molto breve, tuttavia ti spiegherà il motivo di diversi sbagli, insuccessi o errori che riguardano l'alimentazione. E ti svelerà anche un importante segreto della guarigione naturale e facile.

Ecco quello che non vieni a sapere

Allora, riprendiamo: hai appena scoperto i benefici di un certo cibo e hai consultato la tabella nutrizionale. Di solito la storia finisce qui. Ecco cosa manca alle informazioni che hai appena ricevuto.

- Come viene digerito quel cibo.
- Come viene assimilato.
- Come vengono eliminate le sue scorie.

Andiamo a scoprirlo, perché quando hai letto che quel cibo fa bene eri appena al «C'era una volta...».

La storia continua con un secondo capitolo: la *digestione*. Ti faccio un esempio con una mela: se mangi questo frutto, ricco di vitamine e minerali, ma non lo digerisci bene, al tuo organismo cosa arriverà? Il buon senso ci fa pensare che un cibo mal digerito non apporterà al corpo i suoi preziosi elementi, se la digestione non avviene correttamente; anche se la tabella riportata sull'ultimo libro-novità dice che un certo cibo è ricco di sostanze preziose, senza un sano processo digestivo rimane solo una bella realtà impressa sulle pagine. Quando questo primo processo non avviene correttamente, la verità è che nell'organismo vengono prodotte scorie, per esempio sotto forma di fermentazione, che causano indigestione, alito pesante e pancia gonfia. È quello che succede, per esempio, al biotipo aria quando mangia troppo cibo crudo. La nostra preziosa mela, quindi, così preziosa non lo è più, se non passa la fase di una corretta digestione. Anzi, ha un'azione infiammatoria sulle delicate mucose intestinali.

Passiamo al secondo capitolo della storia. Se il primo era quello della digestione, il secondo è quello dell'*assimilazione*. Immaginiamo che il cibo mangiato abbia passato con buoni voti la prima fase, quella digestiva. Ora dovrà affrontare quella successiva, ma nemmeno questa è garantita con certezza. Di sicuro qualcosa verrà assimilato, ma quanto? E in che modo? Ecco un esempio che riguarda le proteine vegetali: spesso si sostiene che se mangiamo proteine vegetali correttamente combinate (per esempio associando i cereali ai legumi) otteniamo un apporto proteico completo, perché vengono integrati gli amminoacidi mancanti. Eppure questa affermazione non considera la biodisponibilità dell'alimento, ovvero come esso viene assorbito dal nostro organismo; non tutti i cibi infatti hanno la stessa biodisponibilità proteica, lo scoprirai più avanti. Una struttura fisica robusta come quella del biotipo terra, o con forti capacità digestive come quella del biotipo fuoco, non ha problemi con un apporto proteico senza elevata biodisponibilità. Invece una struttura fisica gracile, che tende alle carenze alimentari come quella del biotipo aria, con un tale apporto proteico potrebbe incorrere in problemi. Consigliare quindi il vegetarianesimo o il veganesimo in maniera indistinta non è sempre sicuro, dato che l'informazione può essere corretta sulla carta ma non nella realtà: per alcuni biotipi quell'apporto proteico è valido, per altri no.

E ora arriviamo al terzo capitolo della nostra storia: il processo nutritivo dell'*eliminazione*. Immaginiamo perciò che la digestione sia stata buona, l'assimilazione anche. Cosa succede però se le scorie residue non vengono eliminate bene?

Anche in questo caso il processo alimentare non può definirsi ottimale. Un esempio? Quando le evacuazioni sono maleodoranti. Ti ho già accennato a questo problema nel capitolo sulla disintossicazione e ti ho spiegato quanto le scorie possono sovraffaticare il tuo organismo; se tutto il processo alimentare è avvenuto correttamente, invece, le evacuazioni saranno praticamente inodori e il nostro corpo avrà beneficiato del cibo che abbiamo introdotto al suo interno.

Ti fa bene se tutto finisce bene

Ecco, siamo arrivati alla conclusione della storia. Adesso che la conosci interamente – non solo una parte – non sarai più tra quelle persone che leggono: «C'era una volta un cibo che fa tanto bene...» e corrono a comprarlo e consumarlo. Ti chiederai prima se quel cibo – o quella dieta – fa tanto bene a te, cioè se tutta la storia finirà bene, con una corretta digestione, assimilazione ed eliminazione.

Seguire il metodo Biotipi Oberhammer ti aiuterà proprio in questo: ad arrivare al lieto fine.

> «Siamo quello che mangiamo, digeriamo, assimiliamo ed eliminiamo.»
>
> Dire solo: «Siamo quello che mangiamo» è un'informazione parziale che può portare fuori strada.

Errore numero 2: ne faccio solo un pezzetto

Ora ti pongo una domanda: sai cosa ti porta a fare più fatica in assoluto nell'ottenere risultati con l'alimentazione?

Pensaci un po' prima di leggere qui sotto la mia risposta.

Ciò che ti porta a fare più fatica è pretendere di voler risolvere un problema solo con l'alimentazione.

Negli anni di esperienza ho constatato che i migliori risultati emergono abbinando l'alimentazione:

- *alla disintossicazione*, che è la vera base per ottenere i migliori risultati;
- *agli altri interventi* che scoprirai più avanti: dovrai fare poco, ma in ogni settore.

Sai cosa si ricava in questo modo? Una formula magica. Più precisamente, la formula magica della sinergia, che è potentissima e si basa sul fatto che un risultato si raggiunge meglio attraverso la cooperazione di più elementi anziché l'utilizzo di uno solo. Quindi, se vuoi ottenere un risultato soltanto con il primo pilastro, quello dell'alimentazione, sarai costretto a sottoporti a diete più drastiche, piene di rinunce, divieti, regole rigide talmente complicate da renderti difficile la vita e farti apparire subito antipatico agli amici quando esci a cena con loro.

Con la formula magica della sinergia, invece, segui alcune semplici regole alimentari, le abbini alla disintossicazione, ai rimedi naturali e allo stile di vita (assestando meglio alcune tue abitudini), e avrai la guarigione naturale e facile al tuo servizio.

Curiosità

L'INGANNO DELLA PAROLA «DIETA»:
PEGGIORI ANCHE SOLO A PRONUNCIARLA

«Devo mettermi a dieta.» Se dici questa frase senti che farai qualcosa di piacevole o di faticoso? Che potrai mangiare quello che ti piace o che dovrai sforzarti? Penso che sarai d'accordo con me (a meno che tu non sia masochista): il termine «dieta» non evoca situazioni piacevoli, in cui siamo liberi di mangiare ciò che preferiamo e gustarci il cibo.

Forse adesso potresti obiettare: «Ma Simona, il termine "dieta" non ha questo significato sul dizionario». È vero, hai ragione, tuttavia la verità è che le parole ci influenzano in base alle sensazioni che evocano nella nostra testa: «dieta» non è collegata al mangiar bene, ma al fare sacrifici.

E sai cosa succede dentro di noi ogni volta che sappiamo di dover compiere dei sacrifici? Sottoscriviamo il nostro fallimento. Io non credo nella fatica perché non porta da nessuna parte: il mondo è pieno di persone che fanno fatica ma non è altrettanto pieno di persone felici dei risultati raggiunti, soprattutto capaci di mantenerli nel tempo.

Anni fa, quando mi sono dedicata ai biotipi e alla guarigione naturale e facile, ho sottoscritto una promessa: cancellare il pericoloso termine «dieta» dal vocabolario dei miei metodi; non volevo instillare nelle persone un cattivo seme, che le avrebbe condizionate in negativo fin da subito.

Poi, proseguendo nell'ideazione del mio metodo, mi sono anche accorta che il temine «dieta» accostato al concetto della guarigione naturale e facile con i biotipi Oberhammer è davvero un controsenso. Persino se il tuo obiettivo è quello di dimagrire. Ti spiego perché: da una parte seguiamo un metodo per il nostro biotipo, per ottenere un programma su misura, che ci faccia ottenere risultati in modo facile; dall'altra dobbiamo metterci a dieta. È come dire: fai questa cosa semplice e piacevole, però in maniera difficile e poco gradevole.

La parola «dieta», quindi, nei miei programmi non la troverai mai. Perché ci tengo davvero tanto a darti veri risultati, a farti fare poca fatica, a farti gustare la vita nei momenti migliori e con i tuoi cari.

Errore numero 3: basta che sia «sano», allora va bene

I centrifugati sono pieni di vitamine. Le bacche di Goji sono un cibo preziosissimo. I cereali integrali aiutano l'intestino. Il cibo crudo è meglio di quello cotto perché pieno di minerali e vitamine. Essere vegetariani mantiene l'organismo giovane e libero da eccessi di colesterolo.

Le abitudini considerate sane sono numerosissime.

I miti incrollabili della salute

- Mangiare molta frutta e verdura fa bene.
- Mangiare tanti alimenti integrali fa bene.
- Bere tanti centrifugati (o succhi, o estratti) fa bene.
- Mangiare tanto cibo crudo, ricco di vitamine e minerali, fa bene.
- Mangiare vegetariano o vegano fa bene.
- Mangiare senza glutine fa bene.
- Mangiare i supercibi, o cibi «smart», fa sempre bene.

Sono davvero tante le persone che cercano di seguire queste regole, o che si sentono in colpa se non lo fanno. Ma definire «sana» un'abitudine è relativo, perché dipende molto dal tuo biotipo. Con questa affermazione non intendo certo che per un biotipo sia sano mangiare hamburger e bere bibite gassate e per un altro siano da preferire frutta e verdura; piuttosto, ti suggerisco di scegliere nell'ampio ventaglio delle buone abitudini quelle adatte a te.

Io ascolto ogni giorno decine di storie di persone che si fanno del male con le «abitudini sane» e mi dispiaccio per loro, perché non ne hanno nessuna colpa. Semplicemente non c'è nessuno che spieghi loro certi particolari che magari sembrano irrilevanti, ma che sono fondamentali per ottenere i risultati sperati. E smettere così di fare tanta fatica, inutilmente.

Schiacciati dai buoni propositi

I buoni propositi, quindi, non sempre fanno bene. È una realtà che brucia quando la scopri, e appena me ne sono resa conto io ho reagito con rabbia. «Come, con tutta la fatica che sto facendo, adesso viene fuori che nemmeno serve?».

Penso che sia capitato anche a te nella vita, per esempio sul lavoro. Magari ti sei impegnato molto, per portare a termine un progetto; hai finito tardi ogni sera, hai creduto in quello che stavi facendo. Poi, dopo un certo tempo, ti sei accorto che in realtà non era così importante, che avresti potuto anche non farlo e non si sarebbe sentita la differenza. Tempo sprecato, ti sei detto, pensando che avresti potuto passare quelle ore a divertirti anziché a fare tardi per qualcosa che non lo necessitava.

Ecco, io agli inizi mi sono sentita nello stesso modo, quando ho scoperto che certe scelte di benessere erano solo fatiche inutili per alcuni biotipi. E mi sono arrabbiata. Io sono così, all'inizio scoppio. Poi mi sono fermata e ho pensato che non avrei mai voluto che le persone che si fidavano di me dovessero faticare ancora per scelte inutili, oltre a privarsi dei piaceri per qualcosa che a loro non serviva. Oppure che seguissero programmi faticosi, quando invece bastava solo qualche accorgimento meno impegnativo per dare gli stessi risultati. E quindi eccomi qui, con la guarigione naturale e facile.

Non voglio che il mangiar sano sia un macigno che ti schiaccia. Vorrei che fosse una scelta che ti porti a stare meglio, ti aiuti a eliminare i problemi di salute, ti faccia sentir bene. E soprattutto che non ti costringa a sacrifici inutili.

Come è strutturato questo capitolo?

Bene, ora sai quali sono i tre errori che possono condurti a fare molta fatica nel raggiungere i risultati che desideri con l'alimentazione.

Adesso sei pronto per ricevere le indicazioni pratiche su come mangiare i vari alimenti secondo il tuo biotipo. In questo capitolo ho inoltre preparato per te dei *riquadri di approfondimento e curiosità*: informazioni aggiuntive utili per fornirti una nuova visione della salute e ottenere la guarigione naturale e facile.

Ricorda che, per individuare il *poco ma ottimo*, dovrai soffermarti sull'icona che vedi alla pagina seguente e che segnala ciò che devi fare per il tuo biotipo. Siccome verranno fornite indicazioni per i quattro biotipi, evidenzia il tuo come ho indicato dettagliatamente nel capitolo *Il tempio del benessere*.

Partiamo da uno degli alimenti simbolo di salute: la verdura.

Quello che non ti viene detto sulla verdura

Chi non ha letto almeno una volta che per stare bene è importantissimo consumare verdura a sufficienza? Si parla di assumere un numero di porzioni adeguato, e a fine giornata magari ci si chiede se il «compito» è stato portato a termine in maniera corretta. È un'abitudine sana, perché la verdura contiene vitamine, sali minerali, enzimi e tanti altri nutrienti indispensabili alla salute.

Chiariamo però subito un concetto chiave, che riguarda il primo errore di cui ti ho parlato: questi preziosi nutrienti devono arrivare al tuo sangue e quindi alle tue cellule, non rimanere proprietà dei cibi che hai mangiato, soltanto scritti sulle tabelle nutrizionali. Se la verdura che mangi non è tollerata bene dal tuo organismo, per esempio ti gonfia la pancia e causa fermentazione con produzione di gas addominali, al tuo corpo arrivano nutrienti sovraccarichi di scorie. Inoltre l'apparato digerente si infiamma e l'assorbimento è inferiore. Quindi tu mangi grandi quantità di verdura, magari pensando alle tabelle che indicano i preziosi nutrienti, ma la realtà non è questa.

Ora io ti spiegherò come mangiare la verdura per ottenere davvero benefici, senza creare danni, per ciascun biotipo.

Come consumare la verdura secondo il tuo biotipo

Biotipo aria

Marica, mentre si tocca la pancia, mi dice: «A pranzo ho fatto un pasto leggero, solo un'insalata mista, e la mia pancia si è gonfiata come se fossi incinta». È una frase che si sente spesso, e che sottintende: «Ho mangiato cibo sano, eppure sto male». Per il biotipo aria, però, in questa abitudine c'è ben poco di sano; soggetto alle irritazioni, ha un apparato digerente sensibile e sviluppa facilmente gas addominali. Un pasto di questo tipo è quindi tutt'altro che adatto a lui perché aumenta la produzione di tossine di tipo gassoso, per esempio di acido butirrico, alcoli, composti di zolfo, ammoniaca.

Ecco le regole fondamentali che il biotipo aria deve seguire.

Non mangiare quantità eccessive di verdura. Per questo biotipo è importante mangiare giornalmente un'insalata mista, ma non come piatto abbondante. Ne basta una quantità ridotta, poiché l'eccesso infiamma l'apparato gastrointestinale peggiorando anche l'assimilazione: con lo scopo di ottenere troppo, non si ottiene niente.

Condire bene. Un certo quantitativo di grassi (uno o meglio due cucchiai di olio) rende le fibre della verdura meno aggressive sulle delicate mucose intestinali. È un po' come oliare gli ingranaggi. Inoltre favorisce l'assimilazione delle vitamine liposolubili, per esempio la provitamina A delle carote. L'attenzione ai processi assimilativi è di particolare importanza per il biotipo aria, che tende alle carenze alimentari e il cui organismo spesso manca di nutrienti. In pratica il suo apparato digerente è più delicato degli altri biotipi; se viene sovraccaricato va in tilt e assorbe male le sostanze che riceve dal cibo, con il pericolo di carenze alimentari, evidenti per esempio nei capelli e nelle unghie fragili, nella secchezza della pelle o delle mucose, nell'osteoporosi, nella facilità a stancarsi, nell'anemia e nella difficoltà a prendere peso.

Mangiare sempre altro cibo insieme alle verdure. Il pasto di Marica, composto solo da un'insalata mista, è deleterio per il biotipo aria. Allo stesso modo è deleterio il consiglio, che spesso si legge, di sgranocchiare una carota o un finocchio come spuntino. Il biotipo aria tollera meglio le verdure se assunte nel corso di un pasto completo, dove gli altri cibi fanno da «tampone» all'effetto irritante che le fibre delle verdure hanno su questo biotipo.

Evita il crudo per un giorno intero. Se i gas intestinali sono forti, una volta a settimana fai passare una giornata in cui non consumi verdure crude.

Il freddo dice alt. In caso di basse temperature, il biotipo aria deve ridurre il cibo crudo perché in queste condizioni la sua tollerabilità si riduce ulteriormente.

Verdure cotte in aiuto. Può essere utile cuocere (o anche solo scottare) le verdure, in modo tale che le fibre in esse contenute subiscano una parziale digestione, che alleggerisce il lavoro dei batteri intestinali.

Mai verdure da frigo. Non consumare verdure crude fredde, appena estratte dal frigorifero.

- *2 verdure SÌ per il biotipo aria*: il *finocchio*, perché modera le fermentazioni intestinali e favorisce l'espulsione dei gas, e la *carota*, per il suo effetto emolliente e nutriente.
- *2 verdure NO per il biotipo aria*: l'*asparago*, perché è diuretico e peggiora la tendenza a perdere liquidi, a disidratarsi e porta quindi alla secchezza, e il *cavolo* perché è flatogeno, cioè aumenta la produzione di gas intestinali.

Vero-falso

MANGIARE MOLTO CRUDO FA BENE?

Più mangi crudo meglio è: certe volte questo consiglio arriva deciso, senza mezzi termini. Ovunque si legge che il cibo crudo è più ricco di vitamine, enzimi e principi nutritivi. Ed è vero, ma adesso ti spiego che lo è solo in parte.

Quando cuciniamo, diverse sostanze vengono disperse dal calore; chi vuol mangiar sano, quindi, pensa che il piattone di verdure crude sia un bel regalo alla propria salute. Ciò che non viene considerato, però, è la tollerabilità di ogni individuo al cibo crudo: per il biotipo aria, o per chi soffre di meteorismo, è molto scarsa.

Ti spiego con un esempio cosa accade. Prova a pensare a una carota: se la mangi cruda la senti dura, la devi spezzettare tra i denti e la sua fibra, per quanto ben masticata, è più aggressiva di quella di una carota cotta, che in bocca risulta tenera. Ecco, il cibo crudo agisce in questo modo nell'appartato digerente: se da un lato è un buon spazzino, perché con la sua fibra più aggressiva elimina meglio le scorie, dall'altro, come una spazzola ruvida, irrita la mucosa intestinale riducendo l'assorbimento. Non si tratta solo di avere o meno la pancia gonfia, ma di una produzione nell'apparato gastrointestinale di tossine gassose e irritanti, che spesso si evidenziano con odori sgradevoli nel momento dell'evacuazione.

Inoltre il cibo crudo ha la tendenza a raffreddare il corpo, aspetto negativo per il biotipo aria che è predisposto alla freddolosità, e anche per il biotipo acqua nei periodi invernali.

La moda crudista è nata negli Stati Uniti, dove ci sono istituti specializzati in cui ho studiato e che basano le loro ricerche sul cibo crudo per curare le malattie. E in effetti funziona, ma soprattutto con i biotipi che tollerano bene il crudo: fuoco e terra.

Non dimentichiamo poi che le scuole crudiste sono nate tutte in luoghi caldi, in Florida e in California. Purtroppo sono in molti a seguire questa linea alimentare senza considerare due fattori importanti, il proprio biotipo e il clima; quando fa freddo, infatti, la tollerabilità al crudo si riduce ulteriormente.

In conclusione, mangiare molto cibo crudo non è per definizione una scelta sana. Non va certo eliminato, tuttavia per alcuni biotipi è necessario trovare il giusto equilibrio. Diversamente, pensi di seguire un'abitudine sana e invece danneggi la tua salute.

Curiosità

LA COTTURA NON HA SOLO LATI NEGATIVI

Non sempre il cibo crudo è più ricco di principi nutrivi:

- la cottura delle carote aumenta la disponibilità dei carotenoidi (che nel corpo si trasformano in vitamina A). In generale la cottura rende più accessibili tutti i carotenoidi: betacarotene, alfacarotene, licopene, luteina;
- la cottura dei cavoli o dei cavolfiori elimina sostanze che inibiscono la funzione tiroidea (i glucosidi);
- la cottura dell'albume d'uovo elimina l'avidina, che, legandosi alla biotina (vitamina B8 o vitamina H), ne impedisce la biodisponibilità;
- la cottura dei cereali integrali e dei legumi elimina l'acido fitico che si oppone all'assorbimento di diversi minerali;
- la cottura delle patate, dei pomodori e delle melanzane riduce drasticamente la presenza di residui di solanina, un glicoalcaloide tossico presente nelle solanacee;
- la cottura del pomodoro migliora la biodisponibilità del licopene, un principio nutritivo utile come antiossidante e come protettivo della prostata.

Biotipo acqua

Questo biotipo beneficia particolarmente delle verdure, sia crude sia cotte, perché contrastano la sua tendenza a trattenere liquidi e combattono le tossine acquose, caratteristiche di questa tipologia. I cibi con elevata capacità diuretica e drenante aiutano il suo organismo a sgonfiarsi, a ridurre la cellulite, a drenare all'esterno le tossine acquose (per esempio le scorie azotate, i corpi chetonici, l'urea, l'acido urico), nonché a dissolvere i cristalli acidi che possono aggredire i reni, causare la sabbiolina negli occhi o far sviluppare i calcoli. Le verdure possono venire consumate in insalate miste ma anche come minestre, perché hanno ottime proprietà diuretiche; ricordati però che un alimento crudo è sempre più diuretico dell'equivalente cotto.

Basta un filo d'olio. Il biotipo acqua non deve condire le verdure con troppo olio, ne basta un piccolo quantitativo, perché così facendo si riduce il tempo di digestione, che per questa tipologia può essere lungo, e si enfatizza l'azione diuretica.

Aceto di mele o succo di limone sono alleati. Per questo biotipo è indicata, solo se gradito, l'aggiunta di qualche goccia di aceto di mele (non di vino) per le sue proprietà diuretiche e drenanti. Lo stesso vale per il succo di limone.

Occhio al sale. Il biotipo acqua deve evitare di condire le verdure con il sale, perché contrasta il processo diuretico delle verdure stesse.

Attenzione al clima freddo. Siccome questo biotipo tende a raffreddarsi, le verdure crude vanno limitate quando il clima è rigido, per evitare fermentazioni intestinali e peggiorare il gonfiore. Si possono invece consumare a piacere in estate.

Se compare il meteorismo. In caso di gonfiori addominali andranno seguite le indicazioni per il biotipo aria, fino al normalizzarsi della situazione. Poi il biotipo acqua passerà alle indicazioni per la sua tipologia.

- *2 verdure SÌ per il biotipo acqua*: il *sedano*, ricco di potassio, acido aspartico e iodio, svolge un'azione diuretica anche attraverso l'attivazione tiroidea; si può consumare in pinzimonio, cotto o centrifugato come succo. L'*asparago*, un drenante molto efficace per combattere la ritenzione idrica: contiene una sostanza sulfurea (l'asparagina) dalle proprietà diuretiche e depurative.
- *2 verdure NO per il biotipo acqua*: gli *spinaci* perché ricchissimi di minerali e ossalati che appesantiscono la funzione renale e i *cavoli* perché riducono la funzionalità tiroidea; se cotti, però, sono tollerati.

Biotipo terra

Questo biotipo beneficia delle verdure, sia crude sia cotte. È importante che ne mangi buoni quantitativi perché contribuiscono a ridurre l'importante appetito che lo caratterizza senza appesantire lo stomaco; le verdure inoltre sono fortemente decongestionanti e aiutano il biotipo terra a contrastare la tendenza a formare depositi di tossine solide quali le mucine acide, cioè muco sia a livello delle vie respiratorie sia intestinale, eccessi di colesterolo e di acidi biliari.

Il biotipo terra può consumare le verdure crude in buone dosi perché la sua temperatura corporea sostiene facilmente un cibo tendenzialmente freddo.

Poco olio e, a piacere, aceto o succo di limone. L'olio deve essere usato con parsimonia da questo biotipo. Può essere aggiunto aceto di mele se lo gradisce o, ancor meglio, succo di limone.

Ogni pasto deve contenere verdure. È un consiglio che vale per tutti i biotipi, ma in particolare per il biotipo terra: le verdure devono sempre accompagnare il pasto. Consiglio a questo biotipo di mangiare le verdure sia a pranzo sia a cena, ancor meglio se a inizio pasto.

Se compare il meteorismo. In caso di gonfiori addominali andranno seguite le indicazioni per il biotipo aria, fino al normalizzarsi della situazione. Poi il biotipo terra passerà alle indicazioni per la sua tipologia.

- *2 verdure SÌ per il biotipo terra*: il *cavolo* perché protegge le arterie, che in questo biotipo vengono maggiormente colpite da disturbi, e il *ravanello* perché aiuta a ridurre l'accumulo di muco nell'organismo e depura il fegato, che nel biotipo terra tende a sovraccaricarsi.
- *2 verdure NO per il biotipo terra*: *rapa* e *zucca*, perché troppo zuccherine e poco digeribili per questo biotipo.

Biotipo fuoco

Per il biotipo fuoco, le verdure crude sono ottime per spegnere l'eccesso di calore. Essendo un cibo rinfrescante, contrastano la sua spontanea tendenza all'acidità, ai processi infiammatori del corpo, al calore in generale. L'azione alcalinizzante, rinfrescante e antinfiammatoria limita la produzione di prostaglandine, leucotrieni, istamina e tutte quelle sostanze che l'organismo produce per difendersi dai processi infiammatori. Solo nel caso in cui l'infiammazione riguardi l'intestino, sia il tenue sia il colon, la verdura cruda va limitata fino a quando la situazione si normalizza.

Semaforo verde per l'olio, stop per l'aceto. Il condimento migliore è a base di olio, l'aceto invece sarebbe da evitare per non acidificare l'organismo del biotipo fuoco, che già di suo tende all'acidosi; tollerato l'aceto di mele, sebbene in quantitativi molto ridotti; può invece usare del succo di limone, ma senza eccedere. Con l'olio il biotipo fuoco può condire a piacere, se non è in sovrappeso, specialmente se sceglie quello extravergine di oliva che possiede una naturale azione antinfiammatoria.

Mastica bene. Il biotipo fuoco tende a mangiare in fretta e questa abitudine va corretta. Nel caso delle verdure, se poco masticate possono irritare il colon e peggiorare l'assimilazione dei nutrienti; da notare che il colon infiammato peggiora anche tutti gli altri processi infiammatori dell'organismo, per esempio la cistite, la prostatite, l'artrite, la dermatite, le infiammazioni vaginali nelle donne e genitali negli uomini.

Se compare il meteorismo. In caso di gonfiori addominali andranno seguite le indicazioni per il biotipo aria, fino al normalizzarsi della situazione. Poi il biotipo fuoco passerà alle indicazioni per la sua tipologia.

- *2 verdure SÌ per il biotipo fuoco*: le *foglie verdi*, ricche di clorofilla, sono rinfrescanti e alcalinizzanti; i *carciofi*, grazie alla cinarina, favoriscono la secrezione di bile.

- *2 verdure NO per il biotipo fuoco*: il *ravanello* perché riscalda, la *melanzana* perché contiene solanina, un alcaloide particolarmente dannoso per questo biotipo.

Sana abitudine che consiglio

L'INSALATA MISTA PRIMA DEL PASTO

Ho imparato questa regola da un testo, oggi introvabile, di un noto naturopata del passato: il suo nome è Maximilian Bircher-Benner, inventore del famosissimo müesli, detto originariamente Birchermüesli. Un suo consiglio semplice ma molto utile riguarda il consumo dell'insalata mista prima del pasto: fa parte ormai da anni dei miei metodi di benessere e le persone riportano notevoli benefici con questa abitudine applicabile ovunque, anche al ristorante. Ecco i 7 vantaggi derivati dal mangiare prima del pasto un'insalata mista composta da verdura fresca e rigorosamente cruda, oppure un pinzimonio di stagione.

1. *Si assorbono meglio i principi nutritivi*. Se si mangia l'insalata mista prima del resto, l'organismo affamato riceve da subito vitamine, minerali, enzimi, acqua biologica delle verdure fresche e crude: assorbe quindi meglio i nutrimenti.
2. *Si consumano verdure a sufficienza*. Mangiare le verdure crude quando si ha più fame, cioè all'inizio del pasto, aiuta a consumarne a sufficienza. Se invece si mangiano alla fine, spesso ci si limita nel quantitativo perché si è sazi, e si rischia di consumarne poche.
3. *La sazietà arriva prima*. Dopo aver mangiato una bella insalata mista ci si sente già un po' pieni, quindi lo stimolo della fame diminuisce ed è più facile ridurre la quantità dei cibi che si mangeranno successivamente. Diversi studi hanno dimostrato che il primo

alimento con cui si entra in contatto a tavola finisce per essere ciò che si tende a consumare di più. Iniziare con l'insalata mista è dunque un ottimo espediente per non mangiare troppa pasta, troppo pane o altri alimenti che ingrassano.

4. *Migliore digestione.* La verdura cruda è ricca di enzimi, e aiuta a digerire meglio l'intero pasto. Disturbi come il reflusso gastroesofageo e la pesantezza di stomaco migliorano notevolmente.
5. *Il gonfiore addominale diminuisce.* Consumare i vegetali a inizio pasto fa sì che le verdure non rimangano a lungo nell'intestino, insieme al resto del cibo mangiato: si riduce quindi la fermentazione e la conseguente produzione di gas addominali. In questo modo si beneficia delle fibre, utili in caso di stitichezza, senza però le controindicazioni di una produzione di gas eccessiva.
6. *Si controllano gli sbalzi glicemici.* Assumere fibre prima dei pasti rende graduale l'assorbimento dei carboidrati contenuti nei cibi che si mangiano successivamente: formano una pellicola gelatinosa che riduce la velocità con cui gli zuccheri dei cereali (per esempio pane, pasta e simili) vengono assorbiti dall'organismo. In questo modo i livelli di glucosio nel sangue rimangono più regolari e i picchi insulinici diminuiscono. Evitare gli eccessi dell'ormone insulina significa controllare meglio il sovrappeso, prevenire e contrastare il diabete di tipo 2, migliorare il livello energetico e limitare i disturbi a carattere infiammatorio.
7. È più facile dimagrire. Se mangi un piatto di pasta preceduto da un'insalata mista anziché un piatto di pasta soltanto, tendi a ingrassare meno. Come spiegato sopra, i benefici per il controllo del peso sono numerosi: raggiungi prima un senso di sazietà e immetti nel sangue zuccheri e grassi in modo più graduale, evitando l'accumulo dei chili in più. Inoltre apporti da subito al tuo organismo affamato vitami-

ne, sali minerali ed enzimi che sono fondamentali per aiutarlo a smaltire le cellule di grasso.

Nota importante. Attieniti al tuo biotipo per i quantitativi di verdura.

Sana abitudine che consiglio

DI SERA MANGIA VERDURE COTTE

Se a pranzo suggerisco vivamente di mangiare verdura cruda a ogni biotipo, a cena consiglio invece di consumarla solo cotta. Indicazione valida per tutti, ma ancor più per il biotipo aria: l'assunzione del crudo di sera non apporta gli stessi benefici che si ottengono durante la giornata, anzi, spesso sono maggiori le controindicazioni.

Ti ho già spiegato nel capitolo sulla disintossicazione che di sera l'organismo ha meno energia rispetto al giorno. Proprio come tu torni a casa stanco dopo una giornata di lavoro, pure il tuo corpo è stanco, e il modo migliore per aiutarlo è offrirgli del cibo facile da elaborare. La verdura cruda è ricca di fibre piuttosto aggressive che un organismo esausto elabora faticosamente, anche se la si mangia a inizio pasto: la fermentazione intestinale aumenta, la pancia si gonfia e il corpo durante la notte deve occuparsi di queste scorie anziché depurarsi e rigenerarsi.

Regola d'oro

QUANDO COTTE E QUANDO CRUDE

Nel mio metodo la regola è: verdure crude a pranzo e verdure cotte a cena. Migliaia di persone la applicano con successo.

Adesso sai come mangiare le verdure

Queste erano le informazioni più importanti sull'uso corretto della verdura secondo il proprio biotipo. Prima di passare alla frutta ti voglio far notare una cosa: se oltre ai consigli sul consumo di verdura per il tuo biotipo hai letto quelli validi per gli altri biotipi, avrai certamente notato che c'erano delle notevoli differenze. È proprio qui che si evidenzia l'effetto biotipi: non ci sono regole che valgono in generale, ogni biotipo tollera bene alcuni alimenti e altri meno.

Ora andiamo a scoprire come consumare la frutta. Anche qui ti aspetta una sorpresa.

Al giorno d'oggi è necessaria più attenzione con la frutta

Sebbene la frutta sia un cibo sano e ricco di benefici (grazie a vitamine, sali minerali, fibra solubile, polifenoli, antiossidanti), rispetto alla verdura ha un livello di zuccheri molto più elevato. Ti sorprenderà quindi sapere che è necessaria un'attenzione maggiore nel consumo, specialmente oggi che si evidenzia una ipersensibilità agli zuccheri, anche a quelli di tipo naturale, a causa di un superlavoro a cui è sottoposto il pancreas rispetto al passato, quando il consumo di alimenti dolci era di gran lunga inferiore.

Uno degli zuccheri più importanti della frutta è il fruttosio; se in eccesso, si converte velocemente in grasso e può far aumentare di peso, soprattutto il biotipo acqua e terra o chi è sedentario. Non succede lo stesso agli sportivi: l'attività muscolare brucia zuccheri semplici in grande quantità, impedendo agli effetti dannosi di manifestarsi.

Se non pratichi sport regolarmente, quindi, è sbagliato mangiare frutta a volontà. Una limitata quantità di fruttosio, come quella che puoi assumere in maniera naturale con il consumo di due o tre frutti al giorno, è benefica per l'organismo e mantiene un buon livello energetico. Ecco i consigli riguardo al consumo di frutta per ogni biotipo.

Come consumare la frutta secondo il tuo biotipo

Biotipo aria

Tollera bene gli zuccheri della frutta, però deve consumarla con le dovute accortezze altrimenti «si gonfia».

Mai a fine pasto. È una regola generale, utile per ogni biotipo, ma per quello aria deve diventare un imperativo.

Con una bevanda calda. Spesso il biotipo aria si gonfia poco dopo aver mangiato un frutto perché è un cibo che raffredda. A questa tipologia può capitare, mangiando la frutta, di aver bisogno di coprirsi o di sentire il naso gocciolare, specialmente nella stagione fredda. È una reazione termica tipica di questo biotipo tendenzialmente freddoloso e con una struttura corporea esile. Il consiglio migliore è di abbinare il frutto a una tazza di tisana calda, soprattutto in inverno.

- *2 frutti SÌ per il biotipo aria*: *albicocca,* nutriente e ricca di vitamine A e C, utili per la secchezza della pelle, e *banane,* anch'esse nutrienti.
- *2 frutti NO per il biotipo aria*: *prugna* e *uva* perché aumentano il meteorismo con le tossine gassose e irritanti.

Vero-falso

FRUTTA CON LA BUCCIA O SENZA?

Molto spesso si pensa che mangiare la frutta intera, senza sbucciarla, sia più «naturale» e sano. Ma è un'idea sbagliata, confutata oggi dalla scienza, quella di pensare che nella buccia ci siano più vitamine e sostanze: la funzione della buccia, in natura, è quella di proteggere il frutto dai microrganismi e dai parassiti. Proprio per questo motivo, se la mastichiamo la sentiamo ruvida in bocca, perché è fatta di una fibra cellulosica dura. È vero che contiene alcuni antiossidanti, ma essendo abbinati a tanta fibra sono difficilmente assorbibili.

In realtà gli antiossidanti, le vitamine e i minerali si trovano quasi tutti nella polpa: la frutta contiene soprattutto sali minerali e vitamine come la C e il gruppo B, che sono solubili in acqua e sono contenuti proprio nella polpa, non nella buccia.

Mangiare la buccia della frutta è quindi poco utile al fine nutritivo. Espone invece a due rischi: il primo è quello di ingerire pesticidi, contaminanti atmosferici e sostanze tossiche naturali che il frutto produce spontaneamente per difendersi e mantenersi integro; il secondo è di infiammare l'intestino. Molti mangiano la frutta con la buccia per ottenere un apporto maggiore di fibra, eppure non è una buona idea, perché è troppo aggressiva; se la senti ruvida in bocca, lo è altrettanto nel tuo apparato digerente. È molto meglio assumere fibra dalla polpa della frutta, dalla verdura e dai cereali integrali mangiati con gli accorgimenti che ti insegno per il tuo biotipo. Fornire all'organismo fibra aggressiva è sempre uno sbaglio, specialmente oggi, perché il colon della maggior parte delle persone tende a essere irritato e sensibile. E questo vale ancora di più nel caso del biotipo aria.

Biotipo acqua

La frutta aiuta questo biotipo a ridurre la ritenzione di liquidi, però va consumata con attenzione perché il biotipo acqua tende a prendere peso. Inoltre un consumo eccessivo di frutta peggiora il suo delicato equilibrio degli zuccheri, innalzando la glicemia, fattore che porta a ingrassare anche se il cibo non contiene troppe calorie.

Meglio a colazione, mai a cena. Per il biotipo acqua, il momento migliore per consumare la frutta è a colazione, in modo da drenare le scorie della notte, in particolare se si sveglia con le borse sotto agli occhi. È meglio invece che non la consumi mai di sera, perché il fruttosio viene convertito facilmente in adipe da questo biotipo durante la notte. Può essere consumata come spuntino del mattino o del pomeriggio, ma al massimo entro le 17, per ridurre il carico di zuccheri man mano che ci si avvicina alla sera.

- *2 frutti SÌ per il biotipo acqua*: l'*ananas*, ottimo per combattere la ritenzione idrica, e la *mela*, ricchissima di potassio e povera di sodio.
- *2 frutti NO per il biotipo acqua*: *cachi* e *fichi*, perché ricchi di zuccheri.

Biotipo terra

La frutta è particolarmente indicata per il biotipo terra grazie alla sua azione solvente sulle tossine di tipo solido, caratteristiche di questa tipologia. Questa tipologia deve però porre attenzione a non consumare i frutti troppo zuccherini.

Anche ai pasti, ma lontano dai cereali. Questo biotipo può mangiare la frutta anche ai pasti, solo però se non consuma cereali, per esempio il pane, la pasta, il riso ecc. Un pasto con verdura, proteine e frutta, invece, è adatto a lui. Se mangia frutti ricchi di vitamina C, come i kiwi, migliora l'assorbimento del ferro di origine vegetale contenuto per esempio nell'insalata a foglia verde. Il consumo di frutta ai pasti va invece tassativamente evitato in caso di meteorismo.

Acquosa è meglio. In linea di massima è preferibile scegliere frutta acquosa, perché meno calorica e con proprietà solventi maggiori.

- *2 frutti SÌ per il biotipo terra*: *pompelmo* e *kiwi* perché hanno un'ottima azione solvente sulle tossine solide e congestionanti.
- *2 frutti NO per il biotipo terra*: *banane* e *castagne*, perché aumentano la congestione e la stasi caratteristica di questo biotipo e in certi casi anche il muco.

Biotipo fuoco

Il biotipo fuoco è tra tutti quello che tollera meglio la frutta e ne trae maggiore beneficio. Il raffreddamento che procura questo cibo spegne i suoi eccessi di calore e ha un'azione rinfrescante e alcalinizzante, ottima per combattere l'acidosi delle tossine causate dall'infiammazione.

Ben matura. È fondamentale che la frutta consumata dal biotipo fuoco sia ben matura (vedi riquadro più avanti); meglio preferire un frutto zuccherino, perché ha una maggiore azione alcalinizzante, necessaria a questa tipologia.

- *2 frutti SÌ per il biotipo fuoco*: *pera*, ottimo frutto zuccherino e alcalinizzante, ricco di potassio utile anche per controllare la pressione arteriosa, e *ananas*, perché svolge un'azione antinfiammatoria e digestiva (solo se ben maturo).
- *2 frutti NO per il biotipo fuoco*: *mele acide* e *mirtilli*: aumentano lo stato di acidosi a cui tende questo biotipo.

Vero-falso

UN FRUTTO MATURO HA PIÙ CALORIE DI UN FRUTTO ACERBO?

Il sapore dolce della frutta matura può far credere che contenga più calorie. In effetti, con la maturazione, aumentano gli zuccheri semplici e diminuiscono gli acidi organici, come l'acido malico, citrico e tartarico, i quali fanno sentire un sapore acidulo in bocca.

C'è però un aspetto che spesso non viene considerato: gli zuccheri del frutto maturo non nascono dal nulla ma dall'amido presente nel frutto acerbo, che, con la maturazione, si trasforma appunto in zuccheri semplici (glucosio e fruttosio).

Cosa succede quando mangiamo un frutto acerbo? Il nostro sistema digestivo replica ciò che avviene in natura con il processo di maturazione, cioè scinde l'amido in zuccheri. Dunque un frutto acerbo ha le stesse calorie di un frutto maturo.

Mangiare frutta acerba pensando di avere un beneficio per la linea è inutile, e al contrario i benefici della frutta matura rispetto a quella acerba sono numerosi: è ricca di acqua biologica depurativa, apporta più sali minerali e vitamine, ha un maggior potere alcalinizzante, è più digeribile. I bambini andrebbero abituati sin da piccoli a mangiare solo frutta matura.

Il biotipo fuoco, il cui organismo tende facilmente all'acidosi e quindi alla gastrite o al reflusso gastroesofageo, beneficia in modo particolare della frutta ben matura. Anche agli altri biotipi suggerisco di consumare frutta non acerba; il biotipo aria, però, deve evitare che sia troppo matura, perché l'eccesso di zuccheri semplici causa fermentazione. Chi soffre di meteorismo deve consumare frutta matura, ma al punto giusto.

Sana abitudine che consiglio

MANGIA UN FRUTTO PRIMA DI COLAZIONE

Un ottimo momento per consumare un frutto è prima di colazione: spezzi il digiuno della notte con un cibo ricco di vitamine, enzimi, sali minerali e pura acqua biologica. È il modo migliore per concludere la disintossicazione secondo il tuo biotipo, come hai imparato nel capitolo precedente, dopo aver usato la bevanda depurativa di acqua e limone secondo la tua tipologia.

Il frutto può essere mangiato anche durante la colazione, per esempio unito al müesli o allo yogurt.

Non consumare però frutta acida come le arance, i pompelmi, i kiwi: meglio mangiarli da soli come spuntino.

Centrifugati: tanta fatica per farli, ma potrebbero non essere adatti a te

Non si chiamano solo centrifugati ma anche estratti, in base all'apparecchiatura con cui vengono ottenuti; attraverso appositi macchinari viene eliminata la fibra di frutta e verdura e la si può consumare fresca in forma liquida.

Divulgati come panacea, stimolano una domanda concreta: fanno sempre bene, a chiunque?

È vero che i centrifugati sono ricchi di vitamine, minerali, enzimi e di tutti i nutrienti di frutta e verdura fresca, in forma velocemente assimilabile: essendo ottenuti eliminando la fibra contengono in un bicchiere grandi quantitativi di nutrienti liquidi, e quando li bevi il processo digestivo viene abbreviato. Per contro però sono ricchissimi di zuccheri. «Perché?» potresti obiettare pensando che sono fatti con frutta e verdura, e non con i dolcificanti. Sono «zuccheri buoni», sì, ma pur sempre zuccheri: spesso si tralascia il fatto che frutta e verdura sono carboidrati, ossia zuccheri. Ma soprattutto i centrifugati sono a elevato assorbimento, perché la fibra è stata rimossa tramite il processo di centrifugazione o estrazione.

Bere bevande zuccherine – e tali sono i centrifugati di frutta e di verdura – non è sempre indicato. Il problema non riguarda solo il quantitativo di zuccheri che assumiamo, ma in quanto tempo li assimiliamo. Mi spiego meglio: se al nostro corpo arriva un quantitativo troppo elevato di zuccheri tutto in una volta, la glicemia si alza e l'organismo mette in atto un meccanismo protettivo producendo un ormone di cui ti ho già parlato, l'insulina, con lo scopo di riportare velocemente i livelli di zucchero nel sangue ai valori normali. Questo processo però lascia un conto da pagare: affatica il pancreas, aumenta l'acidosi metabolica e favorisce il sovrappeso. Numerosi studi scientifici hanno infatti chiaramente dimostrato che all'aumento dell'insulina si associa un aumento di peso, anche in assenza di cibo molto calorico.

Inoltre assumere quantitativi concentrati di zuccheri peggiora la candidosi, un disturbo che colpisce varie parti del corpo. Nelle donne si sviluppa soprattutto a livello intimo, con fastidiosi bruciori; può però manifestarsi anche a livello intestinale, peggiorando la salute degli organi vicini, per esempio della vescica (con cistiti) o della prostata (con prostatiti).

In ultimo, non dimentichiamo che oltre al lato buono (tutti i preziosi nutrienti) i centrifugati portano con sé anche quello cattivo: a meno che non siano ottenuti da vegetali biologici, contengono un alto tasso dei prodotti nocivi utilizzati in agricoltura.

In conclusione, dato che io cerco sempre di essere il più obiettiva e il più scientifica possibile, cercherò di esserlo pure in questo caso: i centrifugati sono un alimento sano ma hanno anche delle controindicazioni, come ti ho appena spiegato. Consumandoli in base al tuo biotipo otterrai il massimo beneficio.

Nota. Nel mio metodo i centrifugati non sono indispensabili. Tu sai che io credo nelle soluzioni veloci, e la preparazione di un centrifugato non lo è (a meno che non lo ordini già pronto al bar): devi lavare le verdure, centrifugarle, pulire l'apparecchiatura. E ricordarti che non rappresenta un sostitutivo della frutta e della verdura consumate intere, ma solo un'integrazione, perché il tuo organismo ha bisogno delle fibre che nei succhi mancano del tutto.

Però, se i centrifugati vengono consumati correttamente come ti insegno ora, sono sani.

Curiosità

DA 4 A 8 CUCCHIAINI DI ZUCCHERO,
ANCHE SE C'È SCRITTO «SENZA ZUCCHERI AGGIUNTI»

Se hai l'abitudine di bere succhi industriali – o di farli bere ai tuoi figli – i centrifugati sono sicuramente un'alternativa molto più sana. I succhi che si trovano in commercio, anche quelli che riportano la dicitura «senza zuccheri aggiunti», sono ottenuti da concentrati di frutta: un bicchiere da 200 ml contiene dai 4 agli 8 cucchiaini di zucchero.

Come consumare i centrifugati di verdura e frutta

Biotipo aria

Il biotipo aria deve consumare i centrifugati con attenzione. È vero che, essendo privi di fibra, possono essere tollerati meglio della frutta e verdura intere; ma al contempo, essendo ricchi di zuccheri concentrati, causano gas intestinali. Sono inoltre alimenti freddi, che riducono la temperatura interna: come ti ho già spiegato, questo biotipo è freddoloso, dunque se li beve in estate non c'è problema; se invece li consuma in inverno scatta con facilità il meteorismo e il processo di fermentazione a livello intestinale, con produzione di tossine gassose e irritanti, e di conseguenza tante scorie.

Consumo. Un bicchiere al giorno (sia di frutta sia di verdura) in estate, non di più, bevuto lentamente. Da evitare in inverno. Se i centrifugati causano gonfiori o fermentazioni vanno sospesi: sono maggiori i danni dei benefici, perché aumentano vertiginosamente le tossine gassose e irritanti e quindi tutti i disturbi del biotipo aria e l'accumulo di scorie nell'organismo.

Biotipo acqua

I centrifugati aiutano il biotipo acqua a contrastare la ritenzione idrica, se utilizzati secondo i seguenti accorgimenti.

Consumo. Un bicchiere al giorno, soprattutto di verdure, o con pochissima frutta perché troppi zuccheri peggiorano la tendenza a trattenere liquidi e a ingrassare. L'ananas si può consumare anche in dosi maggiori. Se danno sensazione di freddo o congestione vanno evitati in inverno.

Biotipo terra

I centrifugati sono di aiuto per il biotipo terra che accumula tossine difficili da dissolvere e ha quindi bisogno di interventi depurativi più profondi rispetto agli altri biotipi. In genere li tollera bene.

Consumo. 1-2 bicchieri al giorno, se lo gradisce, con poca frutta, soprattutto se tende al sovrappeso.

Biotipo fuoco

Il biotipo fuoco è quello che beneficia maggiormente dei centrifugati, che sono rinfrescanti e riducono l'infiammazione. Del resto la moda dei centrifugati proviene da Paesi quali la California o la Florida, dove, essendo caldo, ogni biotipo beneficia di qualcosa di rinfrescante che, in climi di quel genere, tollera bene.

Consumo. 1-2 bicchieri al giorno, se lo gradisce, con frutta e verdura a piacere.

Regola d'oro

BEVI LENTAMENTE IL TUO CENTRIFUGATO

Più che una bevanda, i centrifugati sono un vero e proprio cibo: per questo motivo non li devi bere velocemente. Se li mandi giù come fossero acqua causano crampi allo stomaco, formazione di gas addominali e sbalzi glicemici.

L'ideale è consumarli a piccoli sorsi, tenendoli qualche istante in bocca, in modo che si mescolino alla saliva. È quindi preferibile prendersi un momento per sé e consumare il centrifugato senza parlare (per evitare di ingerirlo in fretta), assumendolo come se fosse un piccolo rito di benessere.

Molti sottovalutano questi particolari, ma chi non è attento a questo accorgimento si ritrova con più controindicazioni che benefici.

Il biotipo aria, sempre in movimento, deve fare attenzione più di chiunque altro a questa regola, specialmente quando è nervoso.

Avvertenza. In caso di patologie legate al metabolismo degli zuccheri vanno sempre evitati i centrifugati di frutta e consumati con grande parsimonia, oppure eliminati del tutto, quelli di verdura.

Bene, ora che hai letto come consumare i centrifugati secondo il tuo biotipo, vorrei farti notare quanto è importante la settima tattica, cioè *naturale è sano solo se lo fai bene*. Troppe persone sono invece vittime della settima trappola, cioè *il pericoloso fai da te*. Nella convinzione di aver scelto un'abitudine sana, dedicano molto tempo alla preparazione dei centrifugati, rischiando magari di peggiorare i loro disturbi. Come vedi, sono tante le insidie che trovi nelle informazioni riguardo a questi argomenti. Sostenere che un certo stile di vita sia ideale e benefico per tutti è davvero fuorviante, e porta a fare tanta fatica, spesso inutilmente.

A proposito di informazioni insidiose, una ricorrente e dannosa riguarda i cereali integrali. Ecco quello che difficilmente ti dicono.

I tranelli dei cereali integrali

«Mangia integrale»: una regola ormai accettata da tutti, un consiglio che suggerisce di poterne trarre enormi benefici. Facile all'apparenza, ma che in realtà nasconde dei tranelli. Andiamo a scoprire i cereali e come mangiarli secondo il proprio biotipo, per evitare di cadere nelle insidie di un cibo che può anche far male.

Partiamo da una premessa: aumentare l'apporto di fibre nella propria alimentazione significa fondamentalmente prestare attenzione ad alcune importanti classi di alimenti. Vediamole:

- frutta e verdura: hai appena imparato a consumarle nel modo corretto per il tuo biotipo;

- legumi: riceverai più avanti indicazioni su come consumarli;
- cereali: impari ora a consumarli affinché apportino benefici al tuo biotipo.

Ho preparato per te quattro regole d'oro che devi subito conoscere.

Regola d'oro numero 1: se mangi integrale assicurati che sia «vero» integrale

Dire «cereali integrali» significa poco; per il tuo benessere, è necessario che tu sappia che quando si parla di integrale spesso si intendono due cose diverse:

1. farina bianca addizionata di crusca finemente rimacinata;
2. farina integrale ottenuta per macinazione del chicco intero.

Se il cereale che acquisti fa parte della prima categoria, si tratta di cibo venduto come sano ma che si dimostra in realtà pericoloso. La crusca aggiunta in un secondo momento alla farina bianca è infatti indice di una sorta di truffa, perché il risultato finale è un alimento «ricostruito» in cui la farina, per via della raffinazione, ha perso vitamine, minerali e tutti i benefici di un chicco intero. Un cibo di questo genere infiamma l'intestino crasso, è controindicato in caso di colite, meteorismo, sindrome del colon irritabile, gastrite e pure stitichezza, perché un apporto poco bilanciato di fibra può peggiorarla, rendendo le feci secche e dure e anche causando emorroidi nel tentativo di evacuare.

Uno dei primi consigli che do nei miei videocorsi di alimentazione è quello di controllare l'etichetta: se c'è scritto «farina bianca con aggiunta di crusca» o «farina 00 con aggiunta di crusca» lascia quel prodotto sullo scaffale. Ti fa più male che bene. La dicitura che ti garantisce salute è: «farina integrale macinata».

Trucco

COME SCOPRIRE SE IL PANE È DAVVERO INTEGRALE

Osserva il pane che vuoi comprare: se ha un colore di base chiaro in cui si evidenziano tanti puntini scuri è senz'altro una falsa farina integrale. Il vero pane integrale, infatti, ha un colore scuro omogeneo.

Regola d'oro numero 2: fai attenzione ai cibi light perché ingerisci fibra spazzatura

L'esplosione dell'integrale falso la trovi soprattutto nel settore della colazione, dove biscotti, fiocchi, formelle con la scritta «light» promettono la «leggerezza» proprio attraverso l'aggiunta di crusca a farina raffinata.

Regola d'oro numero 3: mangia più spesso cereali in chicchi

Con i chicchi hai la sicurezza di consumare vero integrale; oltretutto sono più ricchi di proteine e ingrassano meno, grazie al corretto bilanciamento con la fibra naturalmente contenuta in essi. Il cereale in chicchi più noto è il riso, ma non ti limitare a questo, prova anche orzo, avena, grano saraceno, farro, quinoa e tanti altri ancora.

Regola d'oro numero 4: troppo integrale si prende i tuoi minerali!

Il cereale integrale ha una caratteristica: contiene i cosiddetti «antinutrienti», per esempio l'acido fitico, che ostacolano l'assorbimento da parte dell'intestino di determinati principi nutritivi, soprattutto minerali, e inibiscono l'azione di alcuni enzimi digestivi.

Ciò accade sia con i cereali integrali veri sia, ancora di più, con quelli ricostruiti: l'acido fitico al loro interno forma dei sali insolubili (fitati e fitina) che, a livello intestinale, si legano ai minerali – soprattutto ferro, zinco, calcio – e ne ostacolano l'assorbimento.

I fitati sono presenti non solo nei cereali ma anche nei legumi e in certi semi oleosi, e si concentrano nelle parti fibrose: per questo motivo abbondano nei cereali integrali e sono praticamente assenti in quelli raffinati.

La bugia dei cereali senza glutine

«Vuole la pizza con farina classica o senza glutine?» Il cameriere pone questa domanda come se fosse la più normale del mondo.

Mangiare cereali senza glutine è un obbligo per chi soffre di celiachia, eppure oggi è diventata una specie di moda che in molti seguono. «Mi sento meglio» dicono. E probabilmente è vero. Però è un'arma a doppio taglio: da una parte aiuta e dall'altra crea problemi.

In genere una persona su cento è celiaca, cioè soffre di un'infiammazione cronica dell'intestino tenue causata dal glutine. In questo caso l'unica terapia possibile è un'alimentazione del tutto priva di glutine, una sostanza proteica presente non solo in diversi tipi di cereali ma anche impiegata dalle industrie alimentari per legare gli ingredienti: la si trova in prodotti insospettabili quali sughi, zuppe pronte e cioccolato.

Essendo il glutine una proteina non fondamentale per l'organismo, in realtà la sua eliminazione non comporta particolari squilibri dal punto di vista nutrizionale. Quasi nessuno, però, riflette sul grande disagio a cui sarà costretto chi si disabitua al glutine (senza essere affetti da una patologia), anche se in realtà sono numerose le ricerche e gli studi scientifici che evidenziano i rischi e le controindicazioni di una dieta senza glutine per chi non è celiaco. Vediamone i motivi.

Diventi dipendente a vita. Nelle persone sane, una completa eliminazione del glutine porta nel tempo l'organismo a non «riconoscere» più questa proteina e a considerarla un nemico, scatenando reazioni avverse – anche gravi – quando si riprova a mangiarla: costringe quindi a un'alimentazione molto limitante, obbligatoria per un celiaco ma che si trasforma in obbligo anche per chi aveva la fortuna di non esserlo. Considerando che il glutine si trova non solo nei cereali ma in tantissimi prodotti industriali, si diventa «intolleranti» a numerosi alimenti, e anche solo fare un viaggio o mangiare al ristorante diventa un vero problema.

Carenze nutrizionali in agguato. Diversi studi hanno dimostrato che i celiaci che seguono una dieta senza glutine da molto tempo possono andare incontro a carenze di micronutrienti, come le vitamine del gruppo B, il ferro, il magnesio, l'acido folico e anche la fibra, in quanto presenti soprattutto negli alimenti che vanno esclusi. A lungo andare queste abitudini alimentari possono far aumentare il rischio di patologie cardiovascolari, sindrome metabolica e osteoporosi.

I pericoli della dicitura «gluten free». Sono tante le persone non celiache che acquistano i prodotti confezionati che riportano la dicitura «gluten free» perché pensano siano più salutari di altri. Ma non è assolutamente detto che sia così. Sono quattro gli elementi che rendono appetibile il cibo industriale:

- zucchero;
- sale;
- grassi;
- glutine.

Eliminandone uno, è inevitabile che gli altri debbano aumentare, in modo da rendere il prodotto gradevole: in molte preparazioni gluten free vengono introdotti oli e additivi per dare sofficità e fragranza, risultando alla fine più pesanti e caloriche. La dicitura «gluten free» riportata sulle etichette spesso viene utilizzata come strategia di marketing per far apparire un prodotto più salutare di altri anche quando non lo è affatto. E molti cadono in questa trappola.

Spendi di più per avere di meno. C'è un business enorme dietro ai prodotti gluten free; se prima riguardava soltanto i celiaci, una fetta di mercato relativamente ristretta, oggi si è spostato al grande pubblico, e proprio per questo gli alimenti senza glutine vengono pubblicizzati in televisione. Per quale motivo altrimenti investire tanti soldi per un prodotto di nicchia? L'obiettivo è incoraggiare questa tendenza, spingere le persone a pensare di essere sensibili al glutine tramite diagnosi fai da te, in modo che si convincano di soffrire di questo disturbo. Negli Stati Uniti si era arrivati a etichettare come gluten free persino i cosmetici, anche se il contatto esterno con la sostanza non causa danni al celiaco.

Una condanna a vita. Ecco cosa ti succede se elimini totalmente il glutine dalla tua alimentazione anche se non sei celiaco: nel tempo ti condanni a questa dieta restrittiva perché qualsiasi cibo che contiene anche poco glutine non potrai mangiarlo mai più. È una trappola senza via di scampo.

Consumare cereali in modo salutare, ma senza estremismi

Come naturopata, i miei consigli riguardo al glutine sono questi.

Disintossica il corpo. Quando l'organismo è depurato dalle scorie che lo affaticano riesce a digerire, assimilare e tollerare meglio i cibi. Io suggerisco di sottoporsi a un programma depurativo prima di testare qualsiasi tipo di intolleranza, non solo al glutine ma anche ad altri cibi. Dopo si avrà un quadro più chiaro. Segui quindi con attenzione le mie indicazioni che trovi nel capitolo sulla depurazione e leggi nel riquadro alla pagina successiva cosa succede quando entri nel boomerang delle intolleranze alimentari.

Evita il grande errore di non variare il consumo di cereali. L'intolleranza al glutine può nascere da un eccessivo consumo di grano (frumento), che contiene molto glutine, dunque consumare cereali di diverso tipo ti protegge da un eccesso di glutine e regala al tuo organismo vitamine e sali minerali preziosi. C'è una realtà che tanti non conoscono, e per questo arrivano a sfinirsi con le intolleranze alimentari: *ogni volta che consumiamo un cibo in eccesso è probabile che il nostro organismo reagisca rifiutandolo.* Il primo passo fondamentale da compiere, quindi, è proprio quello di variare il consumo di cereali, così come di altri alimenti, perché spesso si diventa intolleranti a ciò che il nostro organismo riceve in eccesso, per accumulo.

Approfondimento

IL BOOMERANG DELLE INTOLLERANZE ALIMENTARI, UN'ARMA A DOPPIO TAGLIO

È un'obiezione che arriva spesso quando parlo alle mie conferenze. C'è una mano che si alza sopra la testa e poi sento dire: «Ma io, dopo aver fatto il test delle intolleranze alimentari, ho eliminato certi cibi e sono stato meglio!».

Sì, certo, chi sta parlando ha perfettamente ragione. Ed è in buona fede mentre lo afferma, spesso convinto che la soluzione stia lì, nell'individuare il cibo nemico. Dare la caccia a quell'avversario, però, conduce a una battaglia insidiosa, quella rivolta contro se stessi.

Per fartelo capire ti spiego cosa accade quando si eliminano i cibi in seguito ai test delle intolleranze alimentari. Non sto parlando dei test ospedalieri, riguardanti più precisamente le allergie alimentari, ma della miriade di test proposti nell'ambito dei trattamenti naturali. Utilizzo un esempio che faccio spesso durante i miei corsi in aula.

Immagina di avere un grande zaino, pieno di pesi, che porti sulle spalle. Devi camminare a lungo e ovviamente arranchi con fatica; i passi sono pesanti, le gambe si muovono lente, la schiena è curva per lo sforzo. Poi succede qualcosa: improvvisamente una parte del peso viene tolta. Anche se lo zaino è ancora lì sulle tue spalle, sei più leggero e ti senti subito meglio. Sollevi la testa, respiri a fondo, il passo è più spedito, la schiena più diritta. Questo è ciò che accade quando togliamo dalle nostre abitudini alimentari un gruppo di cibi a cui è emersa intolleranza: l'organismo avverte subito un senso di liberazione se non deve sopportare più quel peso.

Aspetta però a trarre conclusioni, continua a leggere. Dopo un certo tempo, il corpo si abitua al nuovo peso e sente l'esigenza di essere di nuovo alleggerito. È tipico delle persone che hanno escluso alcuni cibi per via delle intolleranze alimentari: cercano altri colpevoli. Spesso si sottopongono a nuovi test, perché il beneficio derivato dalla prima eliminazione di alimenti si affievolisce (poi ti spiegherò come mai) e trovano altri cibi da incriminare. Quando li tolgono, esclamano soddisfatti: «Ho fatto bene!», perché si sentono di nuovo meglio. Il peso dello zaino che portano sulle spalle si è ridotto e il passo è di nuovo spedito. C'è un senso di leggerezza: si avverte con una digestione migliore, con la pancia meno gonfia, con una riduzione del reflusso gastroesofageo e minore stanchezza dopo i pasti.

Ancora una volta, però, dopo un certo tempo il beneficio scompare. Ci sono persone che con l'intento di alleggerire sempre più lo zaino arrivano a svuotarlo, mangiando solo pochissimi cibi, sempre gli stessi, in una dieta monotona. Nel tentativo di eliminare il disturbo e individuare il colpevole, finiscono con il colpire l'alleato che potrebbe aiutarli; lo zaino che tentano di alleggerire, infatti, contiene il cibo per mantenere l'organismo sano. È vero che eliminando un gruppo di alimenti spesso all'inizio ci si sente meglio (il lavoro digestivo è più facile se gli alimenti sono di meno), ma questo è un beneficio nel breve termine. Nel lungo termine, invece, il corpo si impoverisce di sali minerali, vitamine, antiossidanti, enzimi e tutti quei principi nutritivi che lo mantengono sano e forte. Per un organismo indebolito, il peso dello zaino sulle spalle risulta via via sempre troppo, e la soluzione sembra quella di alleggerirlo ancora. Riducendo di nuovo gli alimenti, però, il livello nutrizionale si impoverisce ulteriormente e scatta un circolo vizioso, che inizia a stringere come una morsa. E tu peggiori. Ma non solo. Ne consegue anche una situazione subdola: la capacità digestiva, non più stimolata, si assopisce.

«Non digerisco più niente», «Qualsiasi cosa mangio mi dà fastidio» sono le frasi tipiche di chi cerca di alleggerire lo zaino, passo dopo passo, giorno dopo giorno, anno dopo anno. Nel tentativo di ricercare la situazione alimentare perfetta si arriva a una imperfetta salute, a un corpo debole, denutrito, con una ridotta capacità digestiva.

Un ulteriore peggioramento si avverte se si cerca di reintrodurre i cibi precedentemente eliminati: spesso, come nel caso di quelli contenenti glutine, diventa impossibile.

Quindi, anche se non sono rigidamente contraria ai test per le intolleranze alimentari, consiglio di seguire prima di tutto questi passi:

1. depurare l'organismo secondo il proprio biotipo;
2. migliorare l'alimentazione secondo il proprio biotipo;
3. utilizzare le altre soluzioni del tempio, cioè i rimedi naturali e lo stile di vita secondo il proprio biotipo.

Solo dopo questi tre interventi, semplici ma completi e su misura, si valutano le intolleranze alimentari. Ti assicuro comunque che, nella maggior parte dei casi, non sarà necessario: già il primo punto, la disintossicazione secondo il biotipo, offre ottimi risultati.

Ripeto però ancora una volta che, se si tratta invece di allergie verificate dai test ospedalieri, allora segui quello che dice il tuo medico, l'unico che conosce bene la tua situazione personale.

La strada delle intolleranze alimentari è in discesa quando elimini un cibo, in salita quando cerchi di reintrodurlo.

Come consumare i cereali secondo il tuo biotipo

Biotipo aria

Il biotipo aria è quello che, insieme al biotipo fuoco, può consumare i cereali con meno restrizioni, perché ha un metabolismo veloce e necessita di alimenti sostanziosi.

Il pane va consumato ben cotto, senza mollica o leggermente tostato; in questo modo risulta più digeribile a questo biotipo che tende alle tossine gassose e irritanti. Va bene anche il pane non lievitato, ed è ottimo quello contenente lievito madre.

I cracker o le gallette possono venire consumati, ma non in dose eccessiva perché tendono a disidratare questo biotipo che di solito ha difficoltà nel trattenere i liquidi e soffre di secchezza della pelle e delle mucose.

L'integrale può rientrare nell'alimentazione del biotipo aria, ma senza esagerare, facendo attenzione che sia «vero» integrale, come ti ho spiegato.

La pasta è un alimento che questo biotipo tollera bene; è importante però variare e sceglierla non solo di grano ma anche di altri cereali, per esempio di farro. Inoltre va mangiata ben calda; il piatto tipicamente estivo di pasta fredda non è molto indicato per questo biotipo. In genere, i cibi caldi vengono digeriti meglio.

Questo biotipo beneficia particolarmente del cereale in chicco perché è ricco di vitamine del gruppo B, utili al suo sistema nervoso che ha bisogno di essere calmato a causa del cortisolo, il suo ormone dominante.

- *2 cereali SÌ per il biotipo aria*: *riso* (basmati, integrale, selvatico) digeribile e nutriente, e *quinoa*, leggera e ricca di magnesio, minerale utile per il sistema nervoso (facilmente irritabile) del biotipo aria.

Biotipo acqua

Il biotipo acqua può consumare i cereali, ma in dosi contenute, poiché un eccesso di carboidrati aumenta la produzione di insulina causando un aumento di peso e di stanchezza. Siccome le funzioni organiche di questo biotipo tendono a essere rallentate, è importante far sì che ci sia sempre la cosiddetta «calma insulinica» che si ottiene con le combinazioni nutrizionali (nel riquadro a p. 252 trovi tutte le informazioni).

- *2 cereali SÌ per il biotipo acqua*: *avena* e *miglio*, grazie all'alto livello di silicio, aiutano a liberare l'organismo dell'eccesso di fluidi.

Biotipo terra

Il biotipo terra deve controllare il consumo di cereali, che non può essere eccessivo; attenzione in particolar modo a prodotti contenenti farina, come pasta, pane, cracker e pizza: è molto meglio consumare i cereali sotto forma di chicco.

Particolarmente controindicata è la farina raffinata, cioè del tipo 00: è diffusissima, ma si ottiene attraverso la macinazione industriale del chicco di grano, che comporta l'eliminazione del germe (ovvero il cuore nutritivo del chicco, che contiene amminoacidi, acidi grassi, sali minerali, vitamine del gruppo B e vitamina E) e della crusca (la parte più esterna, particolarmente ricca di fibre); il risultato è una farina povera di nutrienti e ricchissima di zuccheri. Inoltre contiene meno proteine totali, ma più glutine, la proteina collante dei cereali, che nel biotipo terra, se consumata in eccesso, tende a congestionare l'organismo. La parola «glutine» deriva dal latino *gluten*, che designa una materia vischiosa che appiccica, attacca o congiunge insieme. Banalmente e per semplificare, pensa al glutine come a una colla, che si forma a contatto con l'acqua e che permette di legare gli impasti. Viene anche usato come addensante nelle formulazioni di tavolette o pastiglie. Questa proteina fa parte del nostro cibo e non causa problemi (eccetto in caso di celiachia) a meno che non si ecceda o non si sia soggetti alle tossine di tipo solido del biotipo terra, per esempio un eccesso di muco, sia delle vie respiratorie sia intestinale. In questo caso non vanno certo esclusi tutti i cibi contenenti glutine – per non condannarsi a un'alimentazione restrittiva –, ma è consigliato limitare il consumo di cereali in forma di farina, specialmente del tipo 00.

Le malattie del biotipo terra sono caratterizzate da un aumento di grassi nel sangue – colesterolo e trigliceridi –, e le farine raffinate e i prodotti da esse derivati, come la pasta e il pane, pur essendo pressoché privi di colesterolo, sono comunque ipercalorici: una dieta che eccede in calorie porta a un aumento di peso, con conseguente accrescimento degli effetti negativi dei grassi nel sangue.

Il biotipo terra deve inoltre evitare in particolar modo pane e prodotti preconfezionati perché, oltre alla farina 00, contengono anche grassi aggiunti, spesso burro e strutto.

- *2 cereali SÌ per il biotipo terra*: *avena*, che aiuta a ridurre il colesterolo, e *grano saraceno*, perché privo di glutine.

Biotipo fuoco

Il biotipo fuoco, grazie al suo metabolismo veloce, può consumare i cereali senza particolari limiti, facendo però attenzione ad abbinarli sempre a cibi rinfrescanti quali le verdure.

Nel caso fosse in atto un processo infiammatorio in fase acuta, per esempio una dermatite, una gastrite, una cistite, allora è meglio seguire le indicazioni sul consumo dei cereali dedicate al biotipo terra. Consiglio comunque di seguire i suggerimenti generali, cercando quindi di consumare spesso anche i cereali in chicchi, che risultano più sani.

Quando non soffre di meteorismo o di infiammazione intestinale, il biotipo fuoco tollera bene i cereali integrali, purché ovviamente sia «vero» integrale.

- *2 cereali SÌ per il biotipo fuoco*: *riso integrale*, perché ricco di polifenoli antinfiammatori (in particolare la tricina, non presente invece nel riso bianco), *orzo* perché rinfrescante.

Bene, anche i cereali per te non hanno più segreti: adesso sai ricavare il massimo beneficio secondo il tuo biotipo Oberhammer e conosci le insidie che si nascondono dietro alcuni alimenti.

Ora è il momento di scoprire come mangiare le proteine. Resta con me: dopo questo capitolo avrai in mano nuove verità.

Approfondimento

LE COMBINAZIONI NUTRIZIONALI SONO PREFERIBILI ALLE COMBINAZIONI ALIMENTARI

Nell'ambito dell'alimentazione naturale è nota la teoria delle *combinazioni alimentari*: complicate tabelle permettono di identificare categorie di cibi che vanno consumati il più possibile separatamente, e questo riguarda soprattutto i carboidrati e le proteine. Nata negli anni Sessanta del secolo scorso, questa procedura in realtà non ha un vero fondamento scientifico: fu ideata da Herbert Shelton, un igienista, con lo scopo di semplificare i processi digestivi. Un problema di questa teoria riguarda l'aumento della produzione di insulina quando si consumano pasti a base di soli carboidrati, per esempio verdure e pasta o pane. Considerando che oggi sono sempre più diffuse le instabilità glicemiche, in sostituzione delle combinazioni alimentari sono molto più efficaci le *combinazioni nutrizionali*, ovvero una corretta combinazione dei nutrienti nel pasto. Su questa linea, una delle combinazioni nutrizionali più importanti riguarda proprio l'abbinamento dei carboidrati con le proteine.

Combinazione nutrizionale numero 1: se non vuoi ingrassare abbina i carboidrati con le proteine

Quando mangiamo pasta, pane, pizza, prodotti da forno (specialmente se raffinati) o dolcetti vari, la glicemia nel sangue aumenta bruscamente. Come conseguenza, il pancreas fa entrare in gioco rapidamente l'ormone insulina, per evitare danni e riportare il livello degli zuccheri nel sangue alla normalità. Se questo ormone è chiamato a intervenire troppo spesso, però, ha effetti negativi a cascata, sull'aumento sia della fame sia del peso.

Un modo semplice per evitare questo meccanismo perverso è quello di abbinare ai carboidrati una quota proteica che rallenti l'ingresso degli zuccheri nel sangue: le proteine stimolano la produzione di un altro ormone, il glucagone, che equilibra il rilascio di insulina, ottenendo la cosiddetta «calma insulinica». I benefici sono numerosi, ecco i due più interessanti per quanto riguarda il controllo del peso:

- *si evita la fame poco dopo aver mangiato*. Se si mangiano solo carboidrati, per esempio un bel piatto di pasta, la fame si fa sentire entro breve. Se invece si mangia un quantitativo inferiore di pasta insieme a una quota proteica, come delle uova, la sensazione di fame farà ritorno dopo un tempo più lungo;
- *si innalza il metabolismo*. Si evita di ingrassare e si percepisce un miglior livello energetico portando il corpo in modalità «perdi peso»: il grasso brucerà naturalmente.

La tradizione culinaria conferma di per sé le regole delle combinazioni nutrizionali, con piatti quali pasta e fagioli, polenta e formaggio, carbonara (pasta con uova e guanciale), pere con formaggio, fagioli con tortilla di mais: ai carboidrati viene sempre abbinata una certa quota proteica.

Le combinazioni nutrizionali sono particolarmente indicate per il biotipo acqua perché lo aiutano a mantenere sotto controllo il peso, o a dimagrire, se ne ha bisogno; inoltre stimolano il suo metabolismo, che per natura è di solito pigro. Sono comunque applicabili da tutti i biotipi: nei miei videocorsi di alimentazione consiglio le combinazioni nutrizionali e noto da anni che le persone ne beneficiano anche a livello energetico, perché mantenendo sotto controllo l'insulina si evitano i cali glicemici che causano stanchezza e affanno.

Combinazione nutrizionale numero 2: abbina la vitamina C al ferro

Particolarmente utile per il biotipo aria, che tende ad avere problemi di assimilazione, questa combinazione nutrizionale è efficace per mantenere adeguati livelli di ferro nell'organismo. Minerale fondamentale che garantisce il trasporto dell'ossigeno nel sangue, il ferro ha una biodisponibilità molto diversa se è contenuto nei cibi animali (15- 25%) o in quelli vegetali (3-5%). Negli alimenti di origine animale si trova prevalentemente sotto forma di ferro eme, contenuto all'interno di una sorta di guscio (l'eme) che lo protegge e migliora la sua assimilazione; il ferro vegetale, invece, è detto ferro non eme e viene assorbito in quantità inferiore. Un modo intelligente per migliorare l'assorbimento di questo minerale è usarlo in combinazione con la vitamina C: per esempio consumare insalata verde (ricca di ferro) condita con succo di limone (ricco di vitamina C). Un tipico piatto della tradizione che rappresenta adeguatamente questo abbinamento sono gli straccetti (ricchi di ferro) alla rucola (ricco di vitamina C).

Riducono invece l'assorbimento del ferro la fibra alimentare (ma hai già imparato a consumarla correttamente!), l'acido fitico contenuto in alimenti vegetali quali i legumi, cereali integrali e semi, e le catechine contenute nel tè e nel caffè. Se hai carenza di ferro non bere il caffè o il tè dopo pranzo o dopo cena, soprattutto se in precedenza hai consumato alimenti ricchi di ferro.

Bene, hai imparato due combinazioni nutrizionali importanti. Ti ho spiegato che sono utili per certi biotipi, ma in generale sono benefiche per chiunque. Facili da praticare, ti permettono di ottenere risultati con semplici accorgimenti.

Se mangi proteine nel modo sbagliato puoi peggiorare la situazione

Proteine vegetali o proteine animali? Mangiare molte proteine o poche proteine?

Ci sono tante teorie a riguardo, ma raramente tengono conto dei biotipi, e quindi di esigenze proteiche che variano in maniera notevole in base alla propria tipologia.

Prima di spiegarti come mangiare le proteine in base al tuo biotipo, è importante che tu conosca 3 tranelli in cui non devi assolutamente cadere quando scegli quali proteine consumare. Prima però leggi la tabella che classifica le proteine.

Le fonti di proteine

- *Proteine animali*
  carne (quindi anche i salumi)
  pesce
- *Proteine di derivazione animale*
  latte e latticini (formaggi, yogurt)
  uova
- *Proteine vegetali*
  legumi
  derivati della soia
  sostituti proteici (tofu, seitan, bistecche di soia ecc.).

In piccole dosi sono contenute anche nei semi oleosi, nei germogli, nei cereali, nella verdura e nella frutta.

Le differenze nel consumo di proteine

- *Onnivori:* mangiano tutti i tipi di proteine
- *Pescetariani:* mangiano pesce, eventualmente proteine di derivazione animale, e proteine vegetali
- *Vegetariani:* mangiano solo proteine di derivazione animale e vegetale
- *Vegani:* mangiano esclusivamente proteine vegetali

Tranello 1: tutte le proteine hanno lo stesso valore

Proteine della carne, del pesce, dei legumi, delle uova, del latte: sono molto diverse tra di loro per un fattore che si chiama *valore biologico*. Se il valore proteico ideale è 100 punti, rispettivamente i cibi proteici hanno:

- le uova di gallina 97 punti;
- la carne da 75 a 80 punti, a seconda del tipo;
- i legumi 65-75 punti;
- i cereali 55-65 punti;
- gli ortaggi 30-60 punti.

Più il punteggio è alto, più la proteina è capace di nutrire bene l'organismo. Più è basso, più si allontana dal soddisfarlo al meglio.

Puoi migliorare le proteine. Esistono casi in cui proteine di alimenti diversi, se ingerite insieme, si compensano a vicenda, migliorando il loro punteggio: succede per esempio se le proteine dei cereali vengono associate ai legumi, i quali raggiungono un punteggio alto, simile a quello della carne. La qualità di questo abbinamento era conosciuta ancor prima che venisse dimostrata scientificamente dai nutrizionisti, tanto che la pasta e fagioli era chiamata «la bistecca dei poveri». Però questo principio, ormai noto a chi segue un'alimentazione sana, spesso non tiene conto del secondo tranello.

Tranello 2: tutte le proteine vengono assorbite allo stesso modo

Nella scelta delle proteine c'è un concetto che spesso non viene considerato abbastanza: la *biodisponibilità*, ovvero il quantitativo di un nutriente che l'organismo è in grado di assorbire e di utilizzare. Dipende da due fattori importanti:

- il tipo di alimento;
- il tipo di organismo che lo assume.

Le tabelle nutrizionali riportano indicazioni sul primo fattore, ma non ci dicono niente sul secondo; e in questo caso i biotipi sono fondamentali: il biotipo aria, per esempio, ha meno capacità di assorbire le proteine vegetali rispetto al biotipo terra. Lo imparerai tra poco, quando ti spiegherò come consumare le proteine per ciascun biotipo.

Un concetto importante per comprendere tali differenze riguarda la nostra forza digestiva e assimilativa: se la digestione è debole, oppure se l'assimilazione è incompleta, i dati riportati sulle tabelle sono solo teorie, e potrebbero nella realtà indurre a una carenza alimentare. Inoltre alcuni disturbi, tipici di certi biotipi, contribuiscono a ridurre la biodisponibilità, cioè la capacità di assorbire e utilizzare le proteine: le malattie infiammatorie croniche dell'intestino, la stitichezza trattata con lassativi, la parassitosi intestinale, la diarrea, la celiachia, il morbo di Crohn, la colite ulcerosa, l'ipocloridria, l'acloridria, la gastrite, le insufficienze del fegato e del pancreas.

Ma c'è di più, e devi tenerlo ben presente. Te lo spiego con un esempio: 100 g di spinaci contengono una dose di ferro circa due volte superiore rispetto a quella presente in un'analoga quantità di carne bovina, quindi potremmo pensare che sia la scelta migliore per il nostro organismo. Eppure, se concentriamo l'attenzione sulla biodisponibilità, scopriamo che quella del ferro di origine animale è notevolmente superiore (20-25%) rispetto alle fonti vegetali (3-5%).

Tranello 3: evitare gli eccessi senza considerare le carenze

Ci sono programmi alimentari come le diete iperproteiche che causano un pericoloso eccesso di proteine nell'organismo, ma all'opposto anche programmi naturisti possono causare una carenza altrettanto rischiosa.

Ecco cosa succede al tuo corpo se mangi troppe proteine, o se ne mangi troppo poche.

Se mangi troppe proteine: i 5 segnali

Una dieta ad alto contenuto proteico porta a consumare molti alimenti animali: è infatti molto più difficile eccedere con le proteine vegetali, dato che sono contenute nei cibi in forma diluita.

Troppe proteine animali possono essere responsabili di un aumento del rischio di aterosclerosi, di ipertensione e di ipercolesterolemia; non tanto per il fatto di essere proteine, ma perché sono contenute in alimenti ricchi di grassi e colesterolo (l'apporto di carni magre abbassa in un certo senso il pericolo, tuttavia non lo abbatte del tutto).

Ecco i rischi di un consumo eccessivo di proteine.

Affaticamento dei reni. Sono costretti a smaltire i prodotti di degradazione delle proteine stesse, soprattutto gli acidi urici. Ne conseguono disturbi quali uricemia, gotta, che provoca forti dolori alle articolazioni, reumatismi, eczemi, calcoli renali.

Perdita di minerali alcalini e acidificazione dell'organismo. Gli eccessi di proteine vengono neutralizzati prima con il sodio e poi con il calcio, prelevato dallo scheletro, demineralizzando le ossa e causando osteoporosi. La tendenza all'acidificazione di chi consuma molte proteine aumenta anche il cattivo odore corporeo, specialmente del sudore.

Invecchiamento precoce. Un surplus proteico favorisce l'invecchiamento, la pelle diventa spenta e opaca.

Affaticamento del fegato. Gli scarti del metabolismo di un eccesso proteico sono difficili da smaltire per il fegato, che a lungo andare può affaticarsi o sviluppare disturbi.

Predisposizione a tumori. Numerose ricerche hanno dimostrato che un eccesso di proteine, specialmente animali, può essere collegato a tumori al seno, all'utero, alla prostata, all'intestino, al rene e al pancreas.

Se mangi poche proteine: i 7 segnali

Al contrario di altri nutrienti, per le proteine non esiste un organo di accumulo come è per esempio il tessuto adiposo; dato che il deposito sono le proteine stesse, se non ne vengono introdotte a sufficienza nell'organismo questo attinge a se stesso per produrle, «mangiando» pezzi di muscolo per far fronte alle esigenze.

Dimagrire è più difficile. Senza un corretto consumo proteico è difficile mantenere il metabolismo attivo: si dimagrisce con difficoltà e si acquisisce peso più facilmente.

Riduzione della massa muscolare. Se l'alimentazione è carente di proteine, l'organismo attinge alle riserve dei muscoli, che si riducono in maniera progressiva e diventano deboli: il corpo perde tonicità e diventa flaccido.

Indebolimento dello scheletro. Se non introduciamo proteine a sufficienza anche le ossa diventano più fragili e viene favorita l'osteoporosi.

Perdita di capelli e unghie sottili. Quando le proteine sono carenti il corpo inizia a risparmiarle, rendendole meno disponibili alle parti periferiche quali capelli e unghie.

Pelle secca e irritata. La carenza di proteine porta la pelle a essere più secca e irritabile, specie sul viso, che acquista un aspetto stanco e sciupato.

Indebolimento del sistema immunitario. Una corretta quota proteica è determinante per mantenere il sistema immunitario forte e capace di reagire. In caso contrario è più facile ammalarsi, per esempio in inverno non si riescono a contrastare raffreddori e influenza.

Caviglie e piedi si gonfiano all'improvviso. La ritenzione idrica, con accumulo di liquidi nelle parti inferiori del corpo e in particolare con edemi a livello degli arti inferiori, può rappresentare un indice di carenza proteica.

Come hai potuto leggere, in entrambe le direzioni gli eccessi non sono mai fonte di salute; spesso, anzi, oltre a non darci i risultati sperati, ostacolano il percorso verso la guarigione. Nella tabella trovi 4 regole d'oro per ottenere i migliori benefici dal consumo di proteine.

LE 4 REGOLE D'ORO PER CONSUMARE BENE LE PROTEINE

Regola 1: assumi proteine possibilmente a ogni pasto; sia a pranzo sia a cena mangia un cibo proteico, da abbinare agli altri nutrienti (vedi riquadro sulle combinazioni nutrizionali).

Regola 2: non consumare dosi eccessive di proteine, sono sufficienti quantitativi limitati a ogni pasto. Ti faccio un esempio che riguarda i prodotti animali, a cui bisogna fare particolare attenzione: metti nel piatto una dose di carne o di pesce grande quanto il palmo della tua mano, non di più. Evita di esagerare con una bistecca enorme o un'intera grigliata di pesce.

Regola 3: limita il consumo di proteine animali, assumi anche le proteine di derivazione animale e quelle vegetali.

Regola 4: controlla periodicamente il livello di proteine nel sangue. Chiedi che durante gli esami del sangue venga verificato il «livello di proteine totali», che generalmente non è prescritto di routine.

Carnivoro, vegetariano, vegano: chi ha ragione?

È una disputa che c'è da sempre e che oggi è ancora più accesa, perché vede teorie contrastanti l'una contro l'altra. La verità è che hanno tutti ragione e tutti torto.

Perché?

La risposta è nel biotipo.

Biotipo aria

Questo biotipo ha più difficoltà degli altri nell'estrarre la quota proteica necessaria dal cibo vegetale. Predisposto alle carenze nutrizionali, con un apparato gastrointestinale meno robusto di altre tipologie (anche a causa delle tossine gassose che lo irritano), il biotipo aria tende ad avere una massa muscolare scarsa e uno scheletro sottile, diversamente dal biotipo terra o fuoco, che sono più tonici e sviluppati. Specialmente dopo una certa età è portato a perdere massa muscolare, ossea e forza; ha quindi bisogno di una quota proteica maggiore, che suggerisco di ricavare anche dal cibo animale o di derivazione animale in quanto contiene proteine con biodisponibilità più elevata. Se il biotipo aria sceglie di raggiungere la quota proteica di cui ha bisogno attraverso le proteine vegetali ne deve mangiare molte (perché sono contenute nei cibi in dosi molto diluite), e questo aumenta le tossine gassose a cui è soggetto e irrita l'intestino. Ne conseguono danni e scorie di gran lunga superiori rispetto al consumo moderato di proteine animali.

Il problema principale del biotipo aria riguardo alle proteine vegetali, tuttavia, risiede nei legumi, la fonte proteica vegetale per eccellenza. I legumi sono flatogeni, cioè gonfiano e producono tossine gassose. Certo, è possibile ridurre questa problematica con piccoli trucchi (metterli in ammollo, passarli eliminando la buccia), eppure il risultato sarà quello di un cibo un po' più tollerabile ma comunque fonte di gas, con peggioramento delle sintomatologie del biotipo aria. Ecco perché per questo biotipo la scelta vegetariana, o peggio vegana, è la più difficile: ha molte conseguenze negative sul suo benessere e i suoi disturbi tipici.

Biotipo acqua

Questo biotipo tollera bene sia le proteine animali sia le vegetali. Per ridurre le tossine che causano ritenzione di liquidi e gonfiano il suo corpo, in particolare le gambe, è per lui fondamentale un apporto proteico costante, senza eccessi né carenze; l'ideale, come spiegato a proposito delle combinazioni nutrizionali, sarebbe consumare una quota proteica a ogni pasto. Una dose corretta di proteine lo aiuta anche per quanto riguarda il metabolismo – che in questo biotipo tende a essere lento –, poiché rende più facile tenere il peso sotto controllo.

Nel caso della scelta vegetariana deve fare attenzione a non cadere nella «voglia di dolci».

Curiosità

LA VOGLIA DI DOLCI, QUANDO LE PROTEINE SONO POCHE

Se la dieta vegetariana non viene portata avanti con attenzione, spesso porta all'aumento della voglia di mangiare dolci a causa del continuo consumo di carboidrati; infatti cereali, verdura e frutta sono tutti carboidrati! E lo sono per almeno un terzo anche i legumi, il latte e lo yogurt. Se si consumano dosi massicce di carboidrati la glicemia tende a salire e il livello dell'ormone insulina a crescere; il problema è che il glucagone, l'ormone antagonista che potrebbe mantenere l'insulina in equilibrio, si attiva solo con un corretto apporto di cibi proteici (vedi riquadro sulle combinazioni nutrizionali).

Una risalita veloce della glicemia è spesso seguita da una veloce discesa: come compensazione a queste oscillazioni scatta la voglia di dolci. E in questo caso bisogna prestare attenzione: mangiare dolci, anche se del tipo naturale, per l'organismo è più dannoso che assumere proteine animali in modo corretto, come indicato nelle quattro regole d'oro e nelle indicazioni per il biotipo.

Biotipo terra

Non ha bisogno di troppe proteine: soffre in caso di eccesso, anche se spesso ne mangia tante. Per il biotipo terra un surplus di proteine contribuisce alla crescita delle tossine solide, che portano per esempio ai fibromi o all'ingrossamento della prostata. Inoltre, se provenienti da carne grassa, causano depositi di colesterolo e trigliceridi che questo biotipo tende ad accumulare più degli altri.

Il biotipo terra tra tutti tollera meglio la scelta vegetariana o vegana. Quando ai miei corsi arrivano persone che dicono di sentirsi molto bene con un'alimentazione a base di proteine vegetali, spesso appartengono proprio al biotipo terra. E così, in buona fede, consigliano con entusiasmo questo regime alle persone che incontrano; ma se chi li ascolta e viene colto dal loro fervore è un biotipo aria non avrà assolutamente gli stessi benefici, anzi, potrà farsi pure del male.

Biotipo fuoco

Trae beneficio dalle proteine vegetali, perché questo tipo di cibo rinfresca la sua costituzione calorosa. Inoltre, quando emerge uno stato infiammatorio, le proteine animali – specialmente quelle della carne – peggiorano la situazione; i principali alimenti proinfiammatori, infatti, sono i cibi di origine animale (eccetto il pesce, ricco di omega-3), in particolare carni, insaccati e formaggi grassi, in quanto ricchi di una sostanza, l'acido arachidonico, da cui l'organismo sintetizza le prostaglandine, che causano infiammazione (così come i nitriti presenti nelle carni conservate). Dal momento che questo biotipo tende all'acidosi, troppe proteine animali sono comunque controindicate.

Il biotipo fuoco, quindi, se lo desidera può scegliere il regime vegetariano senza incontrare difficoltà, anche grazie alla sua costituzione tonica e alla sua calorosità; oppure può essere onnivoro, ma seguendo bene le indicazioni per il suo biotipo, come leggerai più avanti.

Vero-falso

LE IMITAZIONI DELLA CARNE POSSONO ESSERE PIÙ DANNOSE DELLA CARNE STESSA?

Si trovano nei banchi del freddo dei supermercati, sono le proteine vegetali confezionate e spesso identificate con termini presi in prestito dal mondo «carnivoro»: le bistecche di soia, il filetto di seitan, l'arrosto di muscolo di grano, le polpettine di legumi, il formaggio vegetale, il tofu alla piastra.

Ogni volta che faccio la spesa vedo comparire nuove proposte. Che bella diffusione del cibo naturale, si potrebbe pensare! In realtà però questo cibo di naturale ha ben poco: è un cibo confezionato a tutti gli effetti, addizionato di svariati ingredienti, spesso nemmeno troppo sani. Il sale è il primo della lista, e viene aggiunto in abbondanza, poi seguono gli aromi, grassi di vario tipo e tanto altro. Basta leggere l'etichetta per notare quanto sia lunga e complessa.

Se acquisti questi prodotti per motivi di salute, e non etici, non fai una buona scelta. Di sicuro è preferibile mangiare un po' di carne magra o del pesce acquistati freschi e cotti semplicemente. Se vuoi ottenere un beneficio devi consumare le proteine vegetali «al naturale»: per esempio puoi acquistare il tofu bianco, saltarlo in padella aggiungendo spezie a piacere e poi condirlo con olio a crudo.

> *Naturale è sano solo se lo fai bene* dice la settima tattica del mio metodo. Ecco, se mangi questo tipo di alimenti confezionati di naturale fai ben poco, anche se potrebbe all'apparenza sembrarti una scelta sana.

Vegetariani e vegani: con attenzione

I miei corsi in aula sono frequentati da persone che hanno compiuto scelte alimentari di ogni tipo riguardo all'assunzione di proteine: ci sono onnivori, vegetariani e vegani. Nel test che i partecipanti compilano prima di fare il colloquio con me compare sempre la domanda che approfondisce il loro tipo di regime alimentare; chiedo anche se è una scelta derivata da motivi di salute o da motivi etici. Il mio obiettivo è di rispettare le loro decisioni, ancora di più se sono dettate da ragioni etiche.

Il mio suggerimento è sempre quello di prestare attenzione, in modo da non farsi del male. La scelta di evitare proteine animali non porta benefici se:

- si mangiano tanti formaggi per sostituire la carne, con conseguente aumento del colesterolo e del muco nel corpo. Per il biotipo terra questo consiglio è particolarmente importante;
- si mangiano molti dolci, anche del tipo naturale. Un apporto limitato di proteine spesso non bilancia l'aumento insulinico tipico dei pasti ricchi di carboidrati e aumenta così la voglia di zuccheri. Per il biotipo acqua questo consiglio è particolarmente importante;
- si sostituiscono le proteine animali con proteine vegetali confezionate, ricche di ingredienti aggiunti poco salutari (vedi riquadro sulle imitazioni della carne). Per il biotipo fuoco questo consiglio è particolarmente importante;
- si sostituiscono gli alimenti con polverine proteiche, integratori di B12 e così via. Solo il cibo è la vera fonte completa di principi nutritivi, abbinati dalla natura in un

modo che nemmeno il laboratorio più esperto riuscirà mai a replicare;

- non si eseguono regolarmente esami del sangue. Non solo della vitamina B12, notoriamente carente in questo tipo di regimi, ma anche di altri valori quali lo zinco (che, come ti ho spiegato, viene assimilato più difficilmente in presenza di fitati), oppure delle proteine totali e di altri valori che negli esami di routine non vengono effettuati e che è invece importante verificare. Io suggerisco sempre di chiedere al proprio medico un elenco di valori appositi che consiglio nei miei corsi. Per il biotipo aria questo consiglio è particolarmente importante.

Sbagli oggi e lo scopri tra qualche anno

«Mi sento benissimo dopo aver eliminato quei cibi!» Lo sento dire con fierezza da chi ha escluso intere categorie di alimenti – magari con scelte nutrizionali piuttosto estreme – e afferma di aver dato una svolta alla propria salute.

Nei miei corsi e nei miei video, però, ci tengo a far notare sempre un aspetto che raramente le persone considerano, specialmente se sono vittime della settima trappola, *il pericoloso fai da te*. Le avverto che *il sentirsi bene non è garanzia di salute e di una scelta alimentare sana*: nei primi mesi si tendono a percepire solo i vantaggi di un sistema alimentare perché l'eliminazione di alcuni cibi alleggerisce un organismo affaticato, ma non è detto che il beneficio avvertito nel breve termine coincida con quello a lungo termine.

Ti faccio un esempio che riguarda la vitamina B12. Questo prezioso nutriente – che si trova in alimenti quali carne, pesce, uova, latte e latticini – diminuisce gradualmente nell'organismo non nell'arco di una settimana, e nemmeno di un mese o di un anno. Ci vogliono almeno due anni per ritrovarsi con una carenza di B12, che può portare a gravi danni al sistema nervoso e a una forma di anemia detta «perniciosa», considerata molto pericolosa. Ti ho spiegato anche i danni di un consumo di fibre errato e di un eccesso o di una carenza proteica; anche questi, come tanti altri, non li avverti nel breve termine: deve passare del tempo affinché l'organismo sviluppi seri disturbi. E quando il danno viene a galla, raramente le persone collegano il loro disturbo a una scelta fatta mesi o addirittura anni prima.

Il primo aspetto che sottolineo è quindi sempre questo: *un regime alimentare è sano solo se porta benefici nel lungo termine*, e definirlo tale nel breve termine è pura follia. È il triste risultato del *pericoloso fai da te* che porta le persone ad ammalarsi senza accorgersene, per esempio con diete improvvisate o con programmi alimentari che non prendono in considerazione il proprio biotipo.

Ironia della sorte, tutto questo accade spesso a causa di scelte alimentari che dovrebbero essere «salutiste».

Mangia le proteine secondo il tuo biotipo

E ora ecco per te altri consigli riguardo al consumo di proteine più adatto per ogni biotipo.

Biotipo aria

Carne e pesce. Può consumare carne di tutti i tipi, sia rossa sia bianca, sempre in quantità limitata, proveniente da tagli magri e privata del grasso visibile. Libertà di consumo anche per il pesce. Le fonti proteiche altamente biodisponibili lo aiutano a supportare la sua scarsa massa corporea, ma attenzione a non appesantire l'organismo con un eccesso proteico. Da evitare, invece, gli insaccati e la carne di maiale.

Uova. Possono essere consumate liberamente, anche il tuorlo, a meno che non sussista ipercolesterolemia.

Latte e formaggi. Se non è intollerante, il biotipo aria può consumare i latticini senza problemi: aiutano a nutrire la sua tendenza alla secchezza e offrono una fonte proteica digeribile e altamente biodisponibile. Il latte va consumato caldo, perché quando è freddo peggiora la produzione di gas; in particolar modo meglio evitare di berlo insieme alla frutta.

I formaggi, sia freschi sia stagionati, sono ben tollerati, meglio ancora se sono di capra. Attenzione invece alla panna montata, al latte in polvere e al latte a lunga conservazione: vanno evitati.

Legumi. Da consumare con grande attenzione. Come ti ho spiegato prima, per il biotipo aria possono essere più dannosi della carne. In caso di gas intestinali è meglio evitarli, perché causano più problemi che benefici. I legumi più tollerati sono le lenticchie, i meno tollerati sono i fagioli e la soia verde.

Altre proteine vegetali. Il biotipo aria può consumare proteine quali tofu, seitan e così via, ma al naturale.

Biotipo acqua

Carne e pesce. Per questo biotipo è consigliato il pesce, perché stimola la tiroide e riduce la ritenzione di liquidi in eccesso. Un pasto a base di pesce, associato a verdure crude, è ottimo per eliminare le tossine liquide ed è utile anche in caso di cellulite e di gambe gonfie, disturbi di cui questa tipologia soffre particolarmente. Anche la carne magra va bene: stimola la produzione di glucagone, l'antagonista dell'insulina, evitando così un accumulo di peso. In particolare il tacchino è ricco di potassio e povero di sodio.

Del tutto controindicati sono gli insaccati e la carne o il pesce conservati, per esempio il salmone affumicato, a causa dell'elevato contenuto di sodio.

Uova. È meglio che questo biotipo non ecceda con i tuorli; gli albumi, invece, può consumarli a piacere: sono un'ottima fonte proteica da abbinare ai carboidrati.

Latte e formaggi. A meno che non sussista una intolleranza al lattosio o alla caseina, il biotipo acqua può consumare i latticini, facendo attenzione a non eccedere. Deve scegliere quelli magri, come yogurt, kefir, formaggi in fiocchi o freschi tipo ricotta, mentre i formaggi stagionati non sono indicati perché contengono troppo sodio e aumentano le tossine liquide di questo biotipo portandolo a sentirsi gonfio.

Legumi. Può consumare i legumi, in dosi medie. In caso di meteorismo deve invece attenersi alle indicazioni del biotipo aria, finché non migliora. Consigliati i fagioli bianchi e i piselli perché poveri di sodio e ricchi di potassio, indicati quindi per la ritenzione dei liquidi.

Altre proteine vegetali. La soia e i suoi derivati non sono consigliati per questo biotipo perché tendono a ridurre la funzionalità tiroidea, peggiorando i disturbi di sovrappeso e scarsa energia.

Biotipo terra

Carne e pesce. In linea di massima vanno consumati in quantità limitata: questo biotipo può anche rinunciare senza problemi a tali proteine se si orienta verso la scelta vegetariana. Se invece consuma prodotti animali non dovrà eccedere con la carne, per evitare i grassi saturi che possono causare ipercolesterolemia o disturbi alle arterie, a cui il biotipo terra è predisposto. Il grasso visibile va sempre eliminato, e la scelta della carne bianca e magra è preferibile.

Vanno bene i pesci grassi per via del loro contenuto di omega-3, indicati per fluidificare le tossine di questa tipologia.

Assolutamente sconsigliati i salumi.

Uova. Una quantità limitata di uova può essere consumata, a patto che l'uovo sia sodo oppure cotto alla coque, senza condimenti eccessivi. L'albume è una buona fonte proteica per questo biotipo perché magro e privo di colesterolo. Da evitare il più possibile invece le uova fritte e le salse a base di uova, come la maionese.

Latte e formaggi. Meno latticini questo biotipo mangia meglio è, perché aumentano la produzione di muco e di tossine solide e congestionanti. Con moderazione, cioè in porzioni piccole e non troppo spesso, può consumare latte e yogurt a bassa percentuale di grassi (scremati o parzialmente scremati) oppure formaggi freschi quali ricotta e fiocchi di latte. Tutti gli altri, per esempio i formaggi stagionati, sono controindicati.

Legumi. Sono un cibo adatto a questo biotipo, che consumandoli può ridurre il quantitativo di proteine animali, per lui poco adatte.

Altre proteine vegetali. Meglio evitare la soia, soprattutto il latte vegetale da essa derivato, perché oltre a ridurre la funzionalità tiroidea aumenta la produzione di muco nel corpo (con un raffreddore in atto, o in caso di bronchite o sinusite, non andrebbe mai assunto). Il tofu, in dosi limitate, è più tollerato, ma non va consumato freddo perché risulta difficile da digerire per questo biotipo.

Biotipo fuoco

Carne e pesce. È consigliato soprattutto il consumo di pesce di tipo grasso, per esempio salmone selvaggio dell'Alaska oppure sardine. La carne va bene in piccole quantità, senza eccedere con quella troppo grassa, ma si può anche eliminare tranquillamente perché questo biotipo tollera bene la scelta vegetariana.

Uova. Il biotipo fuoco può consumare le uova senza alcun problema. Meglio se privilegia gli albumi rispetto ai tuorli.

Latte e formaggi. I latticini sono adatti a questo biotipo, sempre che non sussista intolleranza al lattosio o alla caseina. In caso di infiammazione in atto deve evitare i formaggi grassi, come quelli stagionati. Se freschi e magri, invece, sono una fonte proteica che può consumare. Non è consigliato lo yogurt, che tende ad acidificare il suo organismo.

Legumi. Questo biotipo tollera bene i legumi e può alternarli, o sostituirli, alle proteine animali, che sono fonte di acidificazione per il suo organismo.

Altre proteine vegetali. Può consumarli, evitando però quelli molto elaborati. Da preferire le preparazioni semplici, come indicato in precedenza nel riquadro sulle imitazioni della carne.

Ora ti voglio svelare il volto di un «falso nemico»: i grassi. Continua la lettura per imparare a mangiarli nel modo corretto, secondo il tuo biotipo.

Tranello: consumare pochi grassi è meglio

Oggi le diete hanno portato a ridurre il consumo di grassi (o lipidi); se si tratta di grassi poco salutari, come quelli saturi contenuti nel cibo di origine animale o nell'olio di palma, è una buona abitudine, non lo è invece quando si evitano i grassi sani, quelli polinsaturi. Soprattutto in caso di disturbi intestinali quali meteorismo e stitichezza, oppure di secchezza della pelle, delle mucose, di problemi alle articolazioni o di matrice infiammatoria, i grassi sani sono fondamentali.

Mangiare grassi non significa sempre diventare grassi. Anzi, il giusto quantitativo lipidico è fondamentale per il buon funzionamento dell'organismo, ed è molto più sano ridurre il consumo di zuccheri piuttosto che di grassi buoni.

Inoltre, se consumi cibo che contiene vitamine liposolubili (vitamina A, E, D) senza aggiungere un certo quantitativo di grassi, queste non verranno assorbite dall'organismo; nel tempo quindi potresti ritrovarti con carenze di vitamina A e problemi di visione notturna, carenze di vitamina D e disturbi quali l'osteoporosi, carenze di vitamina E e un precoce invecchiamento del tuo corpo.

Come consumare i grassi secondo il tuo biotipo

Biotipo aria

I grassi riducono la secchezza caratteristica del biotipo aria, nutrendo i tessuti irritati e l'organismo intero. Hanno anche una benefica funzione emolliente e lenitiva quando soffre di stitichezza. Come ti ho già spiegato, questo biotipo non deve mai consumare le verdure senza olio (vanno bene tutti gli oli vegetali eccetto quello di palma). Particolarmente indicato è il consumo di avocado: sebbene sia un frutto, è poverissimo di zuccheri e ha una grande concentrazione di oli e grassi monoinsaturi, utilissimi per il biotipo aria.

Anche i semi oleosi sono una fonte sana di grassi, meglio però ammollati e senza buccia, per esempio nel caso delle mandorle.

Ottimi anche i semi di zucca, particolarmente utili agli uomini per prevenire i disturbi della prostata. Mangiati come spuntino o a colazione, i semi oleosi sono un modo sano per il biotipo aria per ottenere un surplus di grassi molto utili alla sua condizione.

Sono invece da consumare con moderazione i grassi animali e i fritti.

Biotipo acqua

Deve consumare i grassi senza eccedere, preferendo quelli di tipo vegetale.

Suggerisco a questo biotipo di abbinare sempre un certo quantitativo di grassi agli alimenti, non solo per rendere più tollerabili le verdure ma anche per evitare i picchi glicemici causati dai carboidrati: insieme alla fibra, i lipidi modulano la glicemia.

Può aggiungere alle insalate piccole quantità di semi oleosi, nella dose di un cucchiaino, ma mai salati. In particolare sono utili per il biotipo acqua le mandorle e i semi di girasole, ricchissimi di potassio e poverissimi di sodio.

Biotipo terra

Deve limitare il consumo dei lipidi, usando i condimenti ma con molta parsimonia. È particolarmente indicato l'olio extravergine di oliva, che esercita una benefica azione coleretica e colagoga, cioè stimola il flusso biliare.

Indicati i semi oleosi, ma in quantità limitate e non tostati, in modo da ottenere grassi sani nella forma naturale.

Del tutto sconsigliati: olio di palma, olio di cocco, lardo, strutto, burro, margarina animale, perché ricchi di grassi saturi e trans.

Biotipo fuoco

Beneficia soprattutto dei grassi omega-3 ottenuti mangiando pesce, perché inibiscono l'infiammazione. Come per il biotipo terra, è consigliato l'olio extravergine di oliva per la sua benefica stimolazione della bile epatica.

Causano invece infiammazione i grassi idrogenati e i grassi trans che possono essere presenti nella margarina, nello strutto, nei grassi utilizzati in pasticceria e negli alimenti realizzati impiegando tali ingredienti, per esempio i prodotti da forno, sia dolci sia salati, soprattutto se lavorati industrialmente. È necessario dunque prestare attenzione agli ingredienti degli alimenti che si acquistano.

Indicati anche i semi oleosi perché ricchi di omega-3, ma senza esagerare. Vanno evitati le arachidi e il burro di arachidi perché possono causare infiammazione.

I gruppi alimentari essenziali

Bene! Hai appena imparato come consumare i principali gruppi di alimenti, quelli che trovi più di frequente sulla tua tavola, in base al tuo biotipo Oberhammer. Così facendo puoi ottenere importanti benefici legati al primo pilastro del tempio del benessere. In un libro non era ovviamente possibile approfondire ogni singolo alimento, ma se vuoi ho tante altre informazioni preziose da fornirti su questi gruppi di cibi e su tutti gli altri che non sono riuscita a trattare in questo testo. Le trovi nel mio esclusivo club online, sul sito www.biotipioberhammer.it: ci sono ricette, dimostrazioni pratiche e soluzioni *10 e lode* da mettere in pratica subito nella tua vita quotidiana, per ottenere ottimi risultati con poca fatica.

Adesso voglio darti altri elementi fondamentali per l'alimentazione secondo il tuo biotipo. Sono consigli di prima scelta che vengono direttamente dai miei più costosi corsi in aula. Qui li trovi gratuitamente.

Distribuzione dei pasti per ogni biotipo

Le teorie riguardanti la distribuzione dei pasti nella giornata sono numerose e spesso valide, però non per tutti: in effetti ogni biotipo beneficia di una distribuzione leggermente diversa rispetto agli altri.

Biotipo aria

Il biotipo aria ha bisogno di mangiare poco e spesso. La sua elevata produzione di cortisolo lo porta a consumare molto e ad avere bisogno di un apporto di cibo frequente. Inoltre, a causa della sensibilità digestiva, non deve appesantirsi, quindi l'ideale è fare tre pasti e due spuntini. Un approvvigionamento di cibo frequente aiuta il biotipo aria a calmare il suo nervosismo (che sfoga mangiucchiando di continuo), e sapere che ha cinque precisi appuntamenti con il cibo lo tranquillizza.

Biotipo acqua

Questo biotipo ha un metabolismo rallentato e dunque una digestione lenta. La distribuzione più indicata è quindi di tre pasti al giorno, evitando gli spuntini, perché in questo modo si lascia al corpo lo spazio per digerire. Se il biotipo acqua sente il bisogno di fare gli spuntini, però, deve mangiare leggero nei pasti principali, senza usare troppi grassi, che rallentano la digestione. Inoltre è per lui di grande aiuto non consumare tardi la cena, altrimenti rischia di coricarsi con lo stomaco ancora pieno.

Biotipo terra

Il biotipo terra generalmente è «una buona forchetta»; ai pasti fatica a trattenersi e mangia fino a sazietà, quindi aggiungere anche gli spuntini sarebbe troppo. Inoltre questo biotipo, producendo più tossine degli altri, ha bisogno di spazi di digiuno tra un pasto e l'altro, ovvero di periodi in cui l'organismo non è impegnato a digerire e può ripulirsi senza fatica. Se il biotipo terra sente il bisogno di consumare spuntini, deve impegnarsi a non mangiare troppo nei pasti principali.

Biotipo fuoco

Anche il biotipo fuoco è un mangiatore vorace; diversamente dal biotipo terra, però, di solito non eccede con il cibo, e, al contrario del biotipo acqua, ha un metabolismo veloce: l'adrenalina, il suo ormone dominante, tende a consumare in fretta. Per lui sono indicati tre pasti con due spuntini, che devono essere però leggeri e rinfrescanti, altrimenti i suoi disturbi possono peggiorare: va bene la frutta ma non gli snack troppo salati o troppo grassi.

Sana abitudine che consiglio

DISTRIBUISCI I PASTI CON IL METODO DEL SOLE

Hai presente il percorso che il sole segue ogni giorno? Di primo mattino è visibile, a mezzogiorno è al massimo della sua forza, verso sera si riduce e con il tramonto cala definitivamente. Ecco, i pasti dovrebbero essere proporzionati all'intensità del sole nel momento in cui li consumiamo. Vediamo insieme il percorso da seguire:

- la *colazione* dovrebbe essere media, come il sole di primo mattino: l'organismo ha bisogno di energie per affrontare la giornata, ma senza eccedere perché ha appena cominciato a essere attivo;
- il *pranzo* dovrebbe essere abbondante, come il sole a mezzogiorno: l'organismo è attivo dal mattino e ha bisogno di energie per affrontare il pomeriggio. La forza digestiva è massima in questo momento della giornata;

- la *cena* dovrebbe essere leggera, come il sole che tramonta: l'organismo è stanco, ha meno energie per digerire e durante la notte deve consumare meno.

Nel capitolo sulla disintossicazione ti ho spiegato l'importanza di mangiare poco di sera, per depurare il tuo corpo senza fare fatica.

Il detto popolare *La colazione falla da solo, il pranzo condividilo con un amico, la cena regalala al nemico* esprime proprio il concetto che è alla base della distribuzione dei pasti con il metodo del sole.

Digiunare fa bene?

Durante le mie conferenze o i miei videocorsi, oppure sul mio canale YouTube, arriva spesso la domanda: «Cosa ne pensi del digiuno?».

Sarò sincera con te, ti darò la risposta più completa in base alla mia esperienza di naturopata. Conosco bene la tecnica del digiuno, perché l'ho sperimentata e applicata a lungo. Come ti ho spiegato all'inizio di questo libro raccontandoti la mia storia, sono una professionista che ha girato il mondo e fatto pratica nei più noti istituti di medicina naturale, per imparare le pratiche migliori, da 10 e lode.

Ho scelto però di escludere il digiuno dalle tecniche che insegno. Non perché non sia valido (ovviamente solo se eseguito nel modo corretto, evitando gli errori di un'applicazione sommaria), ma perché nella mia pratica ho riscontrato che *si ottengono molti più benefici con la disintossicazione intestinal*e – tutti ne abbiamo bisogno periodicamente, anche se l'intestino funziona in maniera regolare – abbinata a un regime alimentare depurativo.

Quando si digiuna, il corpo perde insieme al cattivo anche il buono: vengono eliminate le scorie ma allo stesso tempo anche i nutrienti, perché con l'assenza di cibo l'organismo deve accedere alle sue riserve. C'è poi un problema che di solito viene sottovalutato: durante il digiuno tutto quello che l'organismo rimuove al fine di depurarsi viene inviato al principale organo di raccolta rifiuti, il colon, che diventa però un ricettacolo di scorie di ogni tipo se il digiuno non è abbinato alla disintossicazione intestinale. Dal momento che, in assenza di cibo, la peristalsi intestinale si riduce drasticamente o si ferma del tutto, queste scorie permangono nel colon e da lì si diffondono, causando malessere, mal di testa, eruzioni cutanee, alito pesante e altri disagi. È invece molto più semplice effettuare una corretta pulizia intestinale, con i rimedi adatti al proprio biotipo, e contemporaneamente adottare un'alimentazione depurativa seppur nutriente: in questo modo si mantiene il colon costantemente libero dai rifiuti che l'organismo convoglia durante la depurazione e allo stesso tempo si apportano preziosi principi nutritivi e rivitalizzanti. Nella mia esperienza questo procedimento offre la depurazione più efficace all'organismo, che viene alleggerito dalle scorie che lo appesantiscono, rigenerandosi. È una tecnica che porta con sé anche il beneficio di un'ottima depurazione epatica, se si utilizzano le sostanze adeguate.

Se vuoi maggiori informazioni a riguardo, puoi trovare dei video su www.disintossicazioneintestinale.it.

Il mio parere, in conclusione, è che il digiuno senza la disintossicazione intestinale sia una via faticosa e spesso carica di spiacevoli effetti collaterali. In ogni caso, di seguito trovi le indicazioni riguardo al digiuno per ciascun biotipo.

Biotipo aria

Il biotipo aria è il meno adatto al digiuno perché ha una costituzione esile, magra e possiede poche riserve, quindi entra facilmente in uno stato di denutrizione. Inoltre questa tipologia, come ti ho spiegato, ha bisogno di mangiare in modo costante e regolare: in assenza di cibo sono più i danni dei benefici. Infine, le scorie che si accumulano nel colon durante il digiuno aumentano in maniera sostanziale le tossine gassose e irritanti, causando gonfiori addominali e irritando il sistema nervoso.

Biotipo acqua

Spesso con qualche chilo in più, il biotipo acqua sopporta un po' meglio il digiuno rispetto al biotipo aria. Se però le tossine si accumulano nel colon e da lì migrano nell'organismo, la ritenzione idrica può peggiorare nel tentativo di diluirle. La deprivazione di cibo, inoltre, tende a intristire questo biotipo: nel momento della ripresa alimentare, è portato a sviluppare voglie di cibi poco sani, specialmente di dolci.

QUANDO NON DIGIUNARE

Il digiuno è del tutto controindicato se viene alternato alle abbuffate o se viene utilizzato per smaltire gli eccessi di uno stile di vita poco sano.

Biotipo terra

Il biotipo terra è quello che sopporta meglio il digiuno perché ha una costituzione robusta e una buona struttura ossea e muscolare. Tuttavia, essendo un gran mangiatore, l'astensione dal cibo lo innervosisce molto; quando termina il digiuno, per compensazione, tende a farsi prendere dalla fame e a mangiare quantitativi maggiori di cibo. Una necessità inconscia per integrare la deprivazione subita.

Biotipo fuoco

Come il biotipo terra, ha una costituzione ossea e muscolare piuttosto solida, quindi tollera il digiuno. A causa del suo ormone dominante, l'adrenalina, che mantiene il metabolismo accelerato, avverte però maggiormente la fame e la deprivazione di cibo con il conseguente aumento della tensione e dell'eccesso di calore che lo contraddistinguono. Inoltre, quando le scorie sedimentano nel colon, possono peggiorare i suoi stati infiammatori, causando sensazioni di malessere.

COME PORTARE L'ALIMENTAZIONE SECONDO IL BIOTIPO NELLA TUA VITA
Nel capitolo *Prendi la scorciatoia dei circoli positivi* trovi i segreti su come modificare la tua alimentazione senza nemmeno accorgertene, facendo solo ciò che ti piace!

La tua sicurezza è importantissima

Se hai avuto l'intelligenza di arrivare a leggere fin qui, di certo hai a cuore la sicurezza delle tue scelte. Forse hai anche avuto modo di notare un aspetto a cui do molta importanza: la tutela delle persone che seguono i miei metodi.

Per me, come credo per te, la sicurezza è un valore inestimabile.

I consigli che hai letto in questo capitolo sono basati su 5 importanti valori di sicurezza.

- *Valore di sicurezza numero 1: la tradizione è una garanzia.* Ciò che è passato al vaglio dei secoli attraverso l'osservazione empirica (cioè basata sull'esperienza) ha un buon livello di sicurezza e oggi viene confermato dalla scienza: molto spesso si scopre che certi piatti della tradizione (per esempio la pasta e fagioli) hanno lo scopo di nutrire meglio l'organismo.
  La garanzia della tradizione è una delle basi del rimedio dell'acqua e limone, utilizzato in tutte le tradizioni naturali per depurare il corpo. Consigliato dai più noti naturopati e medici del naturale, è considerata una pratica indispensabile anche nelle migliori cliniche del benessere. Ovviamente il rimedio va praticato con criterio: per questo motivo ho scritto un intero libro a riguardo.
- *Valore di sicurezza numero 2: la scienza va ascoltata, ma a volte è meglio aspettare.* Sebbene sia di grande aiuto nel comprendere cosa ci può aiutare, spesso è meglio aspettare che le scoperte scientifiche vengano avvalorate con il pas-

sare degli anni; non è così raro infatti che siano poi riviste, o addirittura smentite, da ricerche successive. In generale, io non mi baso mai su dati derivati da una sola ricerca scientifica: devono provenire da svariati studi che confermano lo stesso risultato.

- *Valore di sicurezza numero 3: i prodotti nuovi vanno verificati bene.* Ogni mese si legge di un prodotto innovativo, alimentare o per il benessere. Generalmente di importazione, arrivano da noi non perché siano per forza sani ma anche perché il mercato, per continuare a vendere, ha bisogno di novità. Io mi informo costantemente su ogni novità, ma il mio atteggiamento è di attendismo: aspetto, per vedere i risultati del prodotto. Non faccio mai – e dico mai – utilizzare prodotti appena comparsi sul mercato alle persone che mi seguono. Certo, se ne parlassi aumenterei le visualizzazioni dei miei video o l'attenzione per quello che propongo, ma non mi interessa. Perché prima di tutto ho a cuore la sicurezza di chi ha fiducia in me.
- *Valore di sicurezza numero 4: ciò che è del nostro luogo è preferibile.* Viviamo in un mondo globalizzato e quindi è normale consumare prodotti che provengono da lontano; quando possibile, però, è preferibile sceglierli della zona in cui viviamo. È un errore pensare che ciò che viene dall'estero sia più efficace. Un esempio: numerosi studi riportano che i benefici ottenuti da un giapponese con la soia non sono assolutamente pari a quelli che otteniamo noi occidentali, perché siamo cresciuti con altri cibi. In particolar modo trovo del tutto inutile utilizzare sistematicamente le piante che arrivano dall'altra parte del mondo. Esclusa qualche eccezione, in ogni zona ci sono tutte le piante necessarie per curare l'organismo.
- *Valore di sicurezza numero 5: il buon senso.* Mi trovo spesso di fronte a persone che compiono scelte alimentari estreme, pensando che i risultati arrivino più velocemente. Ma le tendenze radicali portano a vivere una vita da disadattati, in cui mangiare diventa un problema e la salute una guerra da combattere ogni giorno. No, c'è di meglio:

la vita è troppo breve per vivere schiavi di soluzioni restrittive, drastiche, rigide, dure, difficilmente applicabili nel mondo in cui viviamo. E il buon senso è un ottimo indicatore per evitare situazioni complicate.

Cosa hai imparato in questo capitolo

Sei arrivato alla fine di questo capitolo. Ecco i punti fermi più importanti di cui sei venuto a conoscenza.

Se non fa bene al tuo biotipo non è sano. Il concetto di cibo sano è relativo, perché le scelte alimentari devono prima di tutto offrire benefici al tuo biotipo Oberhammer. Si basano su un concetto chiave: non devi fare troppo, ma devi fare quello che serve alla tua tipologia. Allora ottieni risultati in modo naturale e facile.

I supercibi non esistono. Un alimento può essere ottimo per un certo biotipo e poco indicato per un altro.

Devi conoscere l'intero ciclo, non soltanto un pezzo. Non si può affermare che un cibo è sano solo perché riporta valori positivi nella tabella nutrizionale, che è un aspetto marginale. È di altrettanta importanza come lo digerisci, come lo assimili e come elimini le sue scorie. Solo se l'intero ciclo nutrizionale funziona bene si può affermare che un cibo ti fa bene.

Il programma alimentare per il tuo biotipo non è assolutamente una dieta. È meglio stare lontano da questa parola: è sufficiente sentirla per trasmettere alla tua mente un messaggio negativo. Introduci invece delle piccole variazioni alle tue abitudini quotidiane: non dovrai compiere sacrifici e potrai solo gustarti i risultati. Anche il tuo peso ne beneficerà. Questo è ciò che fa il programma alimentare per il tuo biotipo Oberhammer.

Gli errori nutrizionali che fai oggi ti presentano il conto più avanti. Non devi giudicare un regime alimentare in base alle sensazioni del momento, perché i danni che puoi causare alla tua salute, anche gravi, li avvertirai anni dopo. La scelta giusta deve garantirti benessere nel tempo.

I programmi alimentari miracolosi non lo sono per tutti. La vera salute non la ottieni sperimentando i programmi alimentari all'ultima moda, ma mangiando nella maniera più indicata per il tuo biotipo Oberhammer.

Senza la disintossicazione fatichi molto per ottenere poco. Chi è costretto a rivolgersi a diete estreme e drastiche non conosce i segreti della disintossicazione. Senza questo passo, tutto diventa molto più difficile e complicato. Se la conosci, invece, il percorso sarà più facile e otterrai i risultati che ti meriti.

La tua sicurezza è importantissima. Non è proprio il caso di giocare con la salute, scegliendo le diete che vanno di moda o adottando regimi estremi. Hai imparato che nel metodo Biotipi Oberhammer la sicurezza viene al primo posto, per tutelare la tua salute.

Devo farti i miei complimenti: il tempio del benessere sta diventando un luogo che conosci sempre meglio!

Riassumiamo il tuo percorso. Adesso sai che:

1. hai bisogno di *fondamenta* senza le quali la guarigione naturale e facile non è possibile, cioè scoprire il tuo biotipo Oberhammer;
2. hai bisogno di un *tetto* che ti protegga e ti garantisca un risultato senza doverti sottoporre a regimi estremi e faticosi, cioè la disintossicazione.
3. hai bisogno del *primo pilastro*, per mangiare secondo il tuo biotipo in totale sicurezza.

E ora?

So che lo immagini già. È il momento del secondo pilastro del tempio del benessere. Adesso scoprirai...

I RIMEDI NATURALI PER IL TUO BIOTIPO: ACCELERA LA GUARIGIONE

Sei arrivato al secondo pilastro del tempio del benessere: adesso è il momento di scoprire i rimedi naturali. Sono efficaci, se selezionati nel modo giusto e soprattutto in base al tuo biotipo.

Per sapere quali rimedi naturali applicare al tuo caso specifico è essenziale conoscere il tuo biotipo Oberhammer. Ti ricordo ancora una volta che lo puoi scoprire con un semplice test gratuito sul sito: www.biotipioberhammertest.it.

Prima di cominciare, ti devo avvisare: senza l'abbinamento a un programma di disintossicazione e di alimentazione, i rimedi naturali non danno grandi risultati; se invece li associ alle tecniche di depurazione e al programma alimentare secondo il tuo biotipo, i risultati saranno eccellenti. Questo mio consiglio si basa sulla quarta trappola, *la debolezza di un punto solo*, e sulla quarta tattica, *la formula magica della sinergia*.

Ecco un esempio: se soffri di un disturbo come la dermatite e scegli di utilizzare delle compresse naturali, avrai sì dei risultati, ma blandi. Se invece abbini i rimedi naturali a una sana alimentazione e contemporaneamente depuri il corpo secondo il tuo biotipo, allora sarai premiato da una guarigione naturale e facile: l'azione combinata è più efficace rispetto all'utilizzo dei singoli elementi separatamente. È la formula magica della sinergia.

Se vuoi usare bene i rimedi naturali, però, c'è un primo aspetto importante che devi considerare: devono essere adatti al tuo biotipo. Diversamente, rischi di peggiorare la situazione.

Se non è per il tuo biotipo butti via i soldi e peggiori la salute

Ecco cosa mi scrive Lara come commento a un video su YouTube, dopo aver acquistato un integratore per dimagrire.

«Ciao, seguo sempre i tuoi video con piacere e vorrei un parere su un integratore che sto assumendo. L'ho comprato qualche settimana fa per depurare l'organismo e dimagrire. Contiene pilosella, chitosano, caffè verde...» e poi elenca altre sostanze.

Leggo questa domanda e non posso offrire una risposta perché non conosco Lara. Ma qualche giorno dopo una ragazza viene a una mia conferenza e mi mostra attraverso il telefono il suo commento sul mio canale YouTube: è Lara. La osservo e le dico subito: «Questo integratore a te fa più male che bene. Hai bisogno di un altro tipo di prodotto». Sono così sicura di quello che affermo perché Lara è un biotipo aria puro, esile, senza ritenzione di liquidi. Ha la pancia e vorrebbe eliminarla, ma deve assolutamente farlo in un altro modo se non vuole peggiorare l'irritabilità tipica del biotipo aria, e se vuole evitare di dormire male e di rovinare la pelle, sulla quale di punto in bianco possono comparire più rughe a causa della disidratazione provocata da certe piante diuretiche.

Dopo aver ascoltato la mia risposta e le motivazioni, Lara risponde: «È incredibile, è proprio vero. Ultimamente dormo peggio e devo stendere spesso la crema idratante perché avverto la pelle più secca del solito». Poi aggiunge: «Non avevo proprio collegato questi problemi all'integratore che stavo assumendo.... Oltretutto è pubblicizzato come naturale, e quindi mi sentivo sicura».

Il grande inganno: «Tanto non fa male perché è naturale»

È una frase che sento pronunciare spesso da chi utilizza rimedi naturali, convinto del fatto che assumere queste sostanze possa solo fare bene – o al massimo non fare niente –, ovvero che non si rischia di incorrere nelle controindicazioni tipiche dei farmaci.

Niente di più sbagliato!

Il motto del mio canale YouTube *Naturalmente Sani News*, seguito da migliaia di persone, è: *Naturale è sano solo se lo fai bene!* È una verità importante, che cerco di comunicare regolarmente. Si tratta della settima tattica in risposta alla settima trappola: *il pericoloso fai da te*. Per quanto riguarda i rimedi naturali, assumere integratori che non sono adatti alle proprie esigenze può causare peggioramenti, come nel caso di Lara.

La prima regola per ottenere una guarigione naturale e facile è dunque quella di personalizzare i prodotti in base alla propria tipologia. Nelle riviste, nei siti internet o nei libri che lanciano «novità naturali» si parla di integratori decantandone i benefici per qualsiasi persona o situazione, ma è un pericoloso errore. Proprio per questo, nelle prossime pagine troverai:

- *due integratori molto utili* per il tuo biotipo;
- *gli integratori che fanno male* al tuo biotipo.

Ho voluto elencare anche le sostanze che sono dannose per il tuo biotipo per due motivi ben precisi: primo, per salvaguardarti dall'assunzione di prodotti non solo inutili, ma addirittura per te nocivi; secondo, per avvisarti che purtroppo si ricevono molte informazioni false e sbagliate, a cui è importante fare attenzione.

Quindi leggi con cura sia gli integratori adatti a te sia quelli da evitare assolutamente per il tuo biotipo.

Nota. Per semplicità, con il termine «integratore naturale» intendo un rimedio a base di piante, estratti alimentari e principi nutritivi quali vitamine, minerali e così via.

Integratori naturali per il biotipo aria

Questo biotipo ha un'esigenza maggiore di integratori rispetto agli altri perché tende alla carenza. La sua struttura ipoplastica, cioè con tessuti e muscolatura poco sviluppati e ossatura leggera, spesso determina un maggiore fabbisogno di nutrienti. Il cortisolo, il suo ormone dominante, è di tipo catabolico: provoca una riduzione della massa magra e quindi di muscoli, organi, ossa e tessuti connettivi, cioè della parte attiva costituente l'organismo. Questa condizione viene definita «catabolismo della massa magra» e richiede all'organismo un surplus di principi nutritivi.

Soprattutto per via di un assorbimento intestinale non sempre ottimale e del suo metabolismo veloce, accompagnato da uno stato iperattivo, il biotipo aria «consuma molto», a livello sia fisico sia nervoso. Inoltre, rispetto alle altre tipologie, tende a mangiare di meno e in alcuni casi a incontrare difficoltà se deve prendere peso. È tipico sentire la mamma del bimbo Aria chiedere all'erborista o al farmacista un ricostituente, perché il figlio è gracile e inappetente.

Particolarmente utili sono i cosiddetti adattogeni, sostanze in grado di migliorare la capacità di adattamento dell'organismo alle difficoltà, sia interne sia esterne; sono ottimi in caso di stress fisico e mentale, stanchezza o inappetenza.

Ecco alcuni integratori naturali particolarmente indicati per il biotipo aria.

Aumenta la resistenza con l'eleuterococco

Noto anche come ginseng siberiano, l'eleuterococco (*Eleutherococcus senticosus*) migliora la resistenza allo stress, di tipo sia fisico sia psicologico. Rientra nella categoria delle piante con azione adattogena: è quindi indicato come tonico, per rinforzare il corpo durante uno sforzo prolungato, per esempio un periodo di lavoro intensivo, ma anche come rimedio in caso di malattia, dato che fornisce all'organismo la forza per superarla.

Questo integratore è utile anche in un momento di stanchezza, di esaurimento psicofisico e quando si vuole aumentare il rendimento nel lavoro o nello studio, migliorando la concentrazione e l'attenzione. Molto indicato anche negli sport di resistenza, per tollerare meglio la sensazione di fatica: è noto il suo impiego da parte degli atleti russi alle Olimpiadi di Mosca e degli astronauti.

Infine l'eleuterococco possiede un'interessante azione immunostimolante: migliora il sistema immunitario in modo aspecifico, cioè stimolando i processi di fagocitosi da parte dei linfociti. Questa pianta può dunque essere efficace nel percorso verso il benessere generale e può avere effetti positivi sul sistema immunitario in caso di malattia.

Controindicazioni: sono molto rare. In caso di ipertensione suggerisco cautela; sconsiglio invece vivamente questo integratore in abbinamento a psicofarmaci o ansiolitici.

Rilassa i nervi con il magnesio

Combatte irritabilità, nervosismo, stress, sbalzi d'umore, affaticamento, stanchezza, crampi. È indicato per riequilibrare il sistema nervoso, per una buona funzione muscolare e contribuisce a mantenere ossa e denti sani. Questo minerale inoltre è utile per la depressione e la sindrome premestruale, oltre a contribuire ad alleviare i dolori in caso di crampi muscolari.

Quando si utilizza il magnesio non va però fatto l'errore di assumerlo in una sola forma; molti si limitano al magnesio carbonato, ma è sbagliato. Sono da preferire le formulazioni di magnesio complete, che ne contengono varie forme, specie quelle che il nostro organismo assimila meglio. In generale hanno una maggiore biodisponibilità, cioè vengono assimilate più facilmente, le forme organiche: il magnesio gluconato, il magnesio glicerofosfato, il magnesio bisglicinato, il magnesio aspartato, il magnesio citrato, il magnesio oxiprolinato o pidolato. Sono invece meno biodisponibili, cioè meno assimilabili, le forme inorganiche quali il carbonato di magnesio, il magnesio solfato, il cloruro di magnesio e il magnesio ossido.

Integratori che hanno controindicazioni per il biotipo aria

Questo biotipo peggiora se assume integratori:

- *diuretici*, perché aumentano la disidratazione e quindi l'invecchiamento della pelle (pilosella, ortosifon, verga d'oro ecc.);
- *fortemente energizzanti*, perché aumentano la sua già elevata produzione di cortisolo (guaranà ecc.);
- *con caffeina*, perché irritano il suo sistema nervoso (caffè verde, guaranà, cola ecc.);
- *a base di alghe*, perché possono stimolare la tiroide (clorella, spirulina ecc.); ma il metabolismo di questo biotipo tende a essere già accelerato;
- *a base di carbone*, perché combattono i gas ma sono irritanti e quindi peggiorano la tipica secchezza di questo biotipo;
- *galattomannani*, perché sono fibre che inglobano i grassi introdotti con l'alimentazione e peggiorano la secchezza e l'irritazione del biotipo aria, aumentando le tossine gassose;
- *chitosano*, perché lega i grassi e ne riduce l'assorbimen-

to, peggiorando la secchezza e la tendenza all'irritazione di questo biotipo;

- *a base di teobromina, L-fenilalanina, L-tirosina*, perché troppo stimolanti;
- *troppi integratori tutti in una volta*, perché il biotipo aria non ha una digestione robusta: se assume troppe pastiglie insieme, il suo corpo non le digerisce e quindi non le utilizza.

VAI SUBITO A CONTROLLARE LE ETICHETTE

Se hai degli integratori in casa, controlla la composizione e verifica che non contengano le sostanze controindicate per il tuo biotipo. Se così non fosse, ricorda che sono maggiori i danni dei benefici che puoi ottenere.

Integratori naturali per il biotipo acqua

Questo biotipo beneficia in particolare degli integratori naturali che combattono la sua tendenza a trattenere liquidi e stimolano dolcemente il metabolismo, per dare energia al suo corpo e aiutarlo nella regolazione del peso. Rispetto al biotipo aria, che tende alle carenze, deve fare attenzione a utilizzarli con parsimonia perché possono «ingolfare» il suo organismo.

Sgonfiati con la linfa di betulla

La linfa della betulla trasporta dalle radici alle nuove gemme tutte le sostanze vitali necessarie alla loro crescita: è quindi un composto biologico ricco di minerali, amminoacidi, vitamine, ormoni vegetali, acidi organici, enzimi, lieviti che svolgono un'azione benefica nella depurazione dall'eccesso di tossine liquide, tipiche del biotipo acqua.

Ottima in caso di ritenzione idrica e di edemi (accumulo di liquido sieroso nei tessuti), sostiene bene anche il sistema linfatico, così importante per la disintossicazione. È benefica per dolori e gonfiori degli arti causati dal ristagno di liquidi e per prevenire o combattere la cellulite.

La linfa di betulla fornisce inoltre all'organismo sali minerali importanti, come il fosforo, il calcio e il magnesio in forma facilmente assimilabile, senza appesantire l'apparato urinario di questo biotipo. È utile, per esempio, nei periodi caldi, come integratore dei sali minerali persi, ma solo per il biotipo acqua e non, per esempio, per il biotipo aria.

In passato vi era l'usanza di bere linfa di betulla per aiutare i reni a funzionare bene: è diuretica e antisettica delle vie urinarie, nonché uricosurica, cioè stimola l'eliminazione renale di acido urico. Aiuta poi a diminuire il tasso di albumina nelle urine, previene la gotta ed è antireumatica.

Dire che la linfa di betulla fa dimagrire è esagerato, tuttavia diversi studi hanno dimostrato come questa sostanza naturale, povera di calorie, stimoli dolcemente il metabolismo e quindi favorisca la perdita di peso.

Controindicazioni: questo integratore è sconsigliato in caso di terapie che prevedono l'utilizzo di alcuni farmaci anticoagulanti, diuretici, ipotensivi e antiaggreganti piastrinici.

Controlla il peso con la spirulina

Considerata un superalimento, la spirulina è un'alga unicellulare tra le più ricche e complete di nutrienti in natura: contiene infatti un'ampia gamma di vitamine, minerali, oligoelementi, amminoacidi e fibre. Tra le vitamine è notevole la presenza di betacarotene e di vitamine del gruppo B, tra cui la B12, difficilmente reperibile nel mondo vegetale, l'acido folico e la vitamina K. Tra gli oligoelementi e i minerali particolarmente alta è la concentrazione di ferro, magnesio e potassio: contiene ben 17 amminoacidi dei 22 conosciuti!

La spirulina è un utile supplemento in caso di diete dimagranti perché favorisce il controllo dei livelli di zuccheri nel sangue, aiutando a prevenire i picchi di insulina (che favoriscono l'accumulo di peso): per il biotipo acqua, che ha bisogno di mantenere il glucosio a livelli adeguati, è davvero di aiuto. La spirulina agisce grazie alla presenza di polisaccaridi facilmente utilizzabili, che prolungano la sensazione di sazietà, e al contenuto di amminoacidi; in particolare, fenilalanina e tirosina contribuiscono a influenzare i meccanismi che regolano l'appetito, migliorando la tolleranza dei programmi dimagranti e rendendo quindi più facile seguire un regime alimentare per perdere peso.

Questo integratore, grazie alla ricchezza dei principi nutritivi, è un ottimo tonico e ricostituente, utile negli stati di affaticamento, di malattia, per gli sportivi (grazie alla ricchezza di proteine) e per gli anziani. Ai vegetariani e soprattutto ai vegani è consigliata l'assunzione di spirulina per via dell'alto contenuto di vitamina B12 e di ferro.

Controindicazioni: dovrebbero evitare tale integratore le persone affette da allergia ai crostacei o ai frutti di mare e coloro che soffrono di fenilchetonuria, una malattia molto rara che indica la presenza di alti tassi di fenilpiruvato nelle urine e di fenilalanina nel sangue. In questo caso la spirulina è controindicata poiché, contenendo fenilalanina, farebbe aumentare il tasso di concentrazione di questo amminoacido nell'organismo.

L'elevata dose di ferro contenuta in quest'alga la rende inoltre inadatta alle persone affette da emocromatosi, una malattia genetica caratterizzata dall'iperassorbimento del microelemento da parte dell'intestino e dunque da un eccessivo accumulo nell'organismo.

Integratori che hanno controindicazioni per il biotipo acqua

Questo biotipo peggiora se assume integratori:

- *alcalinizzanti*, perché spesso a base di bicarbonati di sodio e quindi antidiuretici. Se privi di sodio, gli integratori alcalinizzanti possono venire usati ma solo se si controlla costantemente il pH urinario: se aumenta troppo indica una eccessiva alcalinizzazione dell'organismo, favorisce la ritenzione di liquidi e inibisce i processi di depurazione. Inoltre un pH troppo alto è anche causa di infezioni urinarie e acutizza eventuali processi di calcolosi in atto, per esempio nella vescica. Lo stesso principio vale per le acque alcaline, oggi utilizzate a sproposito con *il pericoloso fai da te*;

- *con liquirizia*, perché può far crescere la concentrazione di sodio nel sangue, determinando una riduzione di potassio e problemi di accumulo di liquidi;
- *a base di zuccheri concentrati* (per esempio miele, fruttosio o sciroppi della frutta), perché non solo il sale ma anche gli zuccheri fanno trattenere liquidi: aumentano i livelli di insulina e ostacolano il lavoro del potassio, rendendo difficile l'eliminazione del sodio;
- *un eccesso di minerali* (multiminerali o minerali singoli), perché, anche se il surplus viene spontaneamente eliminato, gli organi coinvolti nella diuresi devono faticare di più. Inoltre, essendo la concentrazione dei sali minerali nell'organismo correlata all'eliminazione dei liquidi, la loro presenza abbondante può influire sulla produzione di vasopressina, l'ormone dominante del biotipo acqua.

FAI ATTENZIONE ALL'INTEGRATORE IN VETRINA:
POTREBBE ESSERE UN BOOMERANG PER LA TUA SALUTE

Oggi vengono pubblicizzati di continuo nuovi integratori, ma non è detto che siano più efficaci di quelli classici. Semplicemente il mercato ha bisogno di prodotti nuovi da proporre, per creare interesse all'acquisto. Come naturopata non consiglio di utilizzare questi integratori, per due motivi. Primo, perché devono ancora essere sperimentati e verificati: spesso gli effetti collaterali emergono dopo un certo tempo. Secondo, perché sono spesso prodotti importati da lontano, a cui il nostro organismo deve abituarsi: se sono efficaci per gli indiani o i peruviani (che vivono in un clima e con abitudini alimentari diversissimi) non è detto che siano altrettanto efficaci da noi, in Occidente.

Integratori naturali per il biotipo terra

Questo biotipo beneficia dei rimedi che stimolano la depurazione del corpo perché è la tipologia che tende a trattenere maggiormente le scorie.

Non ha particolari problemi nell'assunzione degli integratori, li tollera bene quasi tutti; deve però assumerli solo quando ne ha effettivamente bisogno, specie se si tratta di multivitaminici o di multiminerali, perché contribuiscono alla crescita delle masse, sia in positivo sia in negativo. Molto benefici sono invece gli integratori detossinanti, da utilizzare periodicamente, in particolare quelli che eliminano anche le tossine causate da inquinamento: il biotipo terra tende infatti ad accumulare queste scorie più di altri biotipi.

Accelera il metabolismo con la clorella

Caratterizzata da un elevato contenuto di clorofilla, essenza vitale delle piante, la clorella possiede eccellenti proprietà disintossicanti e purificanti. Grazie all'abbondante presenza di carotenoidi e di altri antiossidanti rapidamente assorbiti dall'organismo, questa microalga unicellulare riduce il livello dei radicali liberi, aiutando il corpo a depurarsi e a mantenersi giovane: è infatti anche benefica per i processi fisiologici di riparazione dei tessuti. Le sue spesse pareti cellulari si legano con le scorie di metalli pesanti, pesticidi e agenti cancerogeni che ogni giorno ingeriamo a causa dell'inquinamento e ne facilitano l'eliminazione; diversi studi hanno dimostrato la capacità depurativa della clorella da sostanze tossiche quali uranio, mercurio, rame, cadmio e idrocarburi clorinati.

Dal punto di vista nutrizionale la clorella è ricchissima di antiossidanti, amminoacidi, proteine, acidi grassi essenziali, vitamine, sali minerali e acidi nucleici. Inoltre, rispetto a qualsiasi altra pianta, ha la più alta concentrazione in assoluto di clorofilla (3%): pensa che 3 g di clorella hanno la stessa quantità di clorofilla di 100 g di spinaci crudi!

Questa alga è anche un saziante naturale utile nei programmi dimagranti, in particolare per il contenuto di fenilalanina e tirosina che possono contribuire a controllare in modo naturale l'appetito. Favorisce una riduzione fisiologica del sovrappeso, accompagnata però da una sensazione di benessere psicofisico data la sua ricchezza in nutrienti quali amminoacidi essenziali, proteine, vitamine del gruppo B e minerali.

Questo integratore alcalinizza l'organismo senza l'uso dei bicarbonati di sodio, pieni di controindicazioni, e rafforza il sistema immunitario; infine, la sua ricchezza in clorofilla agisce come deodorante naturale in grado di rinfrescare l'alito.

Controindicazioni: l'assunzione della clorella è sconsigliata in caso di immunodeficienza e di malattie autoimmuni. Può contenere iodio, dunque presti attenzione chi soffre di ipersensibilità a questa sostanza e chi ha problemi alla tiroide. Inoltre dovrebbero evitare tale integratore le persone affette da allergia ai crostacei o ai frutti di mare e coloro che soffrono di fenilchetonuria, una malattia molto rara che indica la presenza di alti tassi di fenilpiruvato nelle urine e di fenilalanina nel sangue. In questo caso la clorella è controindicata poiché, contenendo fenilalanina, farebbe aumentare il tasso di concentrazione di questo amminoacido nell'organismo.

Pulisci il sangue con gli omega-3

Sono acidi grassi particolarmente benefici per il biotipo terra, perché hanno proprietà ipolipemizzanti, cioè riducono l'accumulo dei grassi nel sangue, condizione a cui tende questa tipologia. Proteggono il sistema cardiovascolare, contrastano i processi che portano alla degenerazione delle arterie, combattono l'ipertensione e la formazione dei pericolosissimi trombi; sono molto indicati per le patologie metaboliche (diabete e ipercolesterolemia), cardiovascolari e neurologiche come l'Alzheimer. Utili anche per le patologie autoimmuni e infiammatorie.

Gli omega-3, per essere efficaci, devono venire assunti insieme a un apporto equilibrato di omega-6, per impedire che la forte prevalenza di un gruppo ostacoli la metabolizzazione e l'utilizzo dell'altro. L'ideale è assumere formulazioni che contengono insieme omega-3, omega-6 e omega-9.

Integratori che hanno controindicazioni per il biotipo terra

Questo biotipo peggiora se assume integratori:

- *a base di zuccheri concentrati* (per esempio miele, fruttosio o sciroppi della frutta), perché peggiorano l'equilibrio glicemico e il suo metabolismo, che tende a essere più lento di altri biotipi;
- *multinutrienti* (multivitaminici, multiminerali e soprattutto integratori proteici), se non ne ha effettivamente bisogno (cioè se nel sangue non risultano valori troppo bassi), perché i nutrienti in eccesso contribuiscono a far crescere le masse che il biotipo terra tende a produrre e lo sovraccaricano;
- *piante aperitive*, cioè che stimolano la secrezione gastrica e di conseguenza l'appetito (assenzio, centaurea, genziana, china, rabarbaro, fieno greco ecc.), se assunte in dosi elevate;
- *anabolizzanti, anche naturali* (*Tribulus terrestris* ecc.), perché oltre ad aumentare la massa muscolare favoriscono nel biotipo terra la produzione di tossine del tipo solido e stimolano eccessivamente il suo ormone dominante, la somatotropina.

Integratori naturali per il biotipo fuoco

Questo biotipo beneficia degli integratori che aiutano a ridurre i suoi processi infiammatori e influiscono sul calore che spontaneamente produce, con l'intento di ridurre le tossine di tipo infiammatorio cui è soggetto.

Spegni il fuoco con la bromelina

Rimedio elettivo nella cura di tutti i processi infiammatori localizzati, la bromelina viene estratta dal gambo dell'ananas e agisce beneficamente grazie alla sintesi di prostaglandine, molecole che fungono da mediatori in caso di infiammazione.

La sua caratteristica principale è l'assenza assoluta di tossicità, quindi esercita un'azione decongestionante sul sistema circolatorio e linfatico stimolando il drenaggio del focolaio infiammatorio: ogni volta che c'è infiammazione, di qualsiasi tipo, la bromelina corre in aiuto. In caso di sinusite, per esempio, svolge un'azione antinfiammatoria e antiedemigena e riduce l'ipertrofia delle mucose paranasali. È molto utile anche nel trattamento della cellulite: le proprietà drenanti e antinfiammatorie del gambo di ananas combattono efficacemente la pelle a buccia d'arancia. Contribuisce inoltre ad accelerare la guarigione in caso di contratture e stiramenti muscolari e a curare piccole ferite e piaghe, favorendone la cicatrizzazione; infine, migliora i sintomi dell'artrite reumatoide.

La bromelina facilita la digestione delle proteine, in particolare quelle di origine animale. Dopo un pasto ricco di carne o pesce si può trarre giovamento dall'assunzione di questo rimedio per alleviare i sintomi dovuti a indigestione, per esempio dolore addominale o pesantezza.

Controindicazioni: non assumere la bromelina in caso di ipersensibilità al principio attivo, ulcera gastrica o terapia antibiotica, anticoagulante e antitrombotica.

Calma le irritazioni con l'olio di ribes nero

L'olio di ribes nero, meno conosciuto del macerato glicerico (che ha una componente alcolica), è particolarmente utile per il biotipo fuoco. Può venire utilizzato per via interna (in capsule) o per via esterna (spalmato sulla cute) in modo da aiutare la pelle di questo biotipo, che tende ad arrossarsi e irritarsi.

Utile negli stati in cui è presente un'infiammazione, l'olio di ribes nero è ottenuto dai semi della pianta ed è uno dei pochi vegetali che possiede buone quantità di acidi grassi polinsaturi omega-3 correttamente bilanciati agli omega-6. Apporta anche la vitamina E, ricca di proprietà antiossidanti.

La sua benefica azione antinfiammatoria e antiallergica è indicata per allergie cutanee, dermatiti, desquamazioni, arrossamenti, punture di insetti, orticaria. Ottimo per l'eritema solare, tipico disturbo del biotipo fuoco, nel trattamento dell'artrite e in tutti gli stati infiammatori dell'apparato respiratorio (rinofaringiti recidivanti, rinite vasomotoria e allergica, tonsilliti, sinusiti, asma bronchiale, sindrome influenzale).

Un uso costante per via esterna porta invece alla diminuzione di fastidi quali prurito, eritema, escoriazioni, perdita di lucentezza, lichenificazione. Adatto anche per la pelle delicata dei bambini, se usato direttamente sulla cute.

Integratori che hanno controindicazioni per il biotipo fuoco

Questo biotipo peggiora se assume integratori:

- *che stimolano la termogenesi*, cioè la capacità di produrre calore interno del corpo, al fine di dimagrire; in questo caso gli squilibri di temperatura del biotipo fuoco aumentano. Integratori che stimolano la termogenesi sono, per esempio, fucus (o quercia marina), *Garcinia cambogia*, arancio amaro, specie se con alta titolazione di sinefrina, cola, perché molto ricca di caffeina, efedrina, pseudoefedrina, sinefrina, caffeina, teobromina;
- *a base di piante e spezie piccanti*, perché aumentano la produzione di calore e peggiorano gli eventuali stati infiammatori o di termogenesi (peperoncino, cannella, pepe, chiodi di garofano, curry, paprika, senape, zenzero);
- *fortemente energizzanti*, perché aumentano la sua già elevata produzione di adrenalina (guaranà ecc.);
- *con caffeina* (caffè verde, guaranà, cola ecc.) perché aumentano la sua reattività e la produzione di adrenalina, l'ormone dominante del biotipo fuoco.

NOTE GENERALI SULLA SCELTA DELL'INTEGRATORE

Meglio se tratto dal cibo. Nella scelta di un integratore è fondamentale verificare che sia estratto dalla pianta o dal cibo, e non composto di vitamine, sali minerali o altre sostanze ottenute in laboratorio, poiché agisce più in profondità. Inoltre il corpo lo assimila meglio, senza che gli organi vengano appesantiti.

Possiamo essere allergici a qualsiasi sostanza. Ogni tipo di sostanza, anche la banalissima fragola, può provocare reazioni allergiche. Quindi, in caso di qualsiasi reazione, interrompi l'assunzione e consultati con il tuo medico di fiducia, che conosce bene la tua situazione personale.

Posologie e modalità per l'assunzione degli integratori. La posologia e le modalità di assunzione cambiano in base alla ditta che produce il prodotto, per esempio confezionandolo in capsule di una certa grammatura. È importante attenersi alle indicazioni riportate sulla confezione.

Le marche migliori per gli integratori del biotipo. Mi viene chiesto molto spesso quali siano, ma la risposta posso darla solo sul mio sito, che viene aggiornato con costanza, perché la situazione varia di continuo.

Premetto innanzitutto che *non sono collegata economicamente ad alcuna ditta*, perché voglio mantenere le mie scelte del tutto libere. Detto questo, sappi che ogni ditta cambia di frequente i propri prodotti da catalogo. Sul mio sito ho quindi creato un vero e proprio club online, che tra le altre cose ti permette di poter leggere i miei consigli aggiornati sulle marche migliori. L'indirizzo del sito è: www.biotipioberhammer.it.

Preciso inoltre che i prodotti da me suggeriti sono selezionati tra centinaia di tipo diverso, che analizzo regolarmente. Inizio verificando le ditte più valide e serie, poi di ogni ditta seleziono soltanto i prodotti che reputo migliori.

La mia selezione considera:

- la *naturalità*: la composizione non deve avere al suo interno sostanze di derivazione chimica;
- la *titolazione*: specialmente per quanto riguarda le piante, ci sono prodotti che contengono quantità scarse di principio attivo e altre che ne contengono quantità ottime;
- il *rapporto qualità-prezzo*: ci sono prodotti molto costosi di qualità mediocre e altri prodotti meno costosi di qualità eccellente;
- l'*efficacia*: verifico costantemente la validità dei vari prodotti, sperimentandoli in diverse occasioni; nella mia attività di naturopata, in contatto costante con migliaia di persone, sia durante i miei corsi sia attraverso il Biotipi Club online ho modo di verificare la migliore efficacia;
- la *ricerca*: dedico regolarmente del tempo all'analisi dei prodotti in commercio, studiando le schede tecniche e incontrando gli informatori scientifici, per conoscere le novità.

Omeopatia per il tuo biotipo

E ora ecco i rimedi omeopatici di fondo per il tuo biotipo. Se abbinati agli altri rimedi, li potenziano.

Secondo le scuole dell'omeopatia tradizionale la corrispondenza fra gli elementi e i rimedi di terreno è la seguente.

	Biotipo aria	Biotipo acqua	Biotipo terra	Biotipo fuoco
Rimedio omeopatico di riequilibrio del biotipo	Calcarea phosphorica	Calcarea carbonica	Sulphur	Sulphur iodatum

Per ottenere un effetto di riequilibrio del biotipo, il rimedio omeopatico va utilizzato sotto forma di dose unica alla 200 CH.

Il prodotto si acquista in farmacia e va assunto lontano dai pasti, in unica dose, mantenendolo per due o tre minuti sotto la lingua. Per quanto riguarda la posologia, nel capitolo *Il protocollo 21 × 3 del biotipo Oberhammer* troverai le indicazioni.

PROTOCOLLO PER L'ASSUNZIONE DEI RIMEDI
Nel capitolo *Il protocollo 21 × 3 del biotipo Oberhammer* troverai le indicazioni sull'inserimento dei rimedi naturali in un programma per il tuo biotipo.

Cosa hai imparato in questo capitolo

Innanzitutto hai imparato che ogni biotipo beneficia di specifici integratori, mentre altri non solo non danno risultati, ma possono anche peggiorare la situazione. Conoscerli è fondamentale. Purtroppo, in assenza di queste informazioni, le persone spendono soldi inutilmente, non ottengono risultati e si allontanano dalla possibilità di una guarigione naturale e facile.

Hai inoltre appreso che è importante essere sempre aggiornati sulle marche di questi integratori, per usufruire del miglior prodotto senza spendere troppo. Dato che la situazione varia di continuo, adesso sai che puoi trovare informazioni sempre aggiornate nel Biotipi Club online. Ti avevo detto all'inizio che io non sono un autore fantasma: dopo questo libro puoi continuare la relazione con me.

Bene, hai fatto un altro passo importante nella conoscenza del tempio del benessere. Ora è arrivato il momento di scoprire il terzo e ultimo pilastro. Quando leggerai il titolo non fare l'errore di considerarlo poco rilevante, passando magari al capitolo successivo. La prima cosa che ti insegnerò sarà una tecnica potente che, in soli 9 minuti, ricarica completamente le tue batterie.

Non perdiamo tempo quindi, adesso parliamo di…

STILE DI VITA PER IL TUO BIOTIPO: LE SCELTE CHE TI FANNO STAR BENE

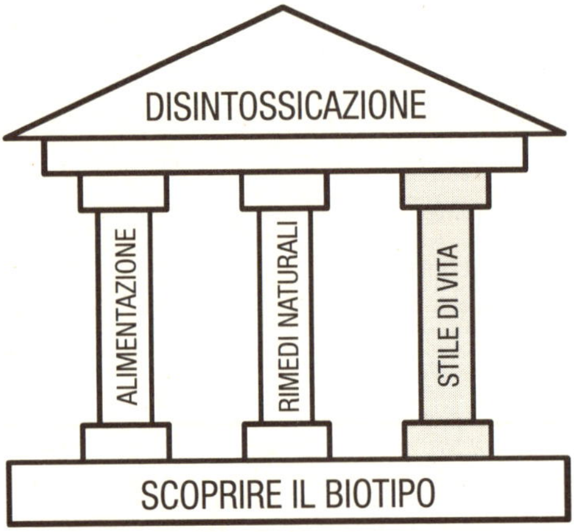

E ora siamo arrivati al momento in cui imparerai qual è lo stile di vita per prenderti cura del tuo biotipo, per volergli bene e coccolarlo. Si tratta del terzo pilastro del tempio.

Prima di descrivertelo voglio ricordarti che, per sorreggersi, il tempio ha bisogno di tutti i suoi elementi: forti fondamenta, un tetto che ripara e dei pilastri solidi e ben equilibrati. Se togliamo anche uno solo dei pilastri, l'intera struttura diventa fragile e cedevole. Ecco perché non puoi trascurare nessun pezzo: metteresti a repentaglio la struttura, e quindi il tuo corpo ma anche la tua mente. Ti ricordo infatti che anche la psiche è collegata al biotipo.

Il pilastro che ti sto per illustrare è basato sulla *formula magica della sinergia*, cioè la tattica numero quattro, che diventa particolarmente efficace attraverso lo stile di vita. Sai, spesso sono le piccole scelte che compiamo quotidianamente a fare la differenza. Stare bene infatti non è solo una questione di cibo e rimedi naturali, ma anche di piccole abitudini che possono condizionare in maniera incisiva la guarigione e il benessere.

Quelle che influiscono di più sono la *gestione dello stress*, il modo in cui vivi le tensioni della vita quotidiana, e lo *sport*, il tipo di movimento che fai.

Ecco le tecniche e i consigli utili per ciascun biotipo. Partiamo dalla gestione dello stress.

La gestione dello stress secondo il tuo biotipo

Sai perché le persone, pur impegnandosi, certe volte non ottengono risultati?

Perché sono sopraffatte dallo stress.

Stanchezza, tensione e nervosismo aggrediscono il corpo e la mente; tolgono il respiro, stritolano i buoni propositi, rendono la vita più grigia. Ci sono giorni in cui si vede tutto nero: colpa della spossatezza che ci si sente addosso appena alzati, dell'irritazione che si prova a ogni minimo intoppo, dell'ansia che prende il sopravvento anche nelle decisioni di routine. Il guaio non sta tanto nelle cose da fare, quanto nello stesso sistema nervoso, che ha le «batterie scariche».

Adesso ti faccio una domanda. Rispondimi sinceramente: hai forse pensato che tanto c'è poco da fare, perché non hai tempo per rilassarti? Che la vita è così, quando gli impegni sono molti bisogna stringere i denti e andare avanti, aspettando il fine settimana o la tanto agognata vacanza? Magari hai anche avuto la tentazione di passare al capitolo successivo.

Aspetta a farlo! Perderesti una grande occasione.

Tra poco, infatti, imparerai una tecnica molto efficace, *che non ti richiederà alcun investimento di tempo*. Sì, hai letto bene! Proprio nessun tempo aggiuntivo. Si tratta del rilassamento personalizzato per il tuo biotipo Oberhammer. Dura 9 minuti, che non dovrai ritagliare tra le mille cose da fare ma prelevare dal sonno. Lo sento già il tuo disappunto: «Ma come, Simona, già dormo poco, e tu adesso vuoi farmi dormire ancora meno?». Esatto! E lo faccio perché ci tengo al tuo benessere: se tu punterai la sveglia ogni giorno 9 minuti prima e farai il rilassamento del biotipo per questo lasso di tempo (ma andrà bene anche in qualsiasi momento della giornata), otterrai il beneficio di una rigenerazione come accade dopo un sonno profondo. In soli 9 minuti potrai raggiungere risultati strepitosi, scrollandoti di dosso lo stress che ha aggredito il tuo corpo e la tua mente e rigenerando il tuo organismo come raramente ti succede.

Come se questo non bastasse, intanto depurerai il tuo corpo, come ti spiegherò meglio più avanti. Ti sembra impossibile? Continua a leggere e capirai che non lo è.

Le tattiche strategiche del rilassamento del biotipo Oberhammer

Il rilassamento che imparerai tra poco è basato su due tattiche importanti. Più precisamente si tratta della tattica numero uno e della tattica numero cinque.

- La tattica numero uno è *poco ma ottimo*. Il rilassamento che ti spiegherò sarà infatti breve, facile ma estremamente efficace, al contrario delle tecniche lunghe, complesse e poco risolutive.
- La tattica numero cinque è *tagliato su misura*, in risposta alla trappola dei *programmi generici:* non imparerai un rilassamento standard e uguale per tutti; sarà specifico per il tuo biotipo Oberhammer.

Ho elaborato questo rilassamento in anni di esperienza e oggi è praticato con successo da migliaia di persone, per rigenerare corpo e mente. Ho ideato per te questa tecnica perché sono convinta che la vita sia bella e piacevole e non è giusto che tu viva sopraffatto dallo stress. Ti stai già impegnando ogni giorno con tutto quello che hai da fare, e il mio obiettivo è di aiutarti a godere dei risultati della tua fatica.

Allora cominciamo. Innanzitutto voglio farti una domanda.

Se sapessi come rimanere giovane, vorresti invecchiare lo stesso?

Hai letto bene?

Credo che la tua risposta sia no, che non vorresti invecchiare se potessi evitarlo. A tutti piace avere un viso senza rughe, un corpo giovane e una mente attiva.

Ma la realtà è ben diversa: sono sempre più numerose le ricerche scientifiche che dimostrano che le situazioni di stress possono far invecchiare, se non si utilizzano le tecniche per gestirlo. Pensa che è stato rilevato che con lo stress l'età può aumentare fino a dieci anni: una persona che ha trentanove anni è come se ne avesse già compiuti quarantanove. L'azione peggiore è provocata dallo stress prolungato: l'esaurimento causato dall'eccesso di lavoro, un gravoso impegno familiare oppure le forti tensioni emotive.

La ricerca scientifica utilizza specifici indicatori per determinare l'invecchiamento: tra questi, i telomeri, piccole porzioni di Dna che si trovano al termine di ogni cromosoma. Possono essere più lunghi o più corti: quando il corpo è giovane sono lunghi, quando invecchia si accorciano, dunque attraverso di essi si può identificare la nostra età biologica. Fai bene attenzione: è diversa dall'età cronologica! Quando ti chiedono quanti anni hai tu rispondi con la tua età cronologica, ma l'età che ha realmente il tuo corpo è quella biologica. In alcuni casi le due età coincidono, in tanti altri no: conosci di certo persone che dimostrano dieci anni di meno della loro età e altre che sembrano avere dieci anni in più.

Un'ottima «crema antirughe» che pochi utilizzano

Ecco il commento che scrive Aurelia sotto uno dei miei noti video che spiegano come contrastare le rughe con i rimedi naturali.

«Ciao Simona, ho notato che nell'ultimo anno sul mio viso le rughe si sono approfondite: ho delle linee sulla fronte che mi sembra stiano diventando autostrade, attorno alla bocca si sono formate delle pieghe che mi danno un'espressione triste, gli occhi si sono cerchiati. Eppure mangio sempre nello stesso modo e faccio anche sport.»

Dopo quel commento Aurelia ne scrive un altro, aggiungendo: «L'unica cosa che è cambiata è lo stress. Nell'ultimo anno me lo sento appiccicato addosso».

Aurelia, nel suo secondo commento, ha individuato una causa importante di quelle rughe in più. Quando siamo sopraffatti dallo stress, il primo segno evidente è l'invecchiamento estetico: pelle, occhi e capelli ne risentono in maniera incisiva se non si utilizzano le tecniche per gestirlo. Zampe di gallina, borse sotto gli occhi, guance cadenti e rughe profonde sono l'eredità che lo stress lascia sul viso. Ma non solo. La pelle si disidrata, perché il corpo sotto costante tensione devia il flusso sanguigno dagli organi periferici come l'epidermide, lasciandoli denutriti. Inoltre la cute si arrossa facilmente, perché diventa soggetta a uno stato infiammatorio costante che, in alcuni casi, può portare anche a problemi cutanei quali dermatiti e acne. Anche la chioma tende a ingrigire di più: i follicoli sono privati di nutrimento e i capelli diventano più sottili e secchi.

Eppure c'è una soluzione per contrastare l'invecchiamento da stress e per migliorare l'estetica: si chiama rilassamento ed è la crema antirughe migliore che tu possa utilizzare. Non significa che tu debba smettere di usare anche le creme tradizionali, ma sappi che qualsiasi intervento estetico su un viso sotto stress sarà poco efficace. Il rilassamento dei 9 minuti porta via quel grigiore che sembra spalmarsi sul viso, quell'espressione contrita che corruccia la fronte, quell'aria «tirata» che talvolta sembra impossibile cancellare. E soprattutto la pelle viene ossigenata, il cuoio capelluto meglio irrorato. Insomma, un trattamento estetico portentoso. Da utilizzare da solo o come base per tutti gli altri.

Capisci quanto può essere utile la tecnica che ti insegno per mantenere il tuo corpo giovane e bello?

Adesso è il momento di spiegarti quello che di solito fanno le persone in caso di stress. E forse anche tu. Fai attenzione, perché saperlo ti eviterà di perdere tempo prezioso.

Troppo stanco per dormire

Matteo è un uomo di quarantacinque anni, viene da me al colloquio durante un corso. Mi racconta che, per motivi di lavoro, viaggia molto e deve coordinare più persone. Ha un incarico di grande responsabilità, la sua azienda è in ristrutturazione e lui, che concepisce il lavoro come un obiettivo importante per affermare se stesso, mira al vertice. Sostiene che il versante competitivo della sua professione sia uno stimolo.

«E allora» chiedo, «cosa c'è che non va?»

«La notte non dormo bene. Faccio fatica a prendere sonno anche quando sono a pezzi. Succede questo: mi sento stanchissimo ma poi, quando mi infilo sotto le coperte, rimango con gli occhi aperti e non riesco a addormentarmi. Certe volte mi alzo e prendo un sonnifero.» Infine aggiunge sconsolato: «Ultimamente però ho aumentato le dosi. E così faccio sempre più fatica a rimettermi in carreggiata la mattina: ormai mi è difficile sia addormentarmi sia svegliarmi. Certe volte provo a dormire di giorno, ma non serve a molto».

Il grande errore di Matteo è quello di concentrarsi solo sul sonno per risolvere i problemi dello stress.

Sbagli se ti concentri solo sul sonno

È una verità che quando l'organismo è sottoposto a tensione il sonno è il primo a risentirne: «Dormo a sufficienza ma mi sveglio senza energia», «Al mattino mi sento più stanco rispetto alla sera», «Mi sveglio con difficoltà, ho bisogno di molto sonno», «Dormo male, mi sveglio durante la notte più volte», «Non riesco a addormentarmi».

Forse anche a te è successo di coricarti pensando che il giorno dopo saresti stato meglio, che quella sensazione di tensione e stanchezza forte sarebbe migliorata, ma in realtà al risveglio stai solo leggermente meglio e i disturbi che volevi spazzare via sono ancora lì con te. E dovrai portarli addosso tutta la giornata.

Cercare di risolvere i problemi dello stress, il riposo di scarsa qualità o la stanchezza mentale solo dormendo di più ti porta a risultati scadenti. Del resto aumentano di continuo le persone che devono convivere con un sonno poco rigenerante, con i sonniferi, con la difficoltà a riposarsi o con la necessità di dormire di più per poi sentirsi intontite il giorno successivo.

> «Sia il sonno che l'insonnia, oltre la giusta misura, sono malattie.»
>
> IPPOCRATE DI COO

Le soluzioni che peggiorano il problema

La soluzione del sonno in caso di stress non è l'unica, ce ne sono altre. Te le racconto con le parole di Margherita: «Esco con gli amici, ma non sempre riesco a "staccare" veramente, e così finisco col parlare anche con loro dei miei problemi. Oppure, a volte, guardo la televisione e poi mi addormento sul divano. Per questi motivi penso di aver bisogno di vacanze, ma quando le faccio non ottengo tutti i benefici che mi aspetto. Al rientro sto meglio, eppure in pochi giorni tutto torna come prima».

Le persone che adottano queste soluzioni ottengono un sollievo momentaneo, senza risolvere il problema, che continua a ingigantirsi. Allora si cerca una valvola di sfogo con il cibo: si apre il frigorifero per divorare qualsiasi cosa, si cerca energia mangiando cioccolato, si sgranocchia di tutto per calmare la tensione; oppure si bevono più alcolici o si aumentano le sigarette. No, queste non sono vere soluzioni allo stress, quelle che vanno alla causa, che estirpano il problema alla radice.

Che fare quindi?

Credi che ti stia dicendo di vivere in modo rallentato?

Ora forse in te si è scatenato un dubbio, di quelli che ti fanno voltare pagina con impazienza. Potresti pensare che ti stia per chiedere di vivere una vita al rallentatore, in cui lo stress è lontano semplicemente perché hai eliminato tutte le sfide e gli stimoli.

Assolutamente no! Non ti sto dicendo di vivere con meno impegno ed entusiasmo per contrastare lo stress. E sai perché non lo farei mai? Perché io stessa sono impegnatissima: viaggio molto, tengo corsi, scrivo certe volte fino a notte, passo da un Paese all'altro, ho tanti interessi, mi piace trascorrere del tempo con la mia famiglia e con gli amici, quindi non riesco a consigliare agli altri di ridurre gli impegni.

Però utilizzo – e consiglio di utilizzare – la portentosa tecnica del rilassamento del biotipo in soli 9 minuti.

Mentre scrivo, però, sento già cosa stai per ribattere: «Ma Simona, fare un rilassamento richiede impegno!».

Non devi fare niente

Be', di solito leggi il contrario, giusto? Ovunque è scritto che devi faticare parecchio per ottenere risultati, altrimenti non ne avrai. Quindi forse stai pensando che fare un rilassamento è faticoso: devi impegnarti a decontrarre le varie parti del corpo, concentrarti nell'applicare la tecnica in modo corretto, memorizzare i passaggi.

Niente di tutto questo!

Ti avviso da subito che invece la tecnica sarà estremamente piacevole e tu non dovrai fare nulla se non gustarti un momento che ringiovanisce il tuo corpo e rigenera la tua mente.

Tra poco troverai le indicazioni dei passaggi per fare il rilassamento in modo autonomo; ma io sono andata oltre, e ti guiderò con la mia voce e con una musica particolare, gratuitamente. Non si tratta di un rilassamento standard, di solito un po' blando, ma di quattro rilassamenti diversi, uno per biotipo, molto efficaci perché su misura per le tue personali esigenze.

E adesso c'è di sicuro un'altra domanda all'orizzonte: «Ma Simona, questo è un libro, come faccio a sentire la tua voce?».

Ho pensato anche a questo, perché ci tengo davvero tanto che tu possa utilizzare una tecnica strepitosa che ti rigenera in poco tempo.

Prima di passare alla pratica e spiegarti come puoi fare il rilassamento senza impegnarti, voglio però che tu faccia un test, e voglio spiegarti quali sono i segnali dello stress che devi assolutamente conoscere se vuoi una guarigione naturale e facile.

Tieni d'occhio questi segnali

Sei alla scrivania, ma cominci ad avvertire qualche difficoltà di concentrazione. Di sera, quando rientri a casa, ti senti più stanco del solito, ceni ma non riesci a digerire. Di notte sei disturbato da incubi e risvegli precoci. L'idea che durante questo weekend tu debba invitare dei cari amici a cena ti mette in crisi: aggiungere ancora un impegno, anche se gradevole, ti rende ansioso. Spesso, nel corso della giornata, sei irritabile e irrequieto: per cancellare queste sensazioni negative aumenti il numero delle sigarette, o mangi più cioccolato, o ti abbuffi, o bevi più alcol, o ti annienti di fronte alla televisione.

Attenzione: tutti questi sono campanelli d'allarme che ti dovrebbero mettere in guardia. Sei nella fase borderline: il tuo non è ancora un livello di stress forte, ma cominci a patire i primi colpi.

Facciamo ora un test per verificare come stai. Lo potrai ripetere ogni volta che ne sentirai il bisogno.

FAI IL TEST DELLO STRESS
Prendi una matita o usa la funzione evidenziatore se leggi il libro in e-book. Tra le situazioni elencate qui sotto, evidenzia quelle che si verificano con frequenza, almeno tre volte a settimana.

- I muscoli sono contratti, soprattutto quelli delle spalle e del collo.
- I respiri sono ravvicinati e poco profondi.
- Ti schiarisci spesso la voce.
- Il tuo cuore batte velocemente, a volte in modo irregolare.
- Senti la bocca asciutta e la gola secca, specie quando sei teso.
- Hai un senso di oppressione al torace.
- Il mal di testa è diventato abituale.
- Ti senti irrequieto e irritabile, talvolta anche depresso.
- Sbatti le palpebre di continuo.
- Muovi nervosamente le gambe o le mani, per esempio tamburellando le dita.
- Ti mordicchi le unghie.
- Soffri di tic nervosi.
- Ti senti molto stanco, pure dopo aver dormito.
- Inizi a sudare all'improvviso, anche se la temperatura non cambia.
- Hai attacchi di fame nervosa oppure di inappetenza.
- Hai problemi di diminuzione del desiderio sessuale o delle prestazioni sessuali.
- Soffri di irritazioni della pelle con secchezza e prurito.
- La pressione arteriosa è aumentata.
- Hai vertigini, con la sensazione che la testa sia vuota.
- Soffri di insonnia.
- Hai problemi di tachicardia nei momenti di tensione.
- Fatichi a concentrarti.
- Vai in ansia facilmente.
- Se ti capita di essere in coda nel traffico ti innervosisci molto.

Bene, ora che hai terminato il test verifica le frasi evidenziate. Spesso ci si abitua a convivere con queste situazioni, ma sono segnali da tenere d'occhio: se solo due o tre di questi sono presenti più volte a settimana, significa che lo stress ha già iniziato a fare danni.

L'intossicazione in testa

In questo libro ti ho parlato molto di tossine, perché come naturopata sono specializzata nella depurazione. Ti ho spiegato anche come contrastare le scorie che intasano l'organismo attraverso le tecniche di disintossicazione, l'alimentazione e i rimedi naturali. Un'altra via estremamente efficace è quella del rilassamento. Sì, proprio così! Lo stress è fonte di scorie, che si possono accumulare nel tuo organismo e causare disturbi di ogni tipo: se lasci alla tensione tutto il suo potere, senza contrastarlo, diventa un nemico che colpisce forte. Ecco i principali danni che può provocare:

- Indebolimento del sistema immunitario.
- Stanchezza eccessiva.
- Disturbi del sonno.
- Problemi respiratori.
- Attacchi di fame nervosa.
- Disturbi della pelle, irritazione e ipersensibilità.
- Eiaculazione precoce.
- Problemi di erezione.
- Anorgasmia femminile.
- Digestione difficile.
- Disturbi cardiaci.
- Ipertensione.
- Aterosclerosi.
- Emicrania e cefalea tensiva.
- Problemi della tiroide.
- Asma.
- Squilibri ormonali, per esempio con alterazioni del ciclo mestruale o peggioramento dei disturbi della menopausa.
- Herpes labiale.
- Disturbi della tiroide.
- Sindrome del colon irritabile, colite e ulcera.
- Invecchiamento precoce, con comparsa di rughe.
- Aumento di peso.
- In generale, qualsiasi disturbo peggiora con lo stress o viene superato con più difficoltà.

LO STRESS FA METTER SU LA PANCIA
E AUMENTARE LA CELLULITE

Buttarsi sul cibo tutte le volte che se ne ha l'occasione: c'è chi paga il conto dello stress con un aumento di peso. L'elemento di rischio non è rappresentato solo dall'incremento di grasso, ma dalla sua distribuzione: le persone iperattive e ansiose, infatti, tendono a metter su la «pancetta», che nel tempo favorisce la comparsa di disturbi cardiovascolari.

Ma non è solo la pancia a essere colpita. Anche le cosce devono fare i conti con lo stress, che peggiora la cellulite: la buccia d'arancia può essere causata da uno squilibrio ormonale, tipico di chi vive costantemente sotto tensione. Attraverso le tecniche di gestione dello stress, quindi, si può migliorare l'equilibrio ormonale e ottenere benefici che aiutino a contrastare questo inestetismo.

Se ti rilassi con il tuo biotipo i risultati si moltiplicano

Se hai avuto l'intelligenza di leggere fin qui, è arrivato anche per te il momento di uscire dal tunnel dello stress. Con il rilassamento che imparerai tra poco, avrai la possibilità di accedere a una nuova fonte di energia, per sentirti pieno di vitalità.

Il rilassamento per il tuo biotipo è una strategia vincente: 9 minuti di pura rigenerazione che si basano su tre elementi importanti:

- la respirazione;
- la visualizzazione;
- la floriterapia per il biotipo Oberhammer.

La respirazione che rilassa e purifica il tuo biotipo

Il rilassamento del biotipo utilizza il respiro lungo e profondo che ti permette di ottenere gratuitamente tre preziosi regali.

Regalo 1: la mente si calma. Il nostro stato di salute psicofisica dipende in maniera notevole dal nostro ritmo respiratorio: se facciamo molti respiri veloci avremo poca salute, se facciamo meno respiri ma più lunghi e profondi attiviamo i processi di guarigione. Il genere di respiro che farai nel rilassamento del biotipo ha lo scopo di rilassare e calmare la mente, riequilibrare lo stato emotivo, eliminare le tensioni e lo stress accumulato.

Regalo 2: il tuo corpo viene purificato. Fai questo piccolo esperimento: accendi due candele e copri parzialmente una di esse con un bicchiere. Noterai che la fiamma si indebolisce e viene prodotto più fumo. È ciò che succede quando facciamo respiri brevi e incompleti: la respirazione dovrebbe bruciare le scorie ma, se è insufficiente, è come un camino che funziona male; ci priva del prezioso ossigeno di cui il nostro corpo necessita, favorendo l'accumulo di tossine e annebbiando la mente. Il respiro lungo e profondo che farai nel rilassamento del biotipo purifica e ossigena il sangue, quindi disintossica l'organismo.

Regalo 3: aumenta l'energia. La respirazione lunga e profonda infonde più energia di un caffè e rilassa più di una sigaretta.

Ti è venuta già voglia di fare un bel respiro lungo e profondo, non è vero? Se così fosse, ecco le istruzioni.

Come fare il respiro lungo e profondo. Durante il rilassamento del biotipo Oberhammer dovrai respirare con queste modalità: inspira in modo ampio ma spontaneo, cioè senza forzarti; espira in maniera completa e lunga. È proprio la fase espiratoria che stimola il sistema parasimpatico e, con esso, uno stato di rilassamento profondo. Quando invece siamo tesi prevale la fase di inspirazione e con essa l'attivazione del sistema simpatico e dello stress. In ogni caso non preoccuparti, perché sarà la mia voce a guidarti.

La visualizzazione che equilibra il tuo biotipo

Per ogni biotipo c'è un diverso luogo della natura da visualizzare, che ha un effetto riequilibrante. Preciso che visualizzare non significa vedere quel luogo come un'immagine, ma semplicemente immaginarlo, pensarlo. È quello che ti succede già normalmente quando sogni a occhi aperti e dici: «Mi vedo già...» figurandoti una situazione.

Se vuoi rendere più efficace la tua visualizzazione cerca in internet un'immagine con quelle caratteristiche, anche semplicemente digitando la descrizione nella sezione «Immagini» di Google. Stampala e tienila con te. Quindi osservala per qualche secondo prima di cominciare il rilassamento: renderà tutto più vivido.

La floriterapia per il tuo biotipo Oberhammer

La floriterapia è una forma di rimedio naturale che utilizza gli estratti dei fiori per agire sulla sfera psichica ed emotiva della persona.

Come utilizzare la floriterapia. Fai preparare dal tuo farmacista o erborista la miscela indicata per il biotipo, mostrando la formula qui sotto indicata.

BIOTIPO ARIA
- Hornbeam (Carpino)
- White Chestnut (Ippocastano bianco)
- Beech (Faggio)

BIOTIPO ACQUA
- Clematis (Clematide)
- Chicory (Cicoria selvatica)
- Red Chestnut (Ippocastano rosso)

BIOTIPO TERRA
- Crab Apple (Melo selvatico)
- Agrimony (Agrimonia)
- Wild Rose (Rosa selvatica)

BIOTIPO FUOCO
- Vervain (Verbena)
- Holly (Agrifoglio)
- Cherry Plum (Mirabolano)

FREQUENZA E MODALITÀ DEI RIMEDI FLORITERAPICI
Trovi tutte le indicazioni nel capitolo *Il protocollo 21 × 3 del biotipo Oberhammer*.

Consigli pratici per rilassarti profondamente in 9 minuti

Scegli il rilassamento del tuo biotipo: è su misura! Leggendo sommariamente i quattro rilassamenti potrebbero sembrarti uguali. Ma non lo sono affatto! Ogni biotipo necessita di modalità diverse (c'è chi deve sentire il corpo pesante, chi caldo e così via) e di luoghi diversi da visualizzare. La differenza si fa ancora più evidente nella traccia audio, dove cambia la musica e persino il mio modo di guidare il rilassamento.

Quando fare il rilassamento del biotipo. Quando vuoi! L'importante è che tu lo faccia. Se non sei riuscito a ritagliare un momento durante il giorno, va bene anche di sera prima di dormire. Il tuo sonno sarà più riposante e rigenerante.

Dove e in quale posizione fare il rilassamento. Qualsiasi luogo va bene, basta che ti senta a tuo agio. La posizione migliore è quella distesa, ma puoi fare il rilassamento del biotipo anche seduto, se lo ritieni confortevole. Molti partecipanti dei miei corsi, essendo impegnati tutto il giorno per lavoro, lo fanno sulla poltrona dell'ufficio (se possono godere di autonomia) o in macchina, parcheggiandola in un luogo tranquillo.

Mi dicono che dopo quei 9 minuti è come se le batterie si fossero ricaricate e potessero accedere a una nuova dose di energia.

Usa un timer. Specie agli inizi, durante il rilassamento del biotipo viene incanalato stress e stanchezza arretrata e a volte succede di addormentarsi profondamente. Per questo motivo è meglio avviare un timer per il tempo di 10 minuti.

FAI IL RILASSAMENTO DEL BIOTIPO GUIDATO DA ME

Tra poco troverai le schede dei quattro rilassamenti completi, illustrati nei dettagli. Come ti ho già anticipato, però, potrai scaricare la traccia audio e non dovrai fare nient'altro che stenderti, o sederti, e lasciarti andare alla rigenerazione del rilassamento del biotipo.

La traccia audio per ogni tipologia la puoi scaricare gratuitamente facendo il test dei biotipi su www.biotipioberhammertest.it. In ognuna ci sarà:

- *la musica adatta a te*. È stata elaborata appositamente, con i suoni e le frequenze più adatti per ogni biotipo, per ottenere in poco tempo un rilassamento profondo;
- *la mia voce*. In questo modo non dovrai nemmeno leggere le schede del rilassamento del biotipo: ti basterà salvare la traccia nel dispositivo che usi per ascoltare la musica e ogni giorno ti guiderò di persona.

Quando tutto migliora senza fare niente

Hai presente quando impariamo qualcosa – per esempio a usare il computer – e man mano che diventiamo esperti otteniamo sempre più benefici? Ecco, il rilassamento è uguale. Più lo applichi, più riuscirai a rilassare e rigenerare il tuo corpo e la tua mente in profondità.

L'aspetto stimolante è che *non devi sviluppare delle particolari capacità nel farlo*; devi solo praticarlo, e il resto avverrà da sé.

Ti faccio un esempio: se la prima volta che fai il rilassamento ti rilassi dieci, tanto per dare un valore, la seconda volta nello stesso tempo sarai in grado di rilassarti quindici, poi trenta e così via fino a cento. La tua mente ogni volta impara un po' meglio la tecnica, fino ad arrivare a rilassare profondamente corpo e psiche nei 9 minuti, ottenendo la sensazione di benessere che segue a un sonno profondo.

E c'è di più.

I benefici non li avrai solo appena dopo la pratica, ma ti sentirai molto più rilassato anche nella vita quotidiana, perché la tua mente avrà imparato la tecnica. Avrà acquisito la capacità di rilassarsi!

Sai, tante volte le persone mi raccontano di arrivare a sera con una grande tensione alle spalle o al collo o agli occhi o alla schiena. In questi casi, spesso, non si rendono conto di essere rimasti contratti durante tutta la giornata.

Capisci cosa significa? Stare in una morsa tutto il giorno, imprigionati in muscoli duri, rigidi e tesi è davvero stancante. È come vivere in un'armatura, in una corazza anziché in un corpo armonico, che ti affianca nella vita.

Quindi, più passano i giorni in cui applichi il rilassamento, maggiore diventerà la tua capacità di vivere in un corpo privo di tensioni e rigidità.

E, te lo ricordo ancora, non è necessario che impari niente, devi solo applicare la tecnica del rilassamento del biotipo in 9 minuti attraverso la traccia audio che ho preparato per te.

In ogni caso, se non vuoi usare la traccia audio, nelle schede trovi i passaggi dei rilassamenti per i quattro biotipi, che dovrai memorizzare e poi ripetere mentalmente.

IL RILASSAMENTO DEL BIOTIPO ARIA

Stenditi in posizione comoda.

Chiudi gli occhi e preparati a immergerti in uno spazio di rigenerazione profonda.

Fai tre respiri profondi, lenti e completi: primo respiro, secondo respiro, terzo respiro.

Ora immagina di trovarti su un prato, con gli alberi intorno a te, l'aria piacevolmente calda che accarezza la tua pelle.

Il tuo corpo è sempre più rilassato, piacevolmente rilassato.

Inspira profondamente e mentre espiri profondamente senti la gamba destra rilassata e pesante.

Inspira profondamente e mentre espiri profondamente senti la gamba sinistra rilassata e pesante.

Inspira profondamente e mentre espiri profondamente senti il braccio destro rilassato e pesante.

Inspira profondamente e mentre espiri profondamente senti il braccio sinistro rilassato e pesante.

Inspira profondamente e mentre espiri profondamente senti la schiena rilassata e pesante.

Inspira profondamente e mentre espiri profondamente senti il torace e l'addome rilassati.

Inspira profondamente e mentre espiri profondamente senti le spalle e il collo rilassati e pesanti.

Inspira profondamente e mentre espiri profondamente senti il viso rilassato e sereno.

Ora senti tutto il tuo corpo profondamente rilassato e pesante. Senti la tua mente tranquilla e calma.

Adesso immagina nuovamente il prato, gli alberi, senti l'aria piacevolmente calda e lascia che la tua mente sia avvolta dalle sensazioni di questo luogo della natura.

Inspira ed espira profondamente ancora una volta. Quindi inspira nuovamente e apri gli occhi. Poi allunga il tuo corpo, avvertendo una piacevole sensazione di rigenerazione e di nuova vitalità.

IL RILASSAMENTO DEL BIOTIPO ACQUA

Stenditi in posizione comoda.

Chiudi gli occhi e preparati a immergerti in uno spazio di rigenerazione profonda.

Fai tre respiri profondi, lenti e completi: primo respiro, secondo respiro, terzo respiro.

Ora immagina di trovarti su una bella spiaggia, con un caldo sole estivo che accarezza piacevolmente la tua pelle.

Il tuo corpo è sempre più rilassato, piacevolmente rilassato.

Inspira profondamente e mentre espiri profondamente senti la gamba destra rilassata e calda.

Inspira profondamente e mentre espiri profondamente senti la gamba sinistra rilassata e calda.

Inspira profondamente e mentre espiri profondamente senti il braccio destro rilassato e caldo.

Inspira profondamente e mentre espiri profondamente senti il braccio sinistro rilassato e caldo.

Inspira profondamente e mentre espiri profondamente senti la schiena rilassata e calda.

Inspira profondamente e mentre espiri profondamente senti il torace e l'addome caldi.

Inspira profondamente e mentre espiri profondamente senti le spalle e il collo rilassati e caldi.

Inspira profondamente e mentre espiri profondamente senti il viso rilassato e sereno.

Ora senti tutto il tuo corpo profondamente rilassato e caldo. Senti la tua mente tranquilla e calma.

Adesso immagina nuovamente la spiaggia, senti il piacevole calore del sole che accarezza la tua pelle e lascia che la tua mente sia avvolta dalle sensazioni di questo luogo della natura.

Inspira ed espira profondamente ancora una volta. Quindi inspira nuovamente e apri gli occhi. Poi allunga il tuo corpo, avvertendo una piacevole sensazione di rigenerazione e di nuova vitalità.

IL RILASSAMENTO DEL BIOTIPO TERRA

Stenditi in posizione comoda.

Chiudi gli occhi e preparati a immergerti in uno spazio di rigenerazione profonda.

Fai tre respiri profondi, lenti e completi: primo respiro, secondo respiro, terzo respiro.

Ora immagina di trovarti sulla vetta di una montagna da cui godi di uno stupendo paesaggio. La temperatura è gradevole.

Il tuo corpo è sempre più rilassato, piacevolmente rilassato.

Inspira profondamente e mentre espiri profondamente senti la gamba destra rilassata e leggera.

Inspira profondamente e mentre espiri profondamente senti la gamba sinistra rilassata e leggera.

Inspira profondamente e mentre espiri profondamente senti il braccio destro rilassato e leggero.

Inspira profondamente e mentre espiri profondamente senti il braccio sinistro rilassato e leggero.

Inspira profondamente e mentre espiri profondamente senti la schiena rilassata e leggera.

Inspira profondamente e mentre espiri profondamente senti il torace e l'addome leggeri.

Inspira profondamente e mentre espiri profondamente senti le spalle e il collo rilassati e leggeri.

Inspira profondamente e mentre espiri profondamente senti il viso rilassato e sereno.

Ora senti tutto il tuo corpo profondamente rilassato e leggero. Senti la tua mente tranquilla e calma.

Adesso immagina nuovamente di trovarti sulla vetta della montagna mentre il tuo sguardo si perde nel meraviglioso paesaggio. Lascia che la tua mente sia avvolta dalle sensazioni di questo luogo della natura.

Inspira ed espira profondamente ancora una volta. Quindi inspira nuovamente e apri gli occhi. Poi allunga il tuo corpo, avvertendo una piacevole sensazione di rigenerazione e di nuova vitalità.

IL RILASSAMENTO DEL BIOTIPO FUOCO

Stenditi in posizione comoda.

Chiudi gli occhi e preparati a immergerti in uno spazio di rigenerazione profonda.

Fai tre respiri profondi, lenti e completi: primo respiro, secondo respiro, terzo respiro.

Ora immagina di trovarti vicino a un lago con le sue acque calme, in una giornata primaverile con l'aria fresca che accarezza la tua pelle.

Il tuo corpo è sempre più rilassato, piacevolmente rilassato.

Inspira profondamente e mentre espiri profondamente senti la gamba destra rilassata e fresca.

Inspira profondamente e mentre espiri profondamente senti la gamba sinistra rilassata e fresca.

Inspira profondamente e mentre espiri profondamente senti il braccio destro rilassato e fresco.

Inspira profondamente e mentre espiri profondamente senti il braccio sinistro rilassato e fresco.

Inspira profondamente e mentre espiri profondamente senti la schiena rilassata e fresca.

Inspira profondamente e mentre espiri profondamente senti il torace e l'addome freschi.

Inspira profondamente e mentre espiri profondamente senti le spalle e il collo rilassati e freschi.

Inspira profondamente e mentre espiri profondamente senti il viso rilassato e sereno.

Ora senti tutto il tuo corpo profondamente rilassato e leggero. Senti la tua mente tranquilla e calma.

Adesso immagina nuovamente di trovarti vicino al lago con le sue acque calme e l'aria fresca che accarezza la tua pelle. Lascia che la tua mente sia avvolta dalle sensazioni di questo luogo della natura.

Inspira ed espira profondamente ancora una volta. Quindi inspira nuovamente e apri gli occhi. Poi allunga il tuo corpo, avvertendo una piacevole sensazione di rigenerazione e di nuova vitalità.

Hai imparato una tecnica di giovinezza

Leggendo fin qui hai imparato come rilassarti senza portare via tempo ai tuoi mille impegni e ottenendo risultati sorprendenti.

Ricorda quello che ci siamo detti all'inizio: lo stress è un acceleratore di vecchiaia. Trascurare questo aspetto, oggi sempre più diffuso, significa aumentare in modo irreversibile la propria età biologica, che è la vera età del corpo, spesso diversa da quella che compare sul documento d'identità.

Oltre al rilassamento, c'è un'altra attività importante se si vuole migliorare il proprio stile di vita; anche questa può segnare il corpo in modo positivo o negativo, a seconda se viene praticata correttamente in base al proprio biotipo o meno. Si tratta del movimento.

Lo sport che fa bene al tuo biotipo

C'è chi parla benissimo della corsa, chi del nuoto, chi del pilates, chi della pesistica. In realtà ogni sport è buono, perché muoversi fa bene; ma lo sport migliore è quello giusto per il tuo biotipo. Anche se nelle palestre o negli studi dei professionisti se ne sente parlare raramente, la realtà è che ogni biotipo ottiene i migliori benefici con l'attività fisica più adatta alle sue esigenze; e ancor di più se viene praticata con gli accorgimenti adatti alla sua tipologia.

Inoltre, non solo l'esercizio fisico cambia a seconda del biotipo, ma anche i disturbi migliorano più facilmente se l'attività fisica viene praticata in base alla propria tipologia. Lo sport fatto male invece può causare danni notevoli, per esempio aumentare le infiammazioni o peggiorare l'insonnia.

Ecco tutte le indicazioni per ottenere i migliori risultati dall'attività fisica, con il minimo sforzo, secondo il percorso della guarigione naturale e facile.

Lo sport per il biotipo aria

Il biotipo aria è mobile di natura. Non ama stare fermo, a riposo, e quindi fa sport volentieri: è una valvola di sfogo dalle tensioni e dallo stress che accumula per via del suo carattere. Però deve allenarsi nel modo corretto perché gli esercizi inadeguati disturbano questo biotipo a livello sia fisico sia mentale.

I benefici dello sport per il biotipo aria

Più muscoli, più benessere. La muscolatura del biotipo aria è tonica ma tende a essere ipoplastica, cioè poco sviluppata; questo biotipo mantiene la massa muscolare con difficoltà poiché è portato a distruggere quella che già possiede, a causa del cortisolo tendenzialmente alto. Nello sport il suo obiettivo deve quindi essere l'aumento della massa muscolare. I benefici sono numerosi: innanzitutto tonifica il corpo e migliora le sue forme; a livello di peso, aumentare la massa muscolare aiuta il biotipo aria a dimagrire nei punti giusti, specie sulla pancia dove può accumulare peso, nonostante sia magro. Al contrario, se cerca di dimagrire con una dieta ipocalorica si scava in viso e assume un aspetto «sciupato», mentre i chili in più rimangono al loro posto. Nel caso sia sottopeso, situazione frequente per il biotipo aria, aumentare la massa muscolare lo aiuta ad acquisire forme toniche e lo rende più forte.

Più endorfine, meno dolore. Lo sport aumenta le endorfine, ormoni che impediscono al segnale del dolore di raggiungere il cervello e che quindi agiscono come degli analgesici naturali. In questo modo viene alzata la soglia del dolore, normalmente bassa nel sensibile biotipo aria: si riducono i mal di testa, i dolori mestruali e quelli articolari. Per liberare le endorfine nell'organismo è sufficiente fare moderato esercizio aerobico per mezz'ora tre volte a settimana.

Più movimento, meno tensione e nervosismo. Il biotipo aria tende a essere contratto, con tensioni che si irradiano alla zona del trapezio, delle spalle e della cervicale. Il movimento lo aiuta a sciogliere le rigidità muscolari e articolari, come un salutare massaggio che decontrae le parti tese del corpo. Ne beneficia anche il sistema nervoso, la parte più fragile di questo biotipo, che può soffrire di agitazione, ansia, nervosismo e ipersensibilità allo stress. Lo sport migliora anche il senso di benessere psichico: le endorfine liberate, conosciute come «ormoni della felicità», agiscono positivamente sull'umore.

E poi lo sport aiuta a... Il biotipo aria beneficia di una regolare attività sportiva anche per rafforzare il sistema immunitario e migliorare la secchezza di cui soffre, perché lo stimolo circolatorio dell'attività fisica favorisce l'irrorazione e il turgore, sia della cute sia delle mucose. Anche la digestione ne risente in positivo.

Le regole d'oro dello sport per il biotipo aria

Fino al punto giusto. Per il biotipo aria fare sport è molto importante, ma deve stare attento a non eccedere: «Di più è meglio» è il suo motto, quindi tende a ignorare i confini. Ama il vigore e lo stimolo dell'esercizio intenso e può diventare dipendente da questi stati di eccitazione, specialmente se hanno l'effetto di placare temporaneamente la sua costante attività mentale. Purtroppo però, se l'esercizio fisico è troppo vigoroso, queste sensazioni hanno breve durata: il corpo diventa sempre più stanco, la mente si eccita ancor più e aumenta la produzione di cortisolo, che invece andrebbe tenuto sotto controllo (vedi anche il riquadro successivo *Quando troppo allenamento fa male*).

Se il movimento moderato lo fa sentire più energico, attento, lucido e forte fisicamente, con un eccesso di attività fisica questo biotipo perde i benefici e peggiora il suo stato nervoso: lo sport, da valvola di sfogo, diventa fonte di stress. Rientra a casa affaticato, irrequieto e irritabile, e di notte dorme peggio. Se soffre di tachicardia il disturbo si acuisce.

In generale, quando le attività sportive sono esagerate,

cioè sfiniscono, aumentano i radicali liberi e i processi ossidativi e di invecchiamento: per il biotipo aria questa condizione è ancora più marcata.

Ecco i segnali del giusto limite: non deve sentirsi esausto, tremante, con le vertigini, sul punto di avere i crampi, e nemmeno dolorante il giorno successivo allo sforzo a causa dell'acido lattico accumulato nei muscoli. Per sviluppare vera forza e capacità di resistenza, il biotipo aria deve quindi frenare il suo entusiasmo e allenarsi con equilibrio.

Aumentare la massa muscolare. Dal momento che il biotipo aria acquista muscoli con più difficoltà degli altri biotipi, deve rafforzarli con regolarità, specialmente con il passare degli anni perché questa situazione si acuisce. Per esempio accade di frequente alla donna in menopausa di ingrassare, perché, con la riduzione della massa magra tipica di questa età, il metabolismo si riduce e si acquista peso più facilmente. Se il biotipo aria va in palestra, deve chiedere gli esercizi che lo aiutino nel potenziamento. Ha infatti necessità di allenarsi con più attenzione del biotipo fuoco o del biotipo terra, che sviluppano la muscolatura molto più facilmente. La forza del suo biotipo è soprattutto nella mente: ha solo bisogno di avere un po' di pazienza con il suo corpo, che, se gestito nel modo migliore, darà risultati più che soddisfacenti.

Mai a stomaco completamente vuoto. L'ideale è uno spuntino circa un'ora prima dell'allenamento, costituito anche da proteine, per favorire l'aumento della massa muscolare. Anche dopo l'attività fisica andrebbe ripetuto questo spuntino, o in alternativa consumato un pasto completo contenente una quota proteica.

Fare attenzione alle articolazioni. Tendenzialmente sporgenti, nodose, magre e facili alla lassità, le sue articolazioni si irrigidiscono con facilità. Durante l'esercizio il biotipo aria deve quindi stare attento a non affaticarle, così come deve fare attenzione ai suoi tendini, spesso sporgenti. È buona norma indossare fasce elastiche protettive e scarpe da ginnastica ben ammortizzate. Se le articolazioni sono doloranti è consigliabile assumere integratori per proteggerle e prestare molta cura all'alimentazione, consumando i grassi come indicato per il biotipo aria. Va posta attenzione anche alla rigidità dei muscoli, che portano questo biotipo ad assumere cattive posture e obbligano il suo corpo a compiere sforzi che sovraccaricano sia le articolazioni sia i muscoli stessi.

Come idratare correttamente l'organismo. Durante l'allenamento il biotipo aria deve bere a sufficienza, specie se suda molto, perché tende, più di altri biotipi, alla disidratazione. Il modo migliore per idratare il suo organismo è quello di bere spesso piccoli sorsi a più riprese, anziché grandi quantitativi tutti in una volta.

Defaticamento finale. Elemento fondamentale per rendere il movimento davvero utile per il biotipo aria è il defaticamento al termine dell'esercizio. Consigliata una doccia calda, per mantenere i muscoli ben irrorati, e poi un rilassamento per eliminare la stanchezza, ricaricare e riequilibrare il corpo; in alternativa un bagno di vapore, spesso a disposizione nelle palestre. In questo modo le tipiche tensioni del biotipo aria vengono rilasciate e lo sport stimola in modo positivo il corpo senza eccitare troppo la mente.

Attenzione al clima. Tutti gli sport che si fanno al freddo, o in luoghi con molto vento, per il biotipo aria non sono benefici. Al termine della prestazione sportiva non avvertirà una piacevole sensazione di rigenerazione, ma sarà irritato e ancora più stanco.

Natura equilibrante. In caso di stress, il biotipo aria può trovare un grandissimo beneficio in una lunga e tranquilla passeggiata, meglio se nella natura. È uno dei modi ideali per muovere il corpo e contemporaneamente rilassare la mente e scaricare le tensioni accumulate. Per il biotipo aria è una delle tecniche tranquillizzanti più efficaci.

> «Camminare è la migliore medicina dell'uomo.»
>
> IPPOCRATE DI COO

Attività fisiche particolarmente indicate per il biotipo aria

Le attività motorie più indicate per il biotipo aria sono quelle che non affaticano troppo e non sono eccessivamente vigorose: il sollevamento pesi (solo leggeri), camminare, nuoto, yoga, pilates, danza, equitazione, golf.

Il biotipo aria si muove in modo agile. Caratterizzato dalla velocità, se fa una passeggiata, il passo sarà sempre piuttosto rapido. Nonostante la tensione, gode generalmente di buona flessibilità tendineo-muscolare: in palestra eseguirà con facilità esercizi di stretching o yoga. Nello sport certe volte manca di coordinazione, quindi per non farsi male deve prestare attenzione: i gesti veloci possono diventare irregolari o bruschi.

Attività fisiche che il biotipo aria deve praticare con attenzione

Per il biotipo aria non sono molto indicate attività quali la ginnastica aerobica, soprattutto se fatta sporadicamente, con intensità e senza un buon rilassamento a seguire; la corsa, che affatica le articolazioni, il suo punto debole; il salto e gli sport in ambienti rumorosi, perché aumentano lo stress.

In realtà il biotipo aria è spesso attratto da queste attività fisiche. Se le pratica non deve certo abbandonarle, ma utilizzare i giusti accorgimenti affinché non creino problemi: è sufficiente fare attenzione ai consigli indicati per il biotipo e svolgere un buon detensionamento a seguito dell'attività.

Se il biotipo aria ama la corsa e la pratica di frequente, è bene che ricorra periodicamente a dei ricostituenti.

Approfondimento

QUANDO TROPPO ALLENAMENTO FA MALE

Se fai sport con costanza ma ti senti stanco, dormi male, sei nervoso, più ti alleni e meno rendi, molto probabilmente sei in sovrallenamento. Una sindrome che non riguarda, come invece si potrebbe supporre, solo chi pratica sport ad alto livello e si sottopone a grandi carichi: tutti possono incorrere nel sovrallenamento se il carico è eccessivo in relazione al livello di preparazione e alla personale capacità di resistenza dell'organismo. Succede a chi va in palestra solo una volta a settimana e si allena fino a sfinirsi, a chi non fa movimento per mesi e poi, in vista della prova costume, aumenta bruscamente l'attività fisica. Oppure a chi vede sulla sua bilancia qualche chilo in più e inizia a correre per un'ora di seguito senza fare un'adeguata preparazione.

I principali campanelli d'allarme sono un aumento del cortisolo nel sangue e una riduzione delle innumerevoli funzioni dell'ipotalamo, quella struttura del sistema nervoso centrale responsabile, per esempio, del ritmo sonno-veglia, dell'appetito, del mantenimento entro valori adeguati della temperatura corporea, della pressione arteriosa e della frequenza cardiaca. Chi è sovrallenato spesso nota che la propria massa grassa prende il sopravvento su quella muscolare, riscontra un aumento dei battiti cardiaci anche a riposo, fa fatica a addormentarsi, è nervoso, può andare incontro più facilmente a infezioni a causa del sistema immunitario meno efficiente.

Il biotipo aria, se entusiasta dell'allenamento, è quello che incorre più di frequente in questa situazione; ma può capitare anche al biotipo fuoco e a ogni altro biotipo.

Un consiglio importante per evitare il sovrallenamento è di eseguire sedute di allenamento che non superino l'ora, dal momento che già dopo 40–50 minuti i livelli di cortisolo iniziano ad aumentare.

Lo sport per il biotipo acqua

Il biotipo acqua di solito non ama particolarmente lo sport, eppure ne ha bisogno perché tende a trattenere i liquidi e ha una muscolatura che necessita di tonificazione: se si lascia andare all'inattività può diventare flaccido più facilmente rispetto agli altri biotipi. Quindi lo sport regolare, senza esagerare, è per lui un modo di mantenere il suo corpo armonioso e tonico.

I benefici dello sport per il biotipo acqua

Più sport, meno ritenzione idrica. Il movimento combatte e drena le tossine liquide che tendono a imbibire il corpo di questo biotipo: rinforza e riattiva il microcircolo, riducendo la stasi e l'edema.

La cellulite migliora. Una delle principali cause che determinano il progressivo peggioramento della cellulite è la sedentarietà, e in particolare la posizione seduta mantenuta a lungo: comprime i tessuti, come una sorta di laccio emostatico (le parti colpite da questo inestetismo sono infatti più fredde rispetto ad altri distretti corporei, perché la circolazione è rallentata). L'esercizio fisico invece, se scelto con criterio, gioca un ruolo fondamentale nel combattere la cellulite: leggi il riquadro seguente e scopri quali attività fanno bene e quali peggiorano la situazione.

Si dimagrisce più facilmente. Lo sport fa aumentare la massa magra, formata essenzialmente dai muscoli, un tessuto metabolicamente attivo che è in grado di bruciare calorie anche a riposo, consentendo così di perdere grassi non solo durante l'allenamento. Sviluppare i muscoli significa far funzionare meglio il «camino brucia-calorie».

Il peso rimane stabile. Dopo i trent'anni e soprattutto dopo i quaranta, in tutte le persone il metabolismo tende a rallentare. Il biotipo acqua, se si trascura, ne soffre maggiormente, e può accumulare peso in poco tempo. La donna tenderà a ingrassare sulle cosce ma anche su tutto il corpo, per cui braccia, gambe e tronco si ingrosseranno, anche se soltanto dieci anni prima era considerata una persona mediamente in forma. L'uomo metterà su la pancia, favorendo l'insorgenza delle malattie cardiovascolari. Con un'attività sportiva secondo il proprio biotipo, questa situazione non si verifica.

E poi lo sport aiuta a... Il biotipo acqua beneficia di una regolare attività sportiva anche perché favorisce un livello energetico maggiore, quindi si sentirà meno stanco e con più voglia di fare. Nella donna migliorano i disturbi legati al ciclo, per esempio la sindrome premestruale. Se il biotipo acqua tende a urinare con difficoltà, il disturbo si attenua.

Le regole d'oro dello sport per il biotipo acqua

Attivazione muscolare completa. Per il biotipo acqua sono indicati esercizi che attivano la muscolatura dell'intero corpo, non solo delle gambe o dell'addome. Questo biotipo è infatti portato ad avere muscoli che perdono di tonicità anche nelle braccia, quindi un training completo è di grande aiuto.

Costante e in compagnia. Molto spesso il biotipo acqua abbandona l'attività motoria che ha intrapreso, nonostante i buoni risultati, perché non ama il movimento. È quindi utile praticarla insieme al partner o agli amici, in modo da avere un appuntamento da rispettare.

Il corretto livello di intensità. È fondamentale che il biotipo acqua faccia sport a un livello di intensità adeguato, per evitare di peggiorare la ritenzione idrica e la cellulite. Nel riquadro *Lo sport può far aumentare la ritenzione idrica e la cellulite* trovi tutte le spiegazioni e i consigli.

Alla fine, stretching e gambe in alto. Per un recupero ottimale al termine di ogni attività aerobica, per il biotipo acqua è utile eseguire un po' di stretching, stendersi con le gambe in alto, per esempio appoggiandole al muro, e infine rilassarsi facendo profonde respirazioni: così viene favorito il ritorno venoso e l'eliminazione dell'acido lattico.

Il clima adatto. Quando fuori è umido, il biotipo acqua trae maggiori benefici nel praticare attività fisica al chiuso.

Attività fisiche particolarmente indicate per il biotipo acqua

Gli sport più adatti al biotipo acqua sono: il nuoto, la bicicletta (in palestra è poco utile quella tradizionale ed è meglio utilizzare il modello reclinato, con le gambe che pedalano in orizzontale anziché in verticale), la camminata veloce o, in alternativa, la corsa leggera; anche gli esercizi propriocettivi che mobilizzano la caviglia sono indicati per il biotipo acqua perché combattono la ritenzione idrica e l'insufficienza venosa.

Attività fisiche che il biotipo acqua deve praticare con attenzione

Per il biotipo acqua non sono particolarmente indicate attività quali la corsa veloce, l'aerobica in assenza di una buona preparazione, lo spinning, il sollevamento pesi intensivo, gli sport che prevedono frequenti impatti con il terreno (pallavolo, tennis, jogging). In caso di cellulite, molto frequente in questo biotipo, gli sport troppo intensi peggiorano in maniera notevole la situazione.

Devi sapere che

LO SPORT PUÒ FAR AUMENTARE LA RITENZIONE IDRICA E LA CELLULITE: SCOPRI COME EVITARLO

Ci sono sport che non vanno d'accordo con la cellulite e la ritenzione idrica. Un esempio? Se ti sei iscritto a un corso di spinning e due volte a settimana pedali per un'ora come un forsennato, oppure se hai scelto altri sport da cuore in gola, nei tessuti si possono accumulare troppi prodotti di scarto, soprattutto acido lattico, che un sistema circolatorio già difettoso (come quello di chi soffre di ritenzione idrica e cellulite) non è in grado di riassorbire bene. L'acido lattico è un metabolita che favorisce sia la cellulite sia la ritenzione idrica: la formazione di tossine muscolari agisce infatti negativamente sulla circolazione e sull'ossigenazione dei tessuti. È bene quindi prestare attenzione agli sport che prevedono sforzi molto intensi, brevi e rapidi, con contrazioni prolungate della muscolatura. Sono controindicati lo spinning, il sollevamento pesi con un'intensità elevata e la corsa veloce: gli impatti con il terreno provocano microlacerazioni alle membrane delle cellule adipose, che, a lungo andare, possono peggiorare la situazione.

Per chi soffre di cellulite e ritenzione idrica lo sport va perciò graduato, affinché risulti benefico. Dato che la cellulite è un ristagno di liquidi che porta via ossigeno ai tessuti, la soluzione è riossigenare attraverso attività costante e a bassa intensità. Camminare rappresenta un modo efficace di contrastare la cellulite; viene aiutata la circolazione delle gambe e mantenuto il battito cardiaco a un ritmo ideale per ottimizzare la vascolarizzazione: il passo deve essere svelto ma permettere di parlare senza affanno con un ipotetico accompagnatore. Al termine ci si dovrebbe sentire rigenerati e avvertire una piacevole sensazione di calore alle gambe.

Riassumendo, l'attività fisica più indicata nei casi di ritenzione idrica e cellulite è quindi quella aerobica di bassa intensità e di lunga durata, come camminare, andare in bicicletta pedalando moderatamente o nuotare per 30-40 minuti almeno 3-4 volte alla settimana. Nuotare o praticare acquagym riserva in più due vantaggi: migliora la circolazione ed esercita un benefico massaggio.

Il consiglio in più

IL TALK TEST, PER BRUCIARE GRASSI

In tutti i tipi di attività aerobica è importante mantenere una velocità (intensità) bassa, che si può facilmente verificare eseguendo da soli il talk test: se durante l'esercizio (per esempio camminata o pedalata) respiri più di frequente, ma sei comunque in grado di parlare senza eccessivo affanno, significa che la velocità è adeguata al tuo livello di allenamento. Il beneficio maggiore che si ottiene con il movimento a bassa intensità e a lunga durata è di consumare energia che proviene dai grassi in eccesso e di stimolare il microcircolo.

Lo sport per il biotipo terra

Il biotipo terra, come il biotipo acqua, ha bisogno di tanto esercizio fisico per stimolare il metabolismo ed eliminare le tossine solide e congestionanti a cui è soggetto. A tutte le età ne trae quindi un beneficio significativo.

Particolarmente portato per lo sport di resistenza, ha uno scheletro robusto, l'ossatura grande e spessa e una muscolatura forte. Grazie alla sua struttura solida, sostiene quindi molto bene lo sforzo fisico e sviluppa senza fatica i muscoli perché produce in genere più ormoni anabolici rispetto agli altri biotipi. Il suo ormone dominante, la somatotropina, di sicuro lo aiuta: aumenta con grande facilità la massa muscolare, suscitando l'invidia degli altri biotipi, soprattutto aria (che sviluppa la muscolatura con difficoltà) e fuoco (che sviluppa muscoli, ma non altrettanto velocemente). In palestra, quindi, se cerca un potenziamento muscolare nota subito dei miglioramenti, anche senza l'uso di integratori.

Le articolazioni del biotipo terra sono grosse, robuste e corte, e può perciò sostenere anche un movimento piuttosto faticoso. Diversamente dal biotipo aria, però, ha poca flessibilità tendineo-muscolare.

Nonostante la predisposizione allo sforzo fisico, il biotipo terra è tuttavia tendenzialmente sedentario: questo è uno dei motivi che lo porta ad accumulare peso.

I benefici dello sport per il biotipo terra

La voglia di fare migliora. Se il biotipo terra non pratica sport si impigrisce: meno ne fa e meno ne vorrebbe fare, perché vengono rallentati sia il metabolismo sia la digestione. Invece, quando si allena regolarmente, riprende energia e vigore, e il suo organismo funziona meglio.

Si riducono le tossine. Se questo biotipo non fa sport, nel suo corpo aumentano le tossine; quando invece si allena regolarmente, i processi di depurazione sono stimolati e i disturbi di cui soffre migliorano. La pratica regolare di esercizio moderato aumenta i livelli di colesterolo buono (HDL) e riduce quello cattivo (LDL), normalizza il glucosio, regolarizza la pressione arteriosa e favorisce l'elasticità delle arterie.

Se invece non fa movimento i suoi disturbi peggiorano, per esempio aumenta la congestione di muco nell'organismo, o i livelli di colesterolo nel sangue. L'esercizio fisico giornaliero, anche solo con una passeggiata di mezz'ora a passo intenso, è il modo migliore per evitare la stagnazione e l'accumulo delle tossine solide tipiche di questa tipologia.

Fa dimagrire. Se il biotipo terra desidera perdere peso, fare più esercizio fisico è un passo che deve assolutamente compiere. Non basterà mangiare di meno o utilizzare gli integratori per dimagrire: lo sport è una base fondamentale per raggiungere un risultato soddisfacente.

E poi lo sport aiuta a... Il biotipo terra beneficia di una regolare attività sportiva anche per migliorare i disturbi alle vie respiratorie, specie se si concentra su una corretta respirazione durante lo sforzo.

Le regole d'oro dello sport per il biotipo terra

Attività fisica energica. Al contrario del biotipo aria, il biotipo terra beneficia di un'attività fisica energica, in cui spinge il corpo oltre i suoi limiti, ovviamente sempre nei livelli di sicurezza; per lui sono adatti gli esercizi che lo fanno arrivare ad avere il fiatone. Un consiglio del genere porterebbe il biotipo aria a strafare, invece il biotipo terra non è portato a esagerare: va spronato nell'attività fisica perché la sua natura è quella di non eccedere. Quindi, rispetto agli altri biotipi, trae maggiori benefici da un'attività intensa, che richiede sforzo. Il consiglio ovviamente andrà seguito dopo una regolare visita che abilita all'attività sportiva.

Cominciare con quello che piace. Siccome il biotipo terra tende a non amare lo sport, all'inizio deve trovare qualcosa che fa volentieri, anche se non richiede sforzo eccessivo. Spesso ama attività fisiche ripetitive e moderate come, per esempio, le passeggiate o la bicicletta. Col tempo poi, godendo dei benefici, comincerà spontaneamente a sperimentare anche uno sport più intenso, perché il suo metabolismo sarà diventato più attivo e avvertirà maggiore stimolo a muoversi.

Sudare. Se l'esercizio fisico è accompagnato a una bella sudata offrirà risultati migliori al biotipo terra (a meno che non sia molto sovrappeso, nel qual caso bisogna essere cauti).

Muoversi dopo i pasti. Per il biotipo terra è molto utile camminare, in particolare dopo i pasti, per stimolare un sistema digerente tendenzialmente lento, migliorare la circolazione linfatica e combattere la cellulite. La scelta peggiore, invece, è il pisolino dopo mangiato, perché favorisce l'accumulo delle tossine a cui è soggetto.

Attenzione al respiro. La respirazione migliora notevolmente i benefici dell'attività motoria del biotipo terra, aiutandolo a ridurre le congestioni a livello dei polmoni e delle vie respiratorie alte e stimolando l'eliminazione di vecchi accumuli di muco. È ottimale una respirazione intensa e ampia, spesso anche accelerata, come avviene quando aumentano le pulsazioni cardiache.

Controlli preliminari. Poiché il biotipo terra è soggetto a malattie cardiache e ad alti livelli di colesterolo, quando adotta un programma intenso di esercizi fisici deve controllare bene la sua situazione di salute. Se è particolarmente in sovrappeso deve incrementare l'attività in modo lento e graduale.

Il clima adatto. Quando è freddo, il biotipo terra trae maggiori benefici dal praticare attività fisica al chiuso, con una temperatura più gradevole, perché il suo movimento è frenato dalle basse temperature.

Attività fisiche particolarmente indicate per il biotipo terra

Tutti gli esercizi che richiedono sforzo sono benefici e raccomandati per il biotipo terra. Grazie alla sua forza, eccelle per esempio negli sport di resistenza: ha la naturale struttura fisica per correre o vogare su lunghe distanze. Con i suoi muscoli forti e tonici può affrontare attività dure, vigorose ed eccessive. È proprio questo biotipo che può praticare attività che spingono il corpo al limite, come lo spinning; indicate per lui anche l'aerobica, il sollevamento pesi intenso, la corsa veloce, il ciclismo, il lancio del peso.

Attività fisiche che il biotipo terra deve praticare con attenzione

Il biotipo terra non ha molta flessibilità; se pratica yoga o pilates, dunque, non deve sforzarsi nell'assumere posizioni troppo avanzate, che non sono adatte alle sue articolazioni e potrebbero arrecargli un danno.

Deve prestare attenzione anche agli esercizi che richiedono stabilità e agilità, perché non sempre li sa eseguire bene; attraverso la pratica, però, migliora le sue prestazioni.

Lo sport per il biotipo fuoco

Il biotipo fuoco è il più portato per lo sport: atletico di natura, non ha particolari problemi a livello delle articolazioni, quindi può compiere sforzi senza danneggiarle. Ha un ottimo scheletro, con ossatura media e forte e una muscolatura buona, ben proporzionata e salda. Questo biotipo sviluppa senza fatica la massa muscolare; se va in palestra e fa pesi si ingrossa facilmente: non tanto quanto il biotipo terra, ma molto di più del biotipo aria o del biotipo acqua.

I benefici dello sport per il biotipo fuoco

Una valvola di sfogo. Per il biotipo fuoco è fondamentale essere attivo, e in genere non deve sforzarsi, perché istintivamente desidera fare attività sportiva. Il movimento è una valvola di sfogo importante per scaricare lo stress delle superprestazioni e convogliare positivamente l'irascibilità e l'aggressività, spesso presenti o latenti in questo biotipo.

Un modo per combattere l'infiammazione. Se il biotipo fuoco si allena in modo regolare, seguendo le indicazioni della sua tipologia, può ridurre in maniera significativa le probabilità di avere alti livelli di proteina C-reattiva, un marker dell'infiammazione nel corpo. Lo sport aiuta anche a contrastare gli ormoni dello stress e le citochine proinfiammatorie: in altre parole, tra risposte pro e antinfiammatorie si genera un equilibrio tale da stabilizzare il sistema immunitario in una condizione ottimale.

La pressione si regolarizza. L'attività fisica aiuta il biotipo fuoco a mantenere la pressione regolare. L'adrenalina, il suo ormone dominante, tende ad aumentare la frequenza cardiaca e la pressione; praticando sport in modo regolare, cioè almeno 2-3 volte a settimana, l'apparato cardiovascolare si allena e lo stress si riduce. In questo modo la pressione del sangue migliora i suoi valori, mettendo cuore e arterie al riparo da rischi.

La gastrite e il reflusso ne beneficiano. Se si soffre di questi disturbi, tipici del biotipo fuoco, spesso si evita di praticare sport. Ma è un errore! Si ottengono innumerevoli benefici se si fa attività fisica con intelligenza e costanza: basta evitare di allenarsi a stomaco pieno o semipieno e optare per attività che non richiedano sforzi intensi. In generale, l'allenamento abbinato a un corretto regime alimentare limita i fenomeni di iperacidità.

Le regole d'oro dello sport per il biotipo fuoco

Sport vigorosi solo se seguiti dal recupero. Il biotipo fuoco ama in particolare lo sport intenso e di competizione. Predilige anche gli sport avventurosi con un certo livello di pericolo, in cui si affrontano le avversità o gli elementi naturali. Ama arrivare fino al limite, e per fortuna ha una struttura fisica che tollera piuttosto bene gli eccessi. Inoltre, diversamente dal biotipo aria, sa misurarsi con le sue forze, e si ferma prima di arrivare al punto di stancarsi troppo.

Se il biotipo fuoco vuole mantenere l'attività fisica ad alta intensità deve sempre dedicare gli ultimi dieci minuti allo scarico funzionale, fondamentale per un recupero ottimale. È consigliabile ridurre il ritmo, per esempio pedalare sulla cyclette a bassa intensità o camminare lentamente, in modo che i battiti cardiaci ritornino alla soglia iniziale (in assenza di cardiofrequenzimetro, è sufficiente che passi il fiatone). L'effetto sarà duplice: viene eliminato l'acido lattico accumulato durante lo sforzo e si evita un recupero «forzoso» del proprio ritmo. Quando capita di continuare a sudare anche dopo la doccia è proprio perché il corpo non defaticato sta disperatamente cercando di tornare alla sua condizione di equilibrio. Ecco perché il recupero è così importante, specialmente per il biotipo fuoco.

Competitività, ma senza eccedere. Il biotipo fuoco ama le attività agonistiche e di competizione, anche semplicemente con se stesso, perché si conformano al suo carattere e lo aiutano a scaricare lo stress. Deve però fare attenzione a non diventare troppo competitivo, per evitare di ravvivare la sua aggressività latente; lo sport va considerato come un momento di piacere, e non bisogna lasciarsi prendere dalla delusione di una sconfitta fino a perdere il buon umore.

Sport di squadra. Per il biotipo fuoco l'ideale sono gli sport di squadra, che evidenziano la cooperazione mettendo in secondo piano gli eroismi individuali, oppure sport come l'arrampicata, che consentono di competere con se stessi. Nello sport di squadra il biotipo fuoco spesso incanala la sua energia vulcanica in attività organizzative e di comando (generalmente spicca in ambedue).

Mai con il caldo eccessivo. Quando è freddo il biotipo fuoco può eccedere nelle attività di sforzo e competizione, quelle che lui più ama. Invece con il caldo i suoi problemi di salute possono peggiorare; se gioca a tennis sotto il sole cocente è come se il fuoco che lo caratterizza si attizzasse. Uno stato infiammatorio in queste condizioni si acuisce: il calore corporeo si innalza e il disturbo peggiora. Anche la donna in menopausa, se soffre di vampate, le avvertirà più intense e fastidiose.

Diverso è lo sforzo d'estate, in acqua, per esempio con il windsurf, il nuoto o lo sci nautico: in questo caso lo sport è indicato perché il calore è temperato dalla freschezza dell'acqua.

Una doccia fresca alla fine. Il biotipo fuoco deve fare attenzione a non surriscaldarsi troppo durante l'attività fisica. Amando gli sport vigorosi, perciò, è vivamente consigliata una doccia tiepida, o anche fresca, al termine dell'allenamento; assolutamente controindicato invece un bagno di vapore, o peggio una sauna, un servizio spesso a disposizione nelle palestre a cui il biotipo fuoco non deve sottoporsi dopo lo sforzo fisico. Si possono comunque fare in altri momenti, ma in modo molto limitato, per non aumentare il calore costituzionale di questo biotipo. Il fresco, in generale, porta un senso di benessere al biotipo fuoco.

Attenzione alla respirazione. Il biotipo fuoco può migliorare la prestazione dell'attività fisica attraverso la respirazione, che agisce in modo rinfrescante ed equilibrante grazie all'azione del diaframma. La più indicata è quella completa, con attenzione non solo alla respirazione addominale ma anche a quella clavicolare.

Attività fisiche particolarmente indicate per il biotipo fuoco

Le attività motorie più indicate per il biotipo fuoco sono il nuoto, lo sci d'acqua, il windsurf, la corsa, il tennis, l'alpinismo e il sollevamento pesi.

Attività fisiche che il biotipo fuoco deve praticare con attenzione

Per il biotipo fuoco non sono indicate quelle attività troppo lente che lo possono innervosire, favorendo l'aggressività latente. Lo yoga va benissimo ma solo se alternato a uno sport di forza, per calmare l'impetuosità di questa tipologia.

È importante sapere che...

ANCHE IL MUSCOLO INVISIBILE VA ALLENATO, SE VUOI EVITARE DISTURBI SESSUALI, GINECOLOGICI E UROLOGICI

Sono in pochi a saperlo, ma è un'informazione preziosissima per chi vuole allenare il corpo correttamente ed evitare disturbi che riguardano la sfera sessuale, ginecologica e urologica.

C'è un muscolo che molti non conoscono: il suo nome è *pavimento pelvico*. Quasi nessuno lo sa allenare in modo corretto, anche se bastano esercizi mirati che si possono abbinare a qualsiasi sport, o addirittura praticare nella vita quotidiana mentre si fa altro: questo muscolo è invisibile, nascosto all'interno del bacino.

Nella maggior parte delle persone il muscolo pelvico è purtroppo in cattivo stato. Quando è così, i primi disturbi che si sviluppano riguardano la sfera sessuale, sia femminile sia maschile. La donna, se il suo muscolo pelvico è debole, vive il rapporto sessuale in modo poco appagante, con piacere scarso o con difficoltà a raggiungere l'orgasmo. Oppure, ancora peggio, ha rapporti sessuali difficili e prova dolore durante la penetrazione. L'uomo, invece, può soffrire di problemi erettivi o di eiaculazione precoce.

Il pavimento pelvico però è direttamente collegato anche a problemi urologici quali l'incontinenza urinaria, ovvero l'incapacità di trattenere l'urina, o le perdite, un disturbo molto imbarazzante, oggi sempre più frequente anche nelle persone giovani, come dimostrano le numerose pubblicità che propongono la soluzione dei maxiassorbenti. Sono disagi che in realtà spesso potrebbero essere evitati rafforzando il pavimento pelvico con semplici e mirati esercizi di ginnastica pelvica, utili anche a contrastare i prolassi dell'utero, della vagina e del retto.

E infine i problemi della gravidanza e del parto, un momento che per la donna dovrebbe essere soltanto di felicità e invece è spesso accompagnato dal dolore delle lacerazioni durante la nascita, o dalle difficoltà post partum, per esempio i problemi a livello vaginale o le difficoltà a riprendere i rapporti sessuali. Le donne che durante il parto hanno subito l'episiotomia – il «taglietto» – hanno il pavimento pelvico indebolito proprio nel suo fulcro (il centro tendineo del perineo): se non praticano la ginnastica pelvica, la probabilità di soffrire negli anni a venire dei disturbi di cui ti ho parlato aumenta in maniera significativa.

La ginnastica pelvica – io la chiamo «ginnastica intima» – deve quindi far parte dei programmi di allenamento e della nostra quotidianità. L'impegno è davvero minimo, dato che diversi esercizi possono essere fatti mentre ci si occupa di altro: sono detti «invisibili» perché lavorano proprio su un muscolo nascosto, non visibile. Diventa imperativo eseguirli se ci si sottopone a sedute intensive di esercizi per gli addominali, se si pratica sollevamento pesi o se si corre, perché questo tipo di allenamento determina una pressione addominale che grava proprio sul pavimento pelvico, indebolendolo e creando i presupposti di disturbi che riguardano la sfera sessuale, ginecologica e urologica.

Se vuoi scoprire da subito in quali condizioni è il tuo pavimento vai su www.ginnasticaintima.it: troverai alcuni miei video gratuiti che ti spiegano come valutare la forza del tuo muscolo pelvico e illustrano i benefici dell'allenamento pelvico, attraverso un modellino anatomico che ti farà comprendere esattamente come è conformato e dove è situato, presupposto fondamentale per allenarlo correttamente.

Cosa hai imparato in questo capitolo

Hai terminato il tuo percorso nel tempio del benessere del metodo Biotipi Oberhammer. Adesso per te non ha più segreti: complimenti!

Hai imparato quindi che nelle sue fondamenta c'è la scoperta del tuo biotipo, la base indispensabile di qualsiasi intervento. Hai compreso che se sei riparato dal tetto della disintossicazione tutto è molto più facile: puoi individuare la causa di molti disturbi ed estirparli eliminando le scorie che affaticano il tuo organismo. Inoltre ora hai tra le tue mani gli strumenti preziosi del primo pilastro (sai come mangiare secondo il tuo biotipo), del secondo pilastro (sai quali rimedi naturali usare e quali evitare in base al tuo biotipo) e del terzo pilastro (hai imparato come gestire lo stress e fare sport in maniera corretta, in sintonia con il tuo biotipo).

Arrivare fino a questo punto non significa soltanto aver imparato le tecniche più importanti per una guarigione naturale e facile, ma soprattutto avere accesso a un luogo dove puoi sempre trovare la soluzione più adatta ai tuoi problemi di salute, in base al tuo biotipo e non in modo generico. Adesso sai che in qualsiasi momento puoi accedere al tempio del benessere e ottenere il massimo del beneficio. E non sei nemmeno solo in questo luogo! Perché, se lo vorrai, io continuerò a essere al tuo fianco, attraverso il mio sito e il club online dei biotipi Oberhammer. Sono molto contenta di averti qui con me e di sapere che ora hai gli strumenti necessari per occuparti del tuo benessere attraverso il tuo biotipo.

Adesso è arrivato il momento in cui sei pronto per il passo che ti permetterà di rendere operativo da subito il metodo Biotipi Oberhammer. Tra poco riceverai in mano quelle che io definisco le chiavi del tempio. Le riceverai tramite…

IL PROTOCOLLO 21 × 3 DEL BIOTIPO OBERHAMMER

Senza il percorso che hai fatto con me nelle pagine precedenti, sarebbe impossibile apprezzare e utilizzare con il massimo dei benefici il protocollo che stai per ricevere. Si tratta di un vero e proprio «chiavi in mano» della guarigione naturale e facile secondo il metodo Biotipi Oberhammer: un programma che puoi applicare con facilità fin da subito!

I capitoli che hai già letto ti hanno via via preparato per ricevere questo protocollo, e adesso sei pronto per utilizzare le informazioni che troverai qui come una vera e propria chiave che apre lo scrigno del tesoro.

Quindi, ecco a te le chiavi. Prendile: sei pronto per usarle!

E adesso una precisazione: non dovrai attenerti forzatamente a questo protocollo. Mi spiego meglio. Il metodo Biotipi Oberhammer lo porti nel tuo quotidiano inserendo i vari consigli che ti ho dato nei capitoli precedenti per farlo diventare parte del tuo stile di vita. Non è una dieta (sai ormai benissimo che il solo termine «dieta» influisce negativamente sulla tua psiche), non è un programma rigido, non è una sequenza di azioni da compiere forzatamente. Dovrà essere invece un tuo piacevole modo di essere.

Questo protocollo, però, può aiutarti a:

- *portare i biotipi nella tua vita*, se vuoi farlo in modo più sistematico;
- *attivare un reset del tuo organismo*, da utilizzare due volte

all'anno. Essendo molto semplice, potrai inserirlo nella tua vita quotidiana senza accorgertene.

Ecco in dettaglio il protocollo del biotipo Oberhammer.

I 3 step dei 21 giorni

Il protocollo è composto da 3 passaggi, semplici e poco impegnativi ma molto efficaci, di tre settimane ciascuno (21 giorni).

- Primo step: *depura* con la *disintossicazione* per il tuo biotipo.
- Secondo step: *rigenera* con i *rimedi naturali* per il tuo biotipo.
- Terzo step: *equilibra* con il *rilassamento* per il tuo biotipo.

Questi passaggi li utilizzo da anni nei miei corsi. Le migliaia di persone che li hanno frequentati sanno che il mio lavoro si articola sulla base di questi 3 importanti passi, che ho divulgato spesso anche nei miei video in internet con grande interesse del pubblico, perché sono particolarmente efficaci.

Nella prima fase *depuri il tuo organismo*, quindi elimini gli inquinanti, ripulisci gli organi, butti fuori tutti i sacchetti di immondizia che si sono accumulati. Alla fine tornerai a vivere in una casa pulita e sana.

Nella seconda fase *rigeneri il tuo organismo* e le sue funzioni, aiutandoti con i rimedi naturali che adesso, su un corpo depurato, funzionano bene.

Nella terza fase *equilibri il tuo organismo* attraverso il rilassamento del biotipo abbinato alla floriterapia.

Primo step: depura con la disintossicazione per il tuo biotipo

Questo primo step dura 21 giorni. Nel capitolo *Disintossicati con il tuo biotipo* hai imparato il metodo della depurazione secondo il tuo biotipo Oberhammer; qui di seguito trovi lo schema su come modulare la disintossicazione secondo il mio metodo.

Prima di iniziare questo protocollo è importante che tu abbia letto bene il capitolo relativo.

- *Di sera (3 volte a settimana)*
  Assumi la zuppa depurativa del biotipo.
  Fai una cena leggera.
- *Al risveglio (tutti i giorni)*
  Fai la doccia interna con acqua e limone secondo il tuo biotipo Oberhammer.
- *Al mattino (soprattutto se la sera prima hai mangiato la zuppa depurativa)*
  Fai una colazione sostanziosa cominciando con un frutto.
- *Durante la giornata (tutti i giorni)*
  Assumi la tisana del biotipo Oberhammer.

Nota importante: in questo schema è indicata la depurazione completa. Puoi però utilizzare i rimedi anche separatamente, e cioè:

- solo la zuppa depurativa, facendola seguire dalla doccia interna del mattino;
- solo la tisana;
- solo la doccia interna del mattino.

Il risultato maggiore, ovviamente, lo avrai con il programma completo.

Fuori dai 21 giorni: il mantenimento

Il programma completo. Come mantenimento utilizza la disintossicazione del biotipo Oberhammer almeno due volte a settimana. Qualcuno mi chiede se può fare più spesso questa disintossicazione: la risposta è sì, non sussistono controindicazioni.

Nei giorni in cui non fai la disintossicazione del biotipo,

segui quando possibile la regola di non mangiare troppo a cena. Questo però non significa assolutamente che non puoi andare al ristorante! Quando il tuo corpo è depurato regge molto meglio un pasto pesante, che avrà poi la possibilità di eliminare con la depurazione del mattino. Secondo me un ottimo giorno per la pulizia notturna è il lunedì, perché durante il weekend si tende a mangiare fuori più spesso. Ma dipende, ovviamente, dalle tue abitudini.

La doccia interna con acqua e limone. Falla ogni giorno: così come lavi il tuo corpo esternamente, altrettanto devi fare con l'interno.

La tisana del biotipo Oberhammer. Questa tisana può essere utilizzata nel programma completo oppure separatamente, per cicli di 21 giorni, per esempio 4 volte all'anno.

Posso utilizzare i rimedi anche non tutti insieme? Sì, è possibile: avrai benefici anche utilizzando solo uno o due dei tre rimedi. Ovviamente, il massimo risultato lo ottieni con il programma depurativo completo, cioè con i tre rimedi abbinati. Però, nel mantenimento, potrai utilizzare anche solo uno dei rimedi per volta.

Secondo step: rigenera con i rimedi naturali per il tuo biotipo

Anche questo secondo step dura 21 giorni. Nel capitolo *I rimedi naturali per il tuo biotipo* hai imparato quali sono i prodotti che aiutano particolarmente la tua tipologia; qui di seguito trovi uno schema sull'uso dei prodotti per i 21 giorni.

Prima di iniziare questo protocollo è importante che tu abbia letto bene il capitolo relativo, specialmente la descrizione dei prodotti che userai, con le eventuali controindicazioni.

Biotipo aria

I prodotti del protocollo indicati per il biotipo aria sono:

- Eleuterococco

- Magnesio (nella composizione indicata)
- Calcarea phosphorica 200 CH (dose unica)

Posologia:
- assumi all'inizio dei 21 giorni una dose unica di Calcarea phosphorica 200 CH;
- assumi nei 21 giorni l'eleuterococco e il magnesio, nella composizione che ti ho indicato, seguendo le indicazioni riportate sulla confezione del prodotto che hai acquistato. Oppure, iscrivendoti al club sul sito www.biotipioberhammer.it, puoi trovare indicazioni sulle marche che consiglio (in modo del tutto indipendente);
- assumi al termine dei 21 giorni una dose unica di Calcarea phosphorica 200 CH.

Biotipo acqua

I prodotti del protocollo indicati per il biotipo acqua sono:
- Linfa di betulla
- Spirulina
- Calcarea carbonica 200 CH (dose unica)

Posologia:
- assumi all'inizio dei 21 giorni una dose unica di Calcarea carbonica 200 CH;
- assumi nei 21 giorni la linfa di betulla e la spirulina, seguendo le indicazioni riportate sulla confezione del prodotto che hai acquistato. Oppure, iscrivendoti al club sul sito www.biotipioberhammer.it, puoi trovare indicazioni sulle marche che consiglio (in modo del tutto indipendente);
- assumi al termine dei 21 giorni una dose unica di Calcarea carbonica 200 CH.

Biotipo terra

I prodotti del protocollo indicati per il biotipo terra sono:
- Clorella

- Omega-3
- Sulphur 200 CH (dose unica)

Posologia:
- assumi all'inizio dei 21 giorni una dose unica di Sulphur 200 CH;
- assumi nei 21 giorni la clorella e gli omega-3, seguendo le indicazioni riportate sulla confezione del prodotto che hai acquistato. Oppure, iscrivendoti al club sul sito www.biotipioberhammer.it, puoi trovare indicazioni sulle marche che consiglio (in modo del tutto indipendente);
- assumi al termine dei 21 giorni una dose unica di Sulphur 200 CH.

Biotipo fuoco

I prodotti del protocollo indicati per il biotipo fuoco sono:
- Bromelina
- Olio di ribes nero
- Sulphur iodatum 200 CH (dose unica)

Posologia:
- assumi all'inizio dei 21 giorni una dose unica di Sulphur iodatum 200 CH;
- assumi nei 21 giorni la bromelina e l'olio di ribes nero, seguendo le indicazioni riportate sulla confezione del prodotto che hai acquistato. Oppure, iscrivendoti al club sul sito www.biotipioberhammer.it, puoi trovare indicazioni sulle marche che consiglio (in modo del tutto indipendente);
- assumi al termine dei 21 giorni una dose unica di Sulphur iodatum 200 CH.

Fuori dai 21 giorni: il mantenimento

I rimedi naturali per il biotipo possono essere assunti fino a 4 volte all'anno, se lo desideri, sempre per un ciclo di 21 giorni, sia abbinati all'intero protocollo sia separatamente.

Terzo step: equilibra con il rilassamento per il tuo biotipo

Anche il terzo e ultimo step dura 21 giorni. Nel capitolo *Stile di vita per il tuo biotipo* hai imparato la tecnica di rilassamento specifica per il tuo biotipo Oberhammer, con l'utilizzo delle gocce floriterapiche; qui di seguito trovi lo schema per modulare al meglio il terzo step.

Prima di iniziare questo protocollo è importante che tu abbia letto bene il capitolo relativo, soprattutto il paragrafo *La gestione dello stress secondo il tuo biotipo.*

- *In qualsiasi momento della giornata*:
  Fai il rilassamento del biotipo di 9 minuti.
  Prima del rilassamento assumi 3 gocce floriterapiche.
- *3 volte al giorno (lontano dai pasti)*:
  Assumi 3 gocce floriterapiche (per esempio a metà mattina, a metà pomeriggio, di sera prima di coricarti).
  In tutto, comprese le gocce precedenti al rilassamento, le assumerai 4 volte al giorno.

Fuori dai 21 giorni: il mantenimento

L'ideale è utilizzare il rilassamento del biotipo come abitudine da inserire nel proprio stile di vita: come ti ho spiegato nel capitolo relativo, non richiede un tempo apposito, se utilizzi la strategia che ti ho consigliato. I benefici sono davvero sorprendenti.

Le gocce floriterapiche, trascorsi i 21 giorni, andranno assunte solo prima del rilassamento del biotipo. È possibile continuare a usarle, tuttavia sono necessarie periodiche sospensioni della durata di un mese dopo due mesi di assunzione continua. Quindi, a piacere, si può riprendere. Il rilassamento è efficace anche senza l'assunzione delle gocce floriterapiche, che hanno il solo scopo di potenziare la sua efficacia.

IN OGNI STEP: ALIMENTAZIONE E MOVIMENTO

Il protocollo nei tre step si basa sulla presenza costante dell'alimentazione e del movimento secondo il tuo biotipo, che devono entrare a far parte della tua vita, come imparerai tra poco nel capitolo *Prendi la scorciatoia dei circoli positivi*. Integrerai le nuove abitudini senza nemmeno accorgertene e senza fatica.

Nota importante

Per dubbi sul protocollo, per esempio sui rimedi, è possibile esporre le tue domande nel Biotipi Club del sito www.biotipioberhammer.it.

Ti preciso anche che, per quanto riguarda la tua situazione personale di salute, il tuo medico di fiducia sarà sempre il punto di riferimento di ogni scelta, perché è l'unico che conosce bene la tua storia clinica.

Ogni tanto azzera tutto, fai reset e riparti

Le domande che ricevo più di frequente durante i miei corsi o nel club online dei biotipi riguardano la paura dell'inquinamento: se mangio pesce incorro nei metalli pesanti? Se mangio carne rischio di assumere troppi ormoni? Se mangio tanta frutta e verdura quanti pesticidi ingerisco? E se bevo l'acqua quali rischi corro con i nitrati? Sono solo alcuni esempi di una lunga lista. E sono domande ragionevoli, perché la realtà è che viviamo in un mondo inquinato. Anche se siamo attenti all'alimentazione, anche se conduciamo uno stile di vita sano, la lista delle sostanze con cui il nostro corpo deve confrontarsi ogni giorno è davvero lunga: conservanti, additivi, tracce di pesticidi, fosfati, fumo, smog atmosferico. Basta pensare alla quantità di prodotti chimici che vengono utilizzati per coltivare frutta, verdura e cereali, oppure ai mangimi con cui si allevano gli animali. Consumare cibo biologico non ci permette di evitare gli inquinanti presenti nell'aria, nella pioggia che fa crescere i vegetali: gli esperti di ecologia clinica sostengono infatti che ogni anno ciascuno di noi ingerisce dai due ai tre chili di sostanze tossiche. E il quantitativo è in continuo aumento.

Allora, che fare?

Nonostante la cura che mettiamo nell'alimentazione e nello stile di vita, l'ancora di salvataggio è proprio il protocollo 21 × 3 del biotipo Oberhammer: una potente salvaguardia che aiuta a contrastare le tossine con cui quotidianamente, nostro malgrado, siamo costretti a venire a contatto. Una sorta di scudo protettivo, insomma!

Il protocollo ci tutela dagli inquinanti e ci aiuta a vivere sereni e sani, senza doverci forzare nel seguire regimi estremi e snervanti, o nell'acquisto di prodotti costosi con soldi che potremmo dedicare al divertimento e al piacere (anch'esso fondamentale per stare bene, come scoprirai tra poco).

Il protocollo del biotipo è un vero e proprio reset. Quando un computer ha un problema che non si riesce a risolvere, il tecnico dice: «Va fatto un reset», intendendo che va riportato allo stato iniziale. Riavviato, azzerato.

È quello che succede con il protocollo del biotipo. Nella prima fase *depuri il tuo organismo* e lo ripulisci dalle scorie che rendono qualsiasi intervento difficile, nella seconda fase *rigeneri il tuo organismo* con i rimedi naturali, nella terza fase *equilibri il tuo organismo* con il rilassamento del biotipo.

La cosa interessante è che questo reset lo puoi fare quando vuoi, tutte le volte che ne avverti il bisogno: ti senti appesantito, gonfio o congestionato? Prima fai il reset per il tuo biotipo, meglio è. Hai l'alito pesante, le evacuazioni maleodoranti o il sudore con un cattivo odore? La digestione lenta? Il corpo che tende a infiammarsi? Oppure fai fatica a dormire, sei particolarmente stressato? Il reset ti viene in aiuto subito: dopo pochi giorni inizierai già a notarne i benefici.

Il reset per il tuo biotipo è il tuo magico *clic*. Prima premi quel tasto, prima vedrai i risultati. Non aspettare, non perdere tempo prezioso.

Cosa hai imparato in questo capitolo

Hai ricevuto in mano la chiave dello scrigno del tesoro, con il protocollo che potrà fare la differenza per il tuo benessere. Conservalo con cura, perché è molto potente e soprattutto, com'è tipico del mio stile, ti permette di ottenere grandi risultati in cambio di un piccolo impegno.

Ora è arrivato il momento di svelarti il segreto che più ha aiutato me, e tutte le persone che seguono i miei metodi, a mantenere uno stile di vita sano e naturale senza fatica, rigidità e drasticità. Stai per conoscere la tecnica più facile e piacevole per portare il metodo biotipi Oberhammer nella tua vita. Con questa tecnica, senza accorgertene, il tuo modo di mangiare, disintossicarti, curarti, rilassarti e allenarti cambierà inesorabilmente in meglio.

Se pensi che questo libro stia già modificando la tua vita in positivo, ciò che stai per leggere sarà la formula perfetta per attuare questa svolta.

Seguimi nel prossimo capitolo. Adesso…

PRENDI LA SCORCIATOIA DEI CIRCOLI POSITIVI

Ora che hai le chiavi per accedere al protocollo, è arrivato l'ultimo passo da compiere sulla mappa, il sesto: imparare la scorciatoia.

Penso che anche a te sia capitato di percorrere una strada che ti costringeva a guidare nel traffico intenso, sprecando energie e sciupando il tuo tempo prezioso, per poi scoprire che esisteva una scorciatoia più veloce e con meno traffico, che ti avrebbe portato a destinazione senza fatica.

Ecco, è ciò che imparerai ora: una strategia davvero innovativa che forse non conosci ma di cui sentirai certamente riparlare dopo questo libro. L'ho definita *la scorciatoia dei circoli positivi*.

Quando aumenti lo sforzo i risultati si riducono, invece di crescere

Claudia si siede a una consulenza con me durante un corso in aula e mi dice: «Da quando ho iniziato a mangiare solo cibi salutisti, spero sempre che il pasto finisca presto perché non mi piacciono. Mastico velocemente e mando giù, così da concludere il prima possibile».

Io la ascolto e le domando: «Claudia, mangiando in questo modo la salute è migliorata?».

«Non un granché» risponde lei con aria esasperata.

Durante il colloquio con Claudia affiora nella mia mente una frase di Ippocrate. Prima di leggerla, però, ascolta bene quello che ti dico: di primo acchito queste parole potrebbero sembrarti un attentato alla salute, eppure tra poco scoprirai che è il contrario. Ecco cosa dice chi ha ispirato i miei biotipi.

> «È preferibile un cibo anche un po' nocivo ma gradevole, a un cibo indiscutibilmente sano ma sgradevole.»
>
> IPPOCRATE DI COO

Posso già immaginare i pensieri che si stanno affastellando nella tua testa: «Ma come, Simona, per tutto il libro mi hai parlato di guarigione naturale e adesso in conclusione mi consigli di mangiare cibo nocivo?».

No, non è questo che voglio dirti, e proseguendo nella lettura scoprirai cosa ho in serbo per te. Adesso tuttavia questa frase mi serve per spiegarti dei concetti che devi conoscere per poter percorrere la scorciatoia ogni volta che vuoi, e fare in modo che sia il metodo biotipi Oberhammer a fare il lavoro per te.

Prima di tutto ho bisogno che tu faccia un piccolo esercizio di immaginazione: pensa a quando hai mangiato un cibo sano ma che non gradivi. Torna a quel momento. Cosa ti è successo? Lo masticavi lentamente oppure velocemente, per non sentire troppo a lungo il sapore? Terminavi il pasto con un senso di appagamento oppure con la voglia di mangiare altro per cancellare il gusto precedente? Eri soddisfatto o scontento?

Sono convinta che un alimento poco piacevole lo hai mandato giù di fretta, al termine del pasto non eri soddisfatto e magari avevi voglia di qualcosa di sfizioso per cancellare la sensazione spiacevole dell'aver mangiato ciò che non gradivi.

Adesso ti spiego cosa succede in questo caso: un cibo consumato senza piacere e masticato poco, anche se sano, è indigesto e produce scorie tanto quanto un cibo un po' meno sano masticato con cura e mangiato con gusto. Ecco un esempio di cosa succede: nell'intestino permangono residui non digeriti che vengono attaccati dai batteri della fermentazione con conseguente produzione di gas, gonfiore della pancia ed evacuazioni maleodoranti; oppure si allungano i tempi della digestione e aumenta la produzione di tossine. Inoltre un pasto che non asseconda il tuo piacere ti lascia insoddisfatto e ti porta a cercare qualcosa di sfizioso anche se la fame in realtà è stata placata.

Un regime alimentare seguito con sforzo fa cadere nella sindrome del «ricomincerò a partire da lunedì prossimo». Quando il corpo riceve cibo che non gradisce è come se si indispettisse: innesca tutti i meccanismi negativi per farti abbandonare il regime a cui ti sei costretto.

La fatica della dieta

Mangiare senza piacere non offre i risultati sperati nemmeno a chi vuole dimagrire. Una delle esperienze più inutili e deludenti a cui un essere umano può sottoporsi è proprio la dieta. In quale altra occasione siamo disposti a sottostare a privazioni e ad autodisciplinarci per giorni, settimane e persino mesi per raggiungere un determinato scopo, solo per poi veder sfumare nel nulla questo obiettivo poco dopo averlo raggiunto? Purtroppo accade di frequente: trascorso un breve periodo, i chili persi attraverso la dieta si riprendono. Chi si costringe a regimi rigidi o che non soddisfano si sottopone a un notevole stress mentale, emotivo e fisico alla ricerca di un risultato, senza mai raggiungerlo in pieno. Gli schemi dietetici rappresentano un modo frustrante, triste e faticoso per dimagrire, che porta a desiderare il cibo con sempre più accanimento. A che cosa pensi mentre sei a dieta? Molto probabilmente a ciò che di buono mangerai quando sarà finita la «tortura». Anche le persone non particolarmente ghiotte mi raccontano che durante la dieta non fanno altro che pensare al cibo, e al termine le voglie alimentari sono aumentate.

Il fatto è che le diete e i regimi rigidi, quelli che escludono il lato gradevole del cibo, non funzionano, non hanno mai funzionato e non funzioneranno mai. I dati statistici lo provano: il tasso di abbandono delle diete è enorme. Ecco perché sostengo che la parola «dieta» già di per sé procura sensazioni negative e deprimenti.

Imporsi delle privazioni, fare quello che non piace non è il modo giusto per ottenere la salute o una perdita di peso definitiva. Un tale comportamento ti spingerà invece verso gli stravizi, complicando così il problema. Si instaura un circolo vizioso che alterna privazioni a stravizi. Hai presente quando si entra in una spirale negativa? Mangi un cioccolatino e poi, pensando che tanto ormai hai sgarrato, ti abbuffi di pasta, poi ti lasci andare con i salumi, e infine ti concedi anche un gelato. Dopo il primo cedimento, come in un vortice, ne seguono altri, in un circolo negativo che si autoalimenta. E in seguito, con forte senso di colpa, ti rimetti a dieta. Per cadere di nuovo nel circolo negativo quando ti senti stritolato dalle privazioni.

Allora qual è la soluzione?

Ascoltami bene e non pensare che ti stia prendendo in giro: *passa dal piacere*.

Il piacere guarisce più dello sforzo: i circoli positivi

Il vortice negativo di cui ti ho appena parlato può verificarsi anche all'opposto: si comincia con un primo passo e poi ne seguono altri, però in un circolo positivo che si autoalimenta senza fatica.

Ti faccio un esempio per spiegarti cosa avviene con i circoli positivi secondo il mio metodo: inizi con un piccolo rimedio, come quello della doccia interna con acqua e limone. Lo fai senza sforzo, perché è un impegno piccolo che ti offre grandi benefici (ricorda che i miei rimedi sono tutti *10 e lode* e quindi offrono ottimi risultati con poco impegno). L'organismo non viene aggredito da regimi drastici ma percepisce il rimedio come un rito piacevole, che lo fa stare meglio. A questo punto potresti pensare che sia necessario aggiungere altro, che il rimedio dell'acqua e limone da solo non basti. E invece io ti preciso che per ora *non devi fare altro.*

Sai cosa succede?

Il nostro organismo è intelligente: quando riceve un rimedio disintossicante inizia in maniera dolce a liberarsi dalle scorie, senza traumi; dopo un certo periodo desidera spontaneamente qualcos'altro di benefico, per esempio una colazione più sana. Tantissime persone mi incontrano alle mie conferenze e mi dicono che dopo aver assunto per un certo tempo acqua e limone non hanno più avuto voglia di bere caffè al mattino. Forse ti sembra impossibile, perché sei convinto che senza un caffè non ti senti veramente sveglio. Ma se a chiederti di rinunciarci fosse proprio il tuo corpo, che trova inutile e magari neanche più così piacevole la caffeina? Senza nessuno sforzo, come un desiderio spontaneo: ecco, questo è un circolo positivo.

Hai presente la differenza quando fai qualcosa per piacere o per dovere? Quando instauri un circolo positivo fai tutto con piacere, lasciando che il corpo da solo chieda una nuova sana abitudine: non perché è costretto, ma perché la desidera.

Lavorando da anni con la disintossicazione so bene che le persone che hanno un corpo pieno di tossine tendono ad avere molta più voglia di «schifezze» e non si pongono limiti nel mangiarle. Chi invece disintossica il corpo (correttamente secondo il suo biotipo Oberhammer, come ti ho insegnato in questo libro) desidera molto meno cibo negativo e, se lo assume, lo fa con un limite: dopo poco, il corpo lo rifiuta spontaneamente.

Pensa alla soluzione comoda che ti sto offrendo: non sei tu a doverti obbligare a scelte sane, ma sono i circoli positivi che te le faranno desiderare naturalmente.

Fatti aiutare dalle endorfine

C'è qualcosa in più che voglio dirti: quando consumi pasti poco gustosi, con alimenti che non ti piacciono, *non* viene stimolato il rilascio delle *endorfine*, gli ormoni del benessere che contribuiscono a farci sentire appagati e vitali. Seguire questi regimi può essere un'esperienza terribilmente alienante. La vita è meno bella senza il buon cibo: mangiamo almeno tre volte al giorno e farlo in modo sgradevole rende tutto molto più faticoso e stressante. Dopo un buon pasto, infatti, oltre a essere sazio sei anche più rilassato: il piacere induce il cervello a rilasciare endorfine, che a loro volta stimolano la produzione di serotonina, l'«ormone del buonumore», il quale stimola la tiroide a produrre ormoni che bruciano grasso. Ecco un esempio di reazione a catena di un circolo positivo.

Quindi il vero risultato, quello duraturo, non si ottiene con lo *sforzo*, ma con il *piacere*. Nella mia pratica professionale noto di continuo che i cambiamenti verso il benessere realizzati con troppa fatica e drasticità sono paragonabili a boomerang che tornano indietro e colpiscono chi li ha lanciati: non offrono risultati a lungo termine ed è come se le nuove abitudini non entrassero mai a far parte dello stile di vita. Rimangono come qualcosa di posticcio, che non nasce dai propri desideri: lo si porta avanti con sforzo e lo si abbandona alla prima occasione.

Io non voglio che tu cada in queste dinamiche e ho per te la soluzione: ecco quindi le strategie per percorrere la scorciatoia dei circoli positivi.

NOTE SUI CIRCOLI POSITIVI IN RELAZIONE AL PROTOCOLLO

I circoli positivi riguardano ogni cambiamento verso il benessere: sono una strategia intelligente per fare poca fatica e ottenere ottimi risultati. Nel metodo Biotipi Oberhammer riguardano in particolare i cambiamenti dell'*alimentazione* e del *movimento*. Per tutti gli altri cambiamenti attieniti al protocollo 21 × 3 del tuo biotipo Oberhammer: ti aiuterà a inserire correttamente la *disintossicazione*, i *rimedi naturali* e il *rilassamento*.

Comincia con quello che ti piace

C'è un consiglio che ha portato migliaia di persone a ottenere risultati con facilità e senza sforzo. È quello che offro quando termino uno dei miei corsi in aula più frequentati, quello sulla disintossicazione intestinale, che conduce in poche settimane a depurare il corpo in profondità, per combattere tutte le problematiche intestinali in modo naturale e definitivo.

Con il microfono in mano e tanti occhi che mi osservano chiedo ai partecipanti di scrivere sul blocco degli appunti queste parole: «Parti da ciò che per te è più piacevole». Poi raccomando di sottolineare la frase e di metterla in pratica. Mentre la pronuncio ad alta voce sono assolutamente sicura che funzionerà.

Perché ho questa certezza?

Perché partire da ciò che piace innesca immediatamente i circoli positivi: saranno loro a lavorare per te per farti ottenere i risultati che desideri senza fatica.

Quindi, ora che hai appreso il metodo Biotipi Oberhammer, inizia con i cambiamenti alimentari che ti piacciono di più, quelli da cui sei attratto in modo spontaneo perché assecondano il tuo gusto e le tue abitudini. Pensi per esempio che ti possa piacere l'idea dell'insalata prima del pasto? O consumare le proteine secondo il tuo biotipo? O fare una cena più leggera? Comincia con quello che preferisci, invece di partire da ciò che pensi ti possa fare meglio. Ricorda che le mie indicazioni sono tutte selezionatissime ed efficaci, quindi non cambia se parti da una o dall'altra. È invece fondamentale che tu inneschi i circoli positivi.

Il miglioramento, per offrire risultati veloci e duraturi, deve avvenire con piacere. Cambiare non significa soffrire e «tenere duro», perché un miglioramento in queste condizioni non potrà essere efficace a lungo termine.

Scegli ciò che è facile

Se è troppo facile non funziona: è una regola non scritta molto più forte di quanto si possa immaginare. Spesso, quando si affronta un problema, si cerca di partire dalla strada più difficile. Ma non è la più breve! Le soluzioni complesse, oltre a renderci nervosi e tesi, diventano difficilmente parte del nostro stile di vita, perché costringono a combattere forti opposizioni interiori. Invece, partendo dalla soluzione più semplice si acquisisce poi nel tempo forza e fiducia per affrontare anche ciò che prima era ritenuto difficile.

Se ti basta un dito perché usare un braccio?

Piccoli passi per grandi risultati

«Se procedo velocemente ottengo risultati velocemente.»

È il pensiero di molte persone, ma è sbagliato. Il corpo, se forzato, non ci sostiene, ci rema contro: ha bisogno di un certo tempo per adeguarsi alle nuove abitudini; se le riceve tutte insieme le rifiuta e ci costringe a far fatica.

Invece, con passi piccoli e graduali, succede una magia: dopo che una prima abitudine è stata integrata con una positiva disintossicazione, nasce in maniera spontanea l'esigenza di qualcos'altro di sano. È proprio in questo momento che andrà inserita una nuova piccola abitudine, tra quelle che piacciono. Non più di una, però. Ricordati che se eccedi fatichi inutilmente e non ottieni risultati maggiori.

Procedendo in questo modo sai cosa accade? Ciò che all'inizio non ti piaceva o ti pareva difficile comincia a sembrarti piacevole e facile. Riguardo all'alimentazione credo fermamente che i migliori risultati si ottengano cambiando gusto poco alla volta, senza costrizioni, perché così facendo si desiderano spontaneamente cibi più sani. Come ti ho già detto, infatti, non credo nelle imposizioni, perché generano solo persone esauste che arrancano tra privazioni e divieti e poi cadono negli stravizi in modo sistematico.

> Anche se può sembrare un controsenso, per andare forte bisogna andare piano.

Un aiutante a tua disposizione: l'organismo disintossicato

Lorena scrive sul mio sito un commento che dice: «Prima di iniziare il programma biotipi dovevo sforzarmi di non mangiare cibo nocivo. Dopo la disintossicazione del biotipo è il mio corpo a suggerirmi il giusto limite».

Sorrido compiaciuta. La stessa cosa succede a me: quando mi trovo in viaggio per lavoro – davvero spesso – mi capita ovviamente di consumare cibo di ogni tipo. All'inizio può piacermi l'idea di mangiare qualcosa di non propriamente sano, ma dura poco. Perché il mio corpo, a un certo punto, mi fa avvertire la voglia di cibi salutari: per esempio ho bisogno della mia insalata fresca prima del pasto, di cibo meno salato o unto, ho il desiderio di frutta anziché di alimenti troppo dolci. Maggiore è la disintossicazione del corpo, maggiore è il desiderio di cibo salutare: anche le papille gustative, se depurate, chiedono sapori più naturali per soddisfarsi.

È la forza dei circoli positivi.

Diventa flessibile: la regola dell'80-20

Nel 2013 ho caricato su YouTube un video che ha avuto decine di migliaia di visualizzazioni in pochi giorni, con commenti tra l'entusiasta e lo sbigottito. E sai cosa dicevo in quel video? Che non devi sempre e rigorosamente mangiare in modo sano.

Sento già la tua reazione di sdegno… oppure di contentezza. Be', adesso ti spiego il motivo della mia affermazione, prima che tu possa pensare che, giunta alla fine del libro, io sia impazzita. Ti assicuro che ciò che ho dichiarato ha lo scopo di portarti verso la guarigione e non il contrario.

La regola dell'80-20 dice: *mangia per l'80% delle volte in modo sano e per il 20% quello che vuoi, secondo le tue voglie.*

Qual è l'insegnamento fondamentale di questa regola? La flessibilità!

> «Lavorare, mangiare, bere, dormire, amare: tutto deve essere misurato.»
>
> IPPOCRATE DI COO

Sai come mai sono sicura che questa regola funzioni molto bene? Me lo raccontano le persone. Ogni anno nei miei corsi in aula faccio colloqui con centinaia di partecipanti che poi incontro nuovamente nel mio club online dei biotipi Oberhammer, dove possono pormi domande. Nella maggior parte dei casi riscontro sempre due fenomeni tra loro connessi.

- Il primo riguarda i risultati dei regimi rigidi e drastici: le persone che arrivano da me senza conoscere ancora il mio metodo e sono passate per questi regimi spesso risultano molto meno sane rispetto alle altre.
- Il secondo accade subito dopo: quando le stesse persone riprendono a essere più flessibili ed escono dal perverso meccanismo del «più sono rigido e più risultati ottengo», mi scrivono nel club online per dirmi che va molto meglio.

Le casistiche che ho raccolto negli anni sono migliaia: la drasticità non paga e fa male. Ecco perché all'inizio di questo libro ti ho suggerito di abbandonare la lettura se eri alla ricerca di programmi rigidi o estremi: troppe volte ho visto le persone che prendevano questa direzione peggiorare e vivere una vita triste e priva di piacere, che conduceva anche a relazioni sociali difficili. Io non voglio essere complice di queste situazioni perché ci tengo troppo al benessere e alla felicità di chi ha fiducia in me.

Come applicare la regola dell'80-20

Ecco le indicazioni per applicare bene la regola. Sono semplici: mangia attenendoti al tuo biotipo per l'80% delle volte, ma nel restante 20% sentiti libero di mangiare come vuoi; per esempio vai al ristorante con gli amici nel weekend e gusta un pasto di qualsiasi tipo, sapendo che il tuo corpo disintossicato lo integrerà bene senza farti perdere i risultati raggiunti; oppure durante la settimana sentiti libero di concederti qualche sfizio. L'unica regola è che non devi superare il 20% dei pasti complessivi, cioè non devi esagerare.

Spiego da anni questa regola nei miei corsi, e di solito arrivano *tre* tipi di domande.

La *prima domanda* è questa: «Ma Simona, mi hanno sempre detto che "sgarrare" fa perdere i risultati, non succederà anche a me?».

Succede se utilizzi questa regola senza la disintossicazione in base al tuo biotipo Oberhammer; allora il tuo corpo può perdere la concezione del limite. Ma all'interno di un programma che verte sulla disintossicazione – e i miei metodi seguono tutti questa linea – questa regola ti aiuta a essere più sereno e a evitare la rigidità di cui ti ho parlato, che è una causa di fallimento.

La *seconda domanda* è questa: «Se rinuncio al mio 20% libero ottengo più risultati?».

No, i risultati non aumentano, anzi si riducono. «Davvero?!» Il commento spesso è accompagnato da occhi sgranati. Sì, proprio così. Il motivo risiede nella *capacità digestiva* del nostro corpo, che non viene mai messa alla prova. Mi spiego meglio: il nostro corpo ha bisogno di ricevere cibo sano, però ogni tanto un alimento un po' meno sano stimola la sua capacità digestiva, che altrimenti si assopisce. È tipico delle persone che seguono regimi drastici o che si affidano al circolo vizioso delle intolleranze alimentari dire: «Non ho digerito niente» appena mangiano un cibo non propriamente sano. Le persone che mangiano in modo troppo restrittivo riducono la capacità digestiva e digeriscono sempre peggio.

Siccome credo nella vita vissuta con piacere, passione ed entusiasmo, ritengo che sia davvero sgradevole non poter andare ogni tanto al ristorante e godere dei piatti che tutti gli altri ordinano oppure ritrovarsi in viaggio schiavi dei propri problemi alimentari perché il cibo causa indigestione e malessere.

La *terza domanda* è questa: «Non riesco ad arrivare al 20% di pasti liberi ma mi devo limitare al 10% altrimenti sto male, perché?».

La risposta in questo caso è molto semplice: se non tolleri il 20% in cui mangi liberamente significa che non stai facendo bene la disintossicazione secondo il tuo biotipo. Quella è la vera base per dare al tuo corpo la capacità di rafforzarsi: il nostro organismo, se è forte, sano e depurato, è capace di digerire bene anche un pasto non propriamente sano (senza ovviamente eccedere). Quindi segui bene la disintossicazione secondo il tuo biotipo Oberhammer: nel tempio del benessere è il tetto, quello che ti protegge da ogni problema.

> Troppa rigidità causa molti più danni di un po' di flessibilità.

Nota. Ovviamente nel 20% non devono essere compresi i cibi a cui sei allergico, per esempio il glutine se ti è stata diagnosticata dal tuo medico la celiachia (altre informazioni riguardo alle intolleranze le trovi nel capitolo *Mangia secondo il tuo biotipo*).

Solo reazioni positive, perché quelle avverse sono un allarme

Ecco il racconto di Carlo. Leggilo attentamente: non voglio che quello che è successo a lui succeda anche a te.

«Ho cambiato regime alimentare dopo aver letto un libro che mi era stato suggerito da un amico. Dopo una settimana ho avvertito delle reazioni sgradevoli come mal di testa, eruzioni cutanee e alito pesante. Mi è stato detto che era dovuto a una crisi di disintossicazione, ovvero stavo eliminando scorie. Ma io mi sentivo male e queste sensazioni mi davano fastidio.» Forse è accaduto anche a te passando a un nuovo regime alimentare, oppure durante una cura omeopatica: hai avvertito dei peggioramenti iniziali e poi magari la situazione è migliorata.

Ascolta ora bene quello che ti dico: io credo che tutto questo non debba succedere. Le persone che si affidano ai miei metodi, se li seguono secondo le mie indicazioni, non sperimentano mai peggioramenti iniziali. E dico mai. Per due semplici motivi: il *primo* è la disintossicazione secondo il proprio biotipo, il *secondo* i circoli positivi.

Le reazioni avverse emergono quando l'organismo non viene depurato correttamente, oppure quando si passa al nuovo regime in maniera troppo drastica, senza utilizzare i circoli positivi che inseriscono con dolcezza e gradualità le nuove abitudini.

Ecco perché sono certa che se segui il metodo Biotipi Oberhammer secondo le mie indicazioni sei completamente al sicuro e non avverti reazioni sgradevoli di nessun tipo. Di sorprese piacevoli invece ne avrai tantissime!

Cosa hai imparato in questo capitolo

Hai scoperto che esiste una strategia innovativa, che lavora al posto tuo per la guarigione naturale e va in contrasto con il mito del dover fare molta fatica per ottenere risultati. Si tratta di una vera e propria scorciatoia.

Affinché funzioni bene servono due elementi fondamentali:

- la *disintossicazione,* che attiva i circoli positivi;
- il tuo *biotipo dominante,* che ti permette di fare ciò che è giusto per te senza fatica.

Seguendo le indicazioni che ti ho fornito potrai innescare il meccanismo dei circoli positivi che ti faranno ottenere risultati con piacere e senza sforzo.

E adesso…

CI SIAMO, ECCO IL TESORO

Cara amica, caro amico,

nelle pagine di questo libro ti ho chiesto di affidarti alla mia guida. Passo dopo passo ti ho accompagnato lungo la mappa che porta al tesoro.

Adesso ci sei!

Sei lì davanti, e ti chiedo di strizzare gli occhi come quando vuoi mettere a fuoco ciò che hai di fronte a te.

Ecco, guarda con attenzione, puoi finalmente vedere lo scrigno aperto. Contiene il tesoro: la tua salute, un bene preziosissimo.

Sai, nella vita si hanno tanti sogni, ma quando si sta male se ne ha solo uno: guarire. E ora quel sogno tu lo puoi realizzare, con un metodo naturale, facile e soprattutto su misura per te, attraverso il tuo biotipo Oberhammer.

Adesso hai un metodo che lavora per te

Innanzitutto ti faccio i miei complimenti, perché hai avuto l'intelligenza di completare il percorso: ora hai in mano un metodo che trasformerà la tua vita in meglio. Hai il mio personale elogio per l'impegno e la dedizione che hai posto nel leggere questo libro. Non è da tutti, e tu lo sai.

Abbiamo passato tanto tempo insieme. All'inizio ti ho chiesto di fidarti di me, di permettermi di essere la tua naturopata personale, e poi ti ho consegnato tra le mani la *mappa* che abbiamo percorso insieme. Hai cominciato con una *visione della guarigione* completamente diversa, eliminando i falsi miti e costruendo una relazione positiva con la tua salute. Poi hai individuato il tuo *biotipo dominante*. Come davanti a uno specchio hai scoperto dettagli che ti appartengono: come mangi, come digerisci, come assimili, quali tossine tendi ad accumulare. Attraverso lo specchio hai visto anche i tratti psicologici più comuni del tuo biotipo, e questo ti ha permesso di affrontare una «lettura» diversa delle persone attorno a te. Quindi hai conosciuto gli ostacoli. Ricordi le *7 trappole*? Quelle che rappresentano l'impedimento alla tua guarigione e che sabotano la tua salute. Ti consiglio ogni tanto di rileggerle, insieme alle *7 tattiche*, in modo da avere davanti tutti gli strumenti per vivere una vita sana. Poi sei entrato nel *tempio del benessere*, il luogo sacro della tua salute, con le sue fondamenta ben radicate attraverso la scoperta del tuo biotipo Oberhammer, il tetto della disintossicazione per ripararti dalle scorie che possono arrivare dall'esterno o che può generare il tuo corpo. E hai conosciuto i pilastri: l'alimentazione, i rimedi naturali e lo stile di vita per ottenere un programma completamente su misura per le tue esigenze. L'interno del tempio rappresenta la garanzia di un luogo sicuro e riparato, dove il corpo può rigenerarsi e trovare l'energia necessaria per affrontare le sfide quotidiane. Hai anche ricevuto il *protocollo*, un sistema chiavi in mano che ti guida nel portare già da ora il metodo Biotipi Oberhammer nella tua vita. E infine hai imparato a percorrere la scorciatoia dei *circoli positivi* per ottenere tutti i risultati che desideri con facilità e piacere.

Sono certa che anche tu, come me, a questo punto ti senti diverso da come eri all'inizio di questo libro. Ecco perché leggere un libro è come scriverlo: alla fine del percorso non sei più lo stesso.

Questa è già una trasformazione.

La mia è iniziata molti anni fa, te l'ho descritta quando ti ho raccontato la mia storia di ragazza ferita e impaurita dalla malattia, che aveva il desiderio intenso di individuare una strada diversa e che mi ha portato a girare più di una volta il mondo intero per elaborare soluzioni adatte a te. All'inizio ho cercato avidamente la guarigione naturale, poi ho desiderato ardentemente che fosse facile, con un metodo di guarigione che lavorasse per te. È stato un percorso durissimo, irto di ostacoli. Certo, con tante soddisfazioni ma, credimi, anche con tanti vicoli bui. Ringrazio moltissimo pure quelli: ogni notte insonne, ogni lacrima, ogni fatica, perché hanno rappresentato per me un passo in più verso i risultati che oggi posso garantirti. Risultati testati in anni di pratica professionale. Tu però non dovrai fare niente di tutto ciò, mi sono occupata io dei passaggi necessari affinché tu possa avere soltanto il piacere di una guarigione naturale e facile, e io di una vita soddisfatta nel vedere i tuoi risultati.

Hai i risultati a portata di mano

Siccome hai mantenuto la promessa che mi hai fatto all'inizio, di seguirmi passo dopo passo senza saltare alcun passaggio, te ne chiedo un'altra. In queste pagine ti ho suggerito le migliori strategie, il 10 e lode per ottenere risultati facili. Come ti ho ripetuto più volte, hanno anche la caratteristica di essere piacevoli e soprattutto veloci.

Però devi *applicarle*!

Non possono funzionare soltanto perché le hai lette: portale nella tua vita già a partire da oggi. Perché a volte, quando scopriamo qualcosa di utile, diciamo: «Bello, lo farò più avanti», ma intanto il tempo passa. E la nostra salute ne risente. Anche la nostra famiglia potrebbe beneficiarne, e invece se noi restiamo fermi tutto rimane uguale, con i disturbi di sempre.

In questo libro ho organizzato per te il modo più facile per farlo: trovi le icone dove sono indicate le cose che devi effettivamente fare, e ti ho fatto sottolineare solo quelle per il tuo biotipo Oberhammer. Hai al tuo fianco un metodo facilmente applicabile, quindi non diventare la persona che dice: «Lo farò più avanti». Diventa la persona che dice: «Lo faccio adesso».

Voglio ora condividere con te una frase con cui termino sempre i miei corsi in aula o i miei videocorsi online.

> Dedica un po' di tempo alla tua salute, altrimenti sarai costretto a dedicarne molto di più alla tua malattia.

Prova a pensare a cosa succede quando stai male. Devi dedicare tempo a curarti, modificare i tuoi programmi, affrontare le sfide quotidiane con le batterie scariche, perché la malattia ti toglie energia e crea impedimento. In breve, ruba il tuo tempo. Il dono che ho voluto farti con il metodo Biotipi Oberhammer è un programma che con tecniche semplici ma efficaci secondo la tattica del *poco ma ottimo* ti permette di recuperare il tempo, anche con gli interessi, perché eviti di dedicarlo alla malattia, in condizioni a volte disastrose.

I risultati, quindi, li hai a portata di mano. Basta solo un primo passo: comincia oggi con una piccola abitudine, secondo la strategia dei circoli positivi.

Se il tuo biotipo è felice tu sei felice

Quando il tuo biotipo sta bene tu stai bene. Ti svegli riposato, con la voglia di affrontare le sfide quotidiane, e durante il giorno hai tutta l'energia per fare ciò che desideri. Il ricordo degli appuntamenti rimandati a causa della malattia è lontano. Non c'è più la sensazione di non sapere cosa è giusto fare per la tua salute, perché ora hai accanto il tuo biotipo Oberhammer: ti aiuta a guarire ed è anche la migliore forma di prevenzione per mantenerti forte e sano. Persino la tua mente è capace di affrontare meglio lo stress e di rigenerarsi in poco tempo, hai un maggior controllo delle situazioni e una rinnovata fiducia in te stesso e nelle tue capacità. La tua autostima aumenta, sei a tuo agio con gli altri perché non convivi più con l'imbarazzo che creano certi disturbi, stai con piacere con chi ami senza essere intralciato dai dolori. La tua vita è molto più serena e piacevole senza l'impedimento della malattia.

E poi hai imparato a conoscere meglio le persone. Sai cosa mi ha scritto proprio ieri Stella, una partecipante del Biotipi Club online?

«Da quando ho scoperto i biotipi Oberhammer i miei rapporti con le persone sono migliorati. Prima mi relazionavo con gli altri solo dal mio punto di vista, adesso li comprendo molto meglio e le mie relazioni sono più serene: mi scontro meno con mio figlio, dialogo più serenamente con mio marito e capisco di più certi comportamenti dei miei colleghi. E poi mi piace scoprire i biotipi anche solo guardandoli: incrocio uno sconosciuto per strada e mi dico: "Lui è sicuramente un signor Terra!", oppure: "Guarda, seduta a quel tavolo c'è una signora Aria". E mi sento bene, Simona. Perché vivere in accordo con il mio biotipo e con il biotipo degli altri rende la mia vita più felice».

Stella ha ragione: vivere in sintonia con noi stessi e con gli altri è un presupposto fondamentale per la felicità.

Ti ho avuto nel cuore

E adesso è arrivato il momento di farti una piccola confessione: ogni volta che scrivo un libro nasce una storia d'affetto. Una storia che mi lega a te che mi leggi e che spero porterai il mio metodo nella tua vita. Sei stato a lungo nella mia mente e nel mio cuore man mano che le pagine prendevano forma perché volevo darti il meglio, con tutta me stessa.

Sei forse un biotipo aria, o acqua, o terra, o fuoco?

Qualunque tu sia, io ho voluto bene a tutti i biotipi perché sono tutti fantastici, tutti speciali, tutti interessanti. Ognuno ha sfumature affascinanti e anche i suoi difetti sono parte della sua personalità, del suo modo di essere. Ognuno è custodito nel mio cuore. E a ciascuno ho fatto dei regali!

PRENDI I TUOI REGALI!

Quando hai acquistato questo libro non hai ottenuto solo un volume, ma molto di più. Ho preparato per te dei *regali* e li ho presentati nelle pagine del libro. Nel caso tu non ne avessi ancora usufruito, te li riassumo qui.

- *3 video gratuiti* che ti indicheranno 3 cose da fare subito per attivare il meccanismo della guarigione naturale e facile secondo la tua tipologia. Questi consigli faranno lavorare il metodo Biotipi Oberhammer da subito per te;
- *i 4 rilassamenti del biotipo, gratuiti,* elaborati per ciascuna tipologia. Ti guiderò personalmente nell'eliminare la stanchezza e nell'ottenere una strepitosa energia in soli 9 minuti; lo farò sia con la mia voce sia con una musica specifica per ogni biotipo. Anche questi rilassamenti, che nei miei corsi sono in vendita, per te sono completamente gratuiti;
- *il comodo test online* per individuare da subito il tuo biotipo dominante, secondo il mio metodo.

«Simona, come posso ottenere subito i miei regali?»

È molto semplice: vai su www.biotipioberhammertest.it e fai il test del biotipo. Potrai accedere immediatamente al primo video e, in sequenza, agli altri regali, secondo la mia didattica per ottenere i migliori risultati.

Pensavi di acquistare solo il libro che hai tra le mani? Invece hai Simona Oberhammer con te, a casa tua.

Continuiamo insieme

Sai cosa pensavo mentre scrivevo la conclusione di questo libro? Che avrei tanto voluto conoscerti, per poterti essere ancora vicino nell'entusiasmante viaggio insieme al tuo biotipo. Per te quindi questo nostro saluto può essere un addio o un inizio di un percorso da fare insieme.

Nelle prime parole di questo libro ti ho promesso che non sarei stata un'autrice fantasma, che sparisce appena chiudi il volume. Sono «vera» per migliaia di persone che mi incontrano ogni giorno sul mio sito www.biotipioberhammer.it, e ho creato questo spazio proprio perché tu non debba vivere il senso di solitudine che accompagna chi ha fatto un percorso che all'improvviso termina. Continuare la strada insieme ti permette di non sentirti solo e di seguire tutto con piacere e passione.

Da casa tua puoi ricevere comodamente i miei aggiornamenti gratuiti e, se vuoi, puoi avermi ancora più vicina con il Biotipi Club, dove rispondo alle migliori domande sull'applicazione del metodo e preparo dimostrazioni video per imparare tanti particolari utili; anche se ho cercato di porre la massima cura e attenzione nello scrivere questo libro, certi aspetti pratici possono essere spiegati solo con dimostrazioni visive.

Sai, la parte più bella del mio lavoro è quando arriva il ringraziamento di chi, applicando i miei metodi, ottiene risultati meravigliosi. Sono proprio questi risultati che mantengono viva in me la passione che mi spinge a fare questo lavoro.

Un grazie di cuore per il tempo che mi hai dedicato e che hai dedicato a te. Il mio più sincero augurio di una vita piena di salute, benessere e piacere.

Chiudi il libro e vieni subito a prendere i regali!

Ti abbraccio e ti aspetto.

SIMONA OBERHAMMER

Appendice I

LE SCHEDE DEI BIOTIPI OBERHAMMER

BIOTIPO ARIA NELLE FASI DELLA VITA
(biotipo cortisolico)

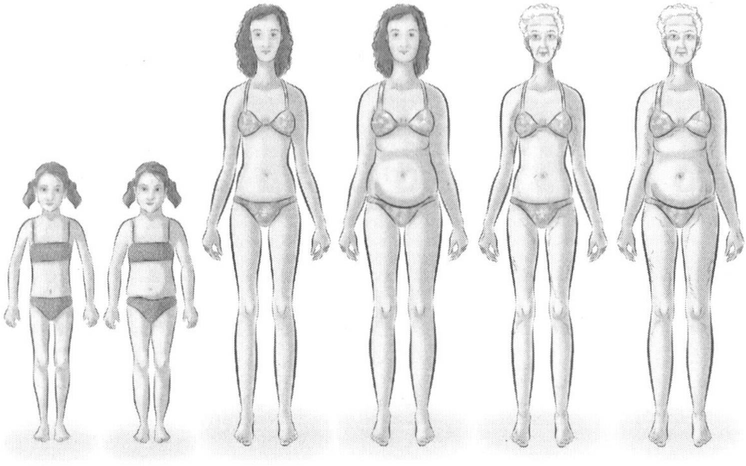

Biotipo aria donna normopeso e sovrappeso

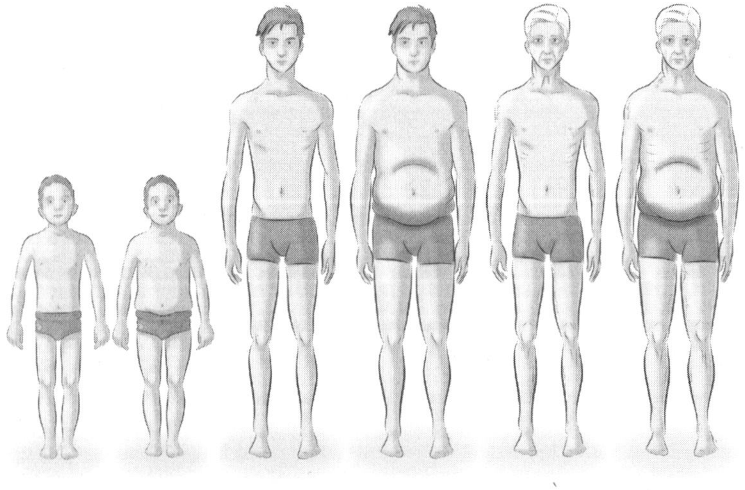

Biotipo aria uomo normopeso e sovrappeso

BIOTIPO ACQUA NELLE FASI DELLA VITA
(biotipo vasopressinico)

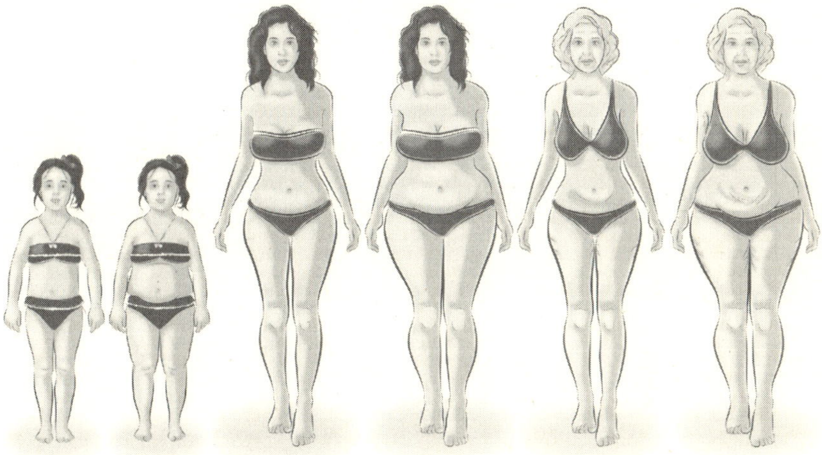

Biotipo acqua donna normopeso e sovrappeso

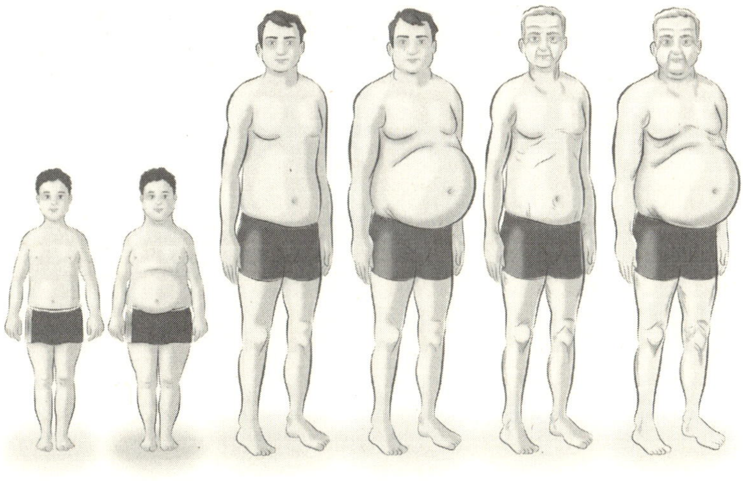

Biotipo acqua uomo normopeso e sovrappeso

BIOTIPO TERRA NELLE FASI DELLA VITA
(biotipo somatotropinico)

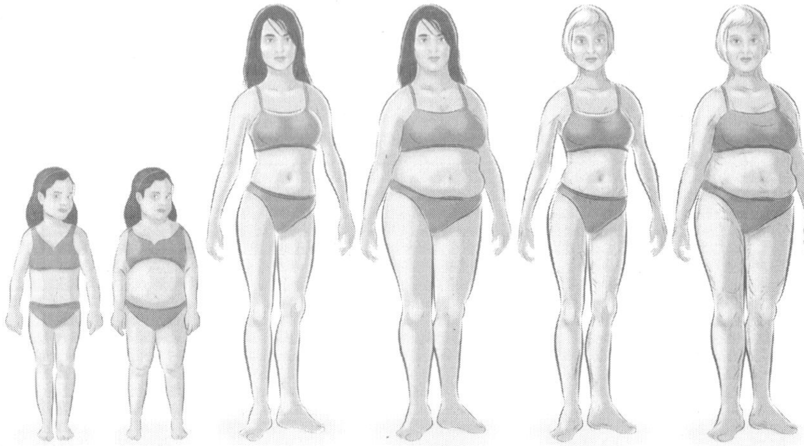

Biotipo terra donna normopeso e sovrappeso

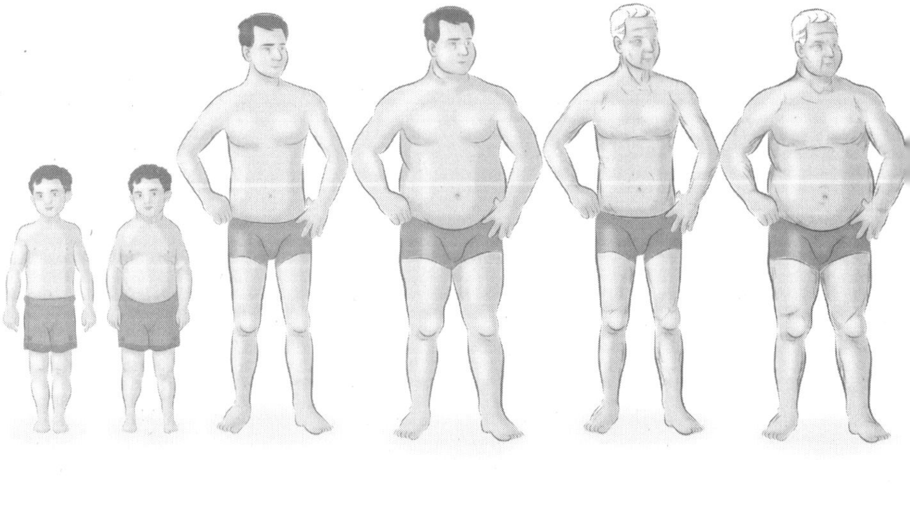

Biotipo terra uomo normopeso e sovrappeso

BIOTIPO FUOCO NELLE FASI DELLA VITA
(biotipo adrenalinico)

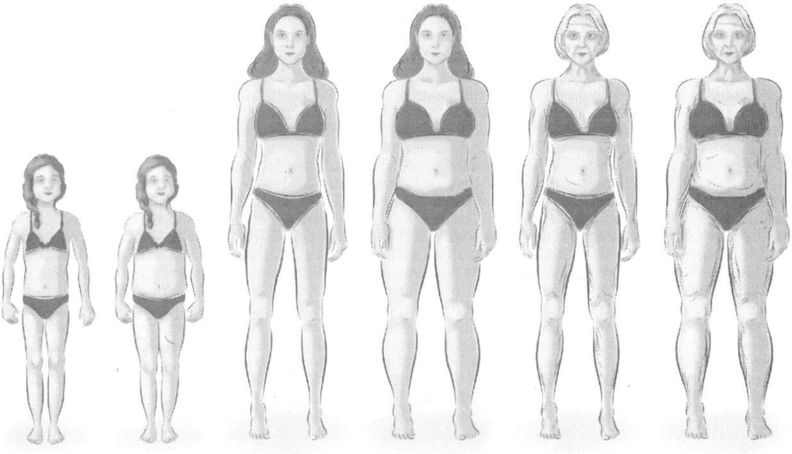

Biotipo fuoco donna normopeso e sovrappeso

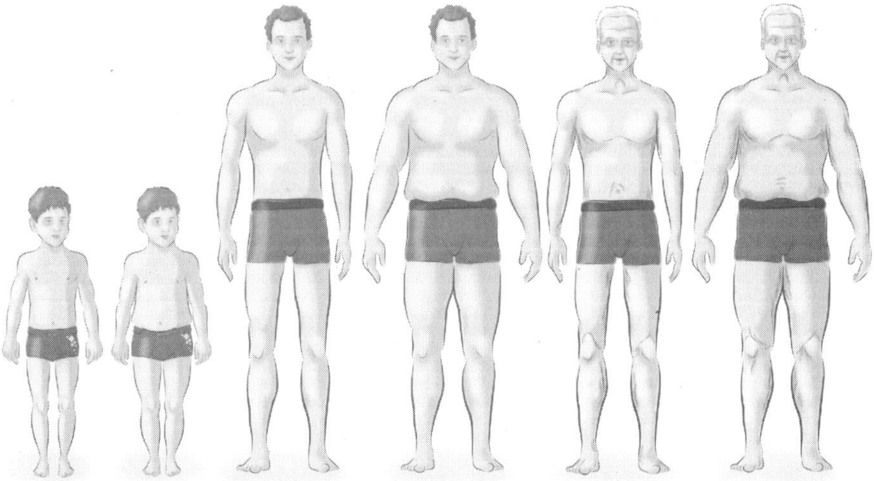

Biotipo fuoco uomo normopeso e sovrappeso

Appendice II

TABELLA DI APPROFONDIMENTO

Tabelle di approfondimento sulla classificazione naturopatica in base ai biotipi a cura della dottoressa Francesca Giunchi, medico chirurgo.

BIOTIPO ARIA			
NOME	TIPO	VIA CHIMICA / PARTE DA	REAZIONI
Acidi grassi volatili	Gassoso liposolubile e idrosolubile.	Hanno catena corta e alcuni sono assorbiti direttamente dall'intestino nel sangue.	Nessuna.
Agmatina	Gassoso idrosolubile.	Catabolita dell'amminoacido arginina. Metabolita intermedio della putrescina. L'agmatina proviene da piante, animali, polline, segale, aringhe, polipi, tonno crudo e cotto.	Nausea, dispepsia, ipotensione arteriosa.
Ammoniaca (ammoniemia)	Gassoso idrosolubile.	Deriva dalla deaminazione degli amminoacidi derivati da proteine (iperammoniemia in caso di diete iperproteiche, esercizio intenso, alcuni tipi di farmaci, fumo di sigaretta).	Danni al cervello, irritante, ulcerante. Innalza il pH ematico se disciolta nel sangue. In caso di iperammoniemia la tossicità dà atassia e letargia, fino a encefalopatia epatica.

BIOTIPO ARIA			
NOME	TIPO	VIA CHIMICA / PARTE DA	REAZIONI
Anidride solforosa	Gassoso idrosolubile.	Ingerita con alcuni cibi e bevande in quanto è usata come conservante e antiossidante (per es. baccalà, gamberi, conserve, crostacei, frutta secca, sottaceti, sottoli, marmellate, confetture, bevande di frutta e vini, sia fermi sia frizzanti).	Estremamente irritante. Irrita la pelle, gli occhi, le mucose. Digestione lenta, irrita lo stomaco, mal di testa, broncospasmo, reazioni allergiche varie, reazioni anafilattiche, dermatiti, vampate, ipotensione, fino a lesioni cerebrali.
Azoto (azotemia = quota di azoto non proteico)	Gassoso idrosolubile.	Deriva dal catabolismo di prodotti di scarto dell'organismo. Si trova in acidi nucleici, aminozuccheri, creatina, creatinina, ammoniaca.	Puro non è tossico, ma possono esserlo i suoi composti.
Cadaverina	Gassoso idrosolubile.	Fa parte delle diammine biogene fetide. Deriva dalla decarbossilazione dell'amminoacido lisina. La si trova nei tessuti animali in putrefazione, quindi soprattutto nella carne. Ma anche nelle uova marce. In particolare nei cibi crudi.	Vasocostrizione, inibisce enzimi che cooperano alla detossificazione. Tossicità subdola in quanto non verificabile nell'immediato.
Idrogeno solforato	Gassoso idrosolubile.	Deriva da proteine in decomposizione.	Può portare alla paralisi del nervo olfattivo, irrita la pelle, la gola e gli occhi e dà altri sintomi fino alla confusione mentale. Indica una condizione infiammatoria (dovuta alla putrefazione).

BIOTIPO ARIA			
NOME	TIPO	VIA CHIMICA / PARTE DA	REAZIONI
Indolo	Gassoso idrosolubile.	Fa parte delle ammine biogene fetide. Deriva dall'azione di batteri putrefattivi sulle proteine in degradazione, nello specifico dalla decarbossilazione del triptofano.	Vasocostrizione, feci maleodoranti.
Istammina	Gassoso idrosolubile.	Fa parte delle ammine biogene. Deriva dalla decarbossilazione dell'amminoacido istidina.	Vasocostrizione.
Mercaptano	Gassoso idrosolubile.	Deriva dalla decarbossilazione dell'amminoacido cistina.	Vasocostrizione.
Metano	Gassoso idrosolubile.	Deriva dalla decomposizione di tessuti animali e vegetali.	Irritante sulla pelle, sugli occhi e sulle mucose respiratorie.
Metil acetato	Gassoso idrosolubile.	Deriva dall'acido acetico.	Acidificante soprattutto, modifica i tessuti portandoli verso la candidosi.
Metilclorantrene	Gassoso idrosolubile.	Fa parte dei sali biliari liberi prodotti dalle idrolasi.	Cancerogeno.
Monossido di azoto	Gassoso idrosolubile.	Amminoacido arginina e ossigeno.	Potente vasodilatatore, inibisce l'aggregazione piastrinica, irrita gli occhi e i tessuti respiratori.
Neurina	Gassoso idrosolubile.	Fanno parte delle ammine biogene fetide. Derivano dall'azione di batteri putrefattivi sulle proteine in degradazione.	Altamente tossica, acidifica notevolmente il sangue e porta quindi a demineralizzazione e disidratazione.

BIOTIPO ARIA			
NOME	TIPO	VIA CHIMICA / PARTE DA	REAZIONI
Ptomaine	Gassoso idrosolubile.	Fanno parte delle ammine biogene fetide. Derivano dall'azione di batteri putrefattivi sulle proteine in degradazione.	Vasocostrizione.
Putrescina	Gassoso idrosolubile.	Fa parte delle diammine biogene fetide. Deriva dalla decarbossilazione dell'amminoacido ornitina. La si trova nei tessuti animali in putrefazione, quindi soprattutto nella carne. Ma anche nelle uova marce. In particolare nei cibi crudi.	Vasocostrizione, inibisce enzimi che cooperano alla detossificazione. Tossicità subdola in quanto non verificabile nell'immediato.
Scatolo	Gassoso idrosolubile.	Fa parte delle ammine biogene fetide. Deriva dall'azione di batteri putrefattivi sulle proteine in degradazione. In particolare dalla decarbossilazione dell'amminoacido triptofano.	Vasocostrizione.
Solfuro di carbonile	Gassoso idrosolubile.	Deriva dalla degradazione di materia organica.	Altamente irritante per le vie respiratorie e per gli occhi. Interagisce anche con il sistema nervoso.
Tiramina	Gassoso idrosolubile.	Fa parte delle ammine biogene. Deriva dall'amminoacido tiroxina.	Vasocostrizione, ipertensione, mal di testa, lacrimazione, salivazione, tachicardia, aumento della glicemia, problemi respiratori.

BIOTIPO ACQUA			
NOME	TIPO	VIA CHIMICA / PARTE DA	REAZIONI
Acido ippurico	Solido idrosolubile.	Catabolita della glicina e composti aromatici prodotto dal fegato.	Irritante per gli occhi, la cute, le mucose, il sistema nervoso e le vie respiratorie.
Acido ossalico	Solido idrosolubile.	Reazione da colibacilli intestinali sullo zucchero raffinato.	Reumatismi in quanto forma cristalli, irrita la cute.
Acido solforico	Solido idrosolubile.	Fa parte degli additivi alimentari: E513.	Ulcerante, irritante per la pelle e per gli occhi.
Acido urico (uricemia)	Solido idrosolubile.	Catabolita di acidi nucleici del corpo e del cibo (carne).	Danni alle articolazioni, tipo gotta, danni endoteliali, danni ossidativi. Aumenta il rischio cardiorenale.
Corpi chetonici	Idrosolubile.	Deriva dal catabolismo dei lipidi.	Acidosi.
Creatinina	Idrosolubile.		
Omocisteina	Solido idrosolubile.	È un amminoacido e deriva dai cibi proteici.	Fattore di rischio cardiovascolare.
Urea /scorie azotate (azotemia)	Solido idrosolubile.	Catabolita finale delle proteine ingerite.	Irritante per gli occhi e per la pelle, uremia.
Zuccheri	Solido idrosolubile.	Alimenti.	Disbiosi intestinale, fino ad arrivare al diabete.

BIOTIPO TERRA			
NOME	TIPO	VIA CHIMICA / PARTE DA	REAZIONI
Acidi biliari disidrogenati	Solido liposolubile.	PH intestinale aumentato con attivazione di *clostridium paraputrificum*. Deriva da sali biliari modificati per eccesso di grassi alimentari.	Cancerogeni per l'intestino.
Colesterolo/ Coprostanolo	Solido liposolubile.	Alimenti.	Coprostanolo (meno dannoso del colesterolo in quanto meno attivo).
Estrogeni attivi	Solido liposolubile.	Steroidi modificati da batteri e causati da eccesso di grassi alimentari.	Mastosi.
Lipoproteine	Solido liposolubile.	Alimenti.	Iperlipoproteinemie e danni conseguenti.
Mucine acide	Solido liposolubile.	Glicoproteine nel secreto delle ghiandole mucipare.	Rendono più o meno viscoso il muco che ricopre le mucose dei vari organi.
Precarcinogeni alimentari	Solido liposolubile.	Sostanze trasformate da batteri colici, derivano da cibi conservati (conservanti, coloranti, additivi).	Cancerogeni.
Trigliceridi	Solido liposolubile.	Alimenti.	Ipertrigliceridemia e relative conseguenze.
Urobilina	Solido liposolubile.	Deriva da bilirubina coniugata.	Sintomi dell'ittero.

BIOTIPO FUOCO			
NOME	TIPO	VIA CHIMICA / PARTE DA	REAZIONI
Citochine	Tutte le forme.	Mediatori polipeptidici non antigene specifici, prodotti dal sistema immunitario. Si chiamano linfochine o interleuchine e interferone e sono responsabili della comunicazione fra le cellule del sistema immunitario e fra queste ultime e i tessuti.	Infiammazione.
Enzimi del complemento	Tutte le forme.	Mediatori dell'infiammazione.	Infiammazione.
Fibronectina	Tutte le forme.	Mediatori dell'infiammazione.	Infiammazione.
Leucotrieni	Tutte le forme.	Mediatori dell'infiammazione.	Infiammazione.
Linfochine	Tutte le forme.	Mediatori polipeptidici non antigene specifici, prodotti dal sistema immunitario. Fanno parte delle citochine e sono responsabili della comunicazione fra le cellule del sistema immunitario e fra queste ultime e i tessuti.	Infiammazione.
Monossido di azoto	Tutte le forme.	Mediatori dell'infiammazione.	Infiammazione.
Prostaglandine	Tutte le forme.	Mediatori dell'infiammazione.	Infiammazione.
Proteina C reattiva	Tutte le forme.	Proteina della fase acuta dell'infiammazione prodotta dal sistema immunitario.	Infiammazione.
Proteina sierica amiloide	Tutte le forme.	Mediatori dell'infiammazione.	Infiammazione.
Serotonina	Tutte le forme.	Mediatori dell'infiammazione.	Infiammazione.

NOTA BIBLIOGRAFICA

Questo libro è stato scritto dopo anni e anni di lavoro approfondito. In tutto questo tempo ho consultato migliaia di volumi in più lingue e di articoli scientifici, ho effettuato ricerche di ogni tipo presso le università o gli istituti del naturale dove ho studiato, sia in Italia sia all'estero. Tuttavia i miei libri provengono solo parzialmente dalle letture: si ispirano infatti anche all'esperienza «sul campo», con l'osservazione tipica della ricerca scientifica che contribuisce a raccogliere i risultati delle tante persone che hanno sperimentato i miei metodi. Quindi ogni aspetto dell'esperienza, oltre ai testi stessi, è stata una fonte importante per lo sviluppo del mio metodo.

Per quanto riguarda la citazione dei testi mi sono trovata di fronte a due possibilità: includere una bibliografia dettagliata di tutte le fonti oppure includere una bibliografia parziale.

Sono stata costretta a scartare la prima opzione perché era impossibile da realizzare a causa della mole di volumi e di articoli che ho consultato. La seconda opzione risultava invece riduttiva rispetto alla vastità del lavoro effettuato: gli studi scientifici e di ricerca sono stati tanti e ognuno ha apportato un contributo interessante, quindi non sarebbe stato logico includerne alcuni ed escluderne altri.

Ho deciso perciò di non pubblicare la bibliografia, per non appesantire il libro o per evitare di renderla parziale. Se sei interessato, però, sul mio sito può trovare informazioni a riguardo.

RINGRAZIAMENTI

Ringrazio prima di tutto il mio editor, Igor Pagani, che ha avuto la pazienza di attendere questo libro e mi ha concesso la libertà creativa nell'esprimermi come autrice, sostenendo il metodo Biotipi Oberhammer. Ringrazio altrettanto Maria Cristina Guerra, la mia agente di Grandi & Associati, che è stata sempre al mio fianco. I miei ringraziamenti vanno anche a Francesco Anzelmo, direttore della saggistica in Mondadori, perché ha compreso da subito i miei biotipi.

Un grazie speciale a Laura Gadducci per le sue attente riletture e le revisioni dei capitoli; a Rachele Moscatelli per il suo prezioso editing, la cura e l'intelligenza con cui ha revisionato e migliorato i miei testi pur lasciando intatto il mio stile; a Gianluca Bavagnoli e a tutto lo studio pym per l'incredibile supporto e la massima professionalità e attenzione nell'elaborazione del testo; a Sara Pedroni per aver dato forma ai miei biotipi attraverso le sue illustrazioni bellissime e veritiere.

Un ringraziamento particolare alla dottoressa Francesca Giunchi, medico chirurgo, per il supporto nelle ricerche scientifiche sulle diverse tossine dei biotipi, per la compilazione delle prescrizioni omeopatiche dei biotipi, per la revisione scientifica di questo libro. Grazie anche a Sandra Garzanti, erborista, per aver collaborato nella formulazione delle tisane del biotipo.

Sono state davvero tante, però, le persone che hanno partecipato alla nascita di questo libro, con riletture, consigli, pareri sui contenuti, sull'impostazione e sulla copertina. E anche con la loro presenza amichevole mentre scrivevo, un sostegno per me importante. Ringrazio Michela De Luigi, Helena Howe, Cristina Poli, Daniela Bonanzinga, Roberta Parente, Marina Sarni, Michael Rindal, Marco Lutzu, Karina e Kurt Moser, Federica Neri, Christine Uckermann, Mattia Rivetti, Moreno Bonechi, Rosa Tumulo, Luca Gori, Ulrike e Cristel Fischer, Monica Sirani, Sabine Schmid.

Ringrazio tutti coloro che seguono i miei metodi e in particolare coloro che mi hanno permesso di raccontare la loro storia in questo libro.

Ringrazio HNS Web, la struttura che porta avanti il mio lavoro in internet e organizza i miei eventi: per la comunicazione, la logistica e la realizzazione delle mie idee.

Un grazie speciale a Emiliano Zanetti, di HNS Web, per i suoi suggerimenti durante l'elaborazione di questo libro: mi hanno aiutato a dar vita al progetto in cui credo da anni e a trasformare il metodo Biotipi Oberhammer in una vera e propria comunità di appassionati della salute naturale e facile.

Ringrazio tutta la mia grande famiglia che mi è stata vicina nella fatica di questo libro: siete tutti nel mio cuore. Un grazie speciale a mia madre Gunde.

Ringrazio Giuseppe Succi perché, anche se non percorriamo più la stessa strada, siamo sempre vicini e la sua presenza mi è di aiuto nel proseguire verso ciò in cui credo.

Ringrazio Elizabeth, per avermi mostrato la strada verso la naturopatia e per aver avuto fiducia in me in un momento difficile come quello della sua malattia.

E in ultimo un ringraziamento speciale a Mila Raisse, la donna che mi ha guidato nella Via Femminile. Se oggi sono la naturopata più famosa d'Italia lo devo prima di tutto a lei: mi ha insegnato a far emergere il meglio di me e a esprimere le mie capacità di donna.

CHI È SIMONA OBERHAMMER

Conosciuta come la naturopata più famosa d'Italia, Simona Oberhammer, italo-austriaca e cresciuta in una famiglia di medici e scienziati, si è formata nei migliori istituti e università del naturale, soprattutto dove la naturopatia è riconosciuta come una vera scienza: Germania e Stati Uniti. Ha studiato internazionalmente anche in Australia, Inghilterra, Canada e Austria. Ha operato per anni come ricercatrice indipendente con studi nell'ambito della naturopatia e si è specializzata in nutrizione, bioterapie e idrocolonterapia (negli USA). Si è sempre distinta per le sue capacità di ricercare e sistematizzare le nozioni apprese e sperimentate. Chi ha avuto la fortuna di partecipare ai suoi corsi in aula o ai videocorsi ha notato la vastità di informazioni e di metodi che ha testato, e dai quali ha ricavato il distillato più efficace per la guarigione naturale e facile in modo da ottenere risultati solo con pochi e selezionatissimi rimedi.

Dagli studi e dalle ricerche internazionali è nato il *Sistema Naturopatia Oberhammer* e i relativi metodi: Biotipi Oberhammer, Disintossicazione Intestinale, Ginnastica Intima.

Oltre alla naturopatia, Simona si dedica alle donne con il programma della Via Femminile per la realizzazione professionale e personale: un progetto nato da una sua esperienza personale con Mila Raisse, colei che l'ha guidata nel percorso al femminile, dandole gli strumenti per diventare la donna che è oggi e per realizzare i suoi progetti.

Simona Oberhammer risiede in Austria e diffonde i suoi metodi in Italia e all'estero con eventi internazionali, corsi in aula e con videocorsi online. È particolarmente famoso il suo Biotipi Club, dove i partecipanti online possono seguire i suoi metodi a diretto contatto con lei.

È autrice di diversi bestseller sul benessere tradotti in varie lingue ed è nota sul web grazie alle migliaia di persone che la seguono nei suoi video su YouTube, nei social network e nei suoi siti, dove le scrivono centinaia di commenti ogni giorno.

Sistema Naturopatia Oberhammer: salute naturale

È l'insieme dei metodi di Simona Oberhammer, un vero e proprio sistema di naturopatia. Ogni metodo ha lo scopo di affrontare la malattia in modo naturale, evitando inutili sostanze chimiche. Insegna a stare bene secondo natura, in modo facile, per ritrovare benessere, vitalità e salute.

Il Sistema Naturopatia Oberhammer è stato elaborato attraverso una lunga e approfondita esperienza internazionale formulando rimedi e tecniche selezionatissime e di semplice applicazione, tutti ideati su misura.

I diversi metodi sono divulgati con libri, conferenze, corsi in aula e videocorsi e attraverso il famoso Biotipi Club online.

Ecco i metodi che fanno parte del Sistema Naturopatia Oberhammer:

- *Metodo Biotipi Oberhammer*: guarigione naturale e facile secondo la tua tipologia.
  www.biotipioberhammer.it
  Pagina Facebook: Biotipi Oberhammer
- *Metodo Disintossicazione Intestinale*: depurare l'intestino per combattere definitivamente i disturbi del colon e rafforzare l'organismo.
  www.disintossicazioneintestinale.it
  Pagina Facebook: Disintossicazione Intestinale
- *Metodo Ginnastica Intima - Gymintima*: tecniche di allena-

mento pelvico sia per donne sia per uomini per la salute sessuale, ginecologica e urologica.
www.ginnasticaintima.it
Pagina Facebook: Ginnastica Intima metodo Gymintima

Via Femminile: la forza delle donne

È un percorso professionale e personale dedicato alle donne, per affermarsi nel lavoro, per trasformare se stesse in un personaggio che influenza positivamente la vita degli altri, per la realizzazione personale, per creare relazioni affettive appaganti, per portare entusiasmo e passione nella propria vita incontrando la forza della propria anima femminile.
www.viafemminile.it
Pagina Facebook: Simona Oberhammer - Via Femminile

Altri libri dell'autrice

Ginnastica Intima

È un libro dedicato alle donne che illustra l'importanza di allenare il pavimento pelvico per il benessere femminile. Presenta alcuni esercizi, detti «invisibili», che possono essere eseguiti mentre si sta facendo altro e ovunque ci si trovi. Da questo libro è nato un vero e proprio metodo terapeutico, sia per uomini sia per donne, con sequenze di esercizi per i diversi disturbi sessuali, ginecologici e urologici, consultabile su www.ginnasticaintima.it.

La Forza delle Donne

Frasi e aforismi al femminile: per vivere con la forza che c'è dentro il proprio essere donna, per esprimere appieno la propria personalità, per risvegliare la creatività, per amare intensamente, per aprire le ali e volare, per ascoltare le parole dell'anima... percorrendo la Via Femminile.

Codice donna e uomo

Due mondi a confronto. Questo libro aiuta a conoscere i codici del femminile e del maschile, spesso sconosciuti. Strumento fondamentale per relazionarsi bene con il sesso opposto e interagire nel modo migliore con partner, figli, amici, colleghi. Metodo nuovo e subito efficace grazie anche all'utilizzo di schemi e tabelle che permettono di applicare da subito i codici nella vita quotidiana.

Mondadori Libri S.p.A.

Questo volume è stato stampato
presso ELCOGRAF S.p.A.
Stabilimento - Cles (TN)

Stampato in Italia - Printed in Italy